JN043748

代理人たちの憲法訴訟

憲法価値の実現にむけた営為とその記録

▶旧優生保護法国家賠償請求事件（大阪高判令和4年2月22日）▶大阪市ヘイトスピーチ条例事件（最判令和4年2月15日）▶性同一性障害特例法における「未成年の子なし」要件の違憲性をめぐる審判事件（最決令和3年11月30日）▶児童扶養手当併給調整規定違憲訴訟（京都地判令和3年4月16日）▶「結婚の自由をすべての人に」訴訟（札幌地判令和3年3月17日・大阪地判令和4年6月20日）▶孔子廟事件（最大判令和3年2月24日）▶リツイート事件（大阪高判令和2年6月23日）▶あいちトリエンナーレ仮処分申立事件（令和元年9月13日申立て・和解）▶法廷内手錠腰縄強制国家賠償請求事件（大阪地判令和元年5月27日）▶大阪市職員アンケート調査国家賠償請求事件（大阪高判平成28年3月25日）

吉原 秀 Masaru Yoshihara 編著

泉 徳治 Tokuji Izumi

木下昌彦 Masahiko Kinoshita ゲスト

中谷雄二 Yuji Nakatani

西 晃 Akira Nishi

徳永信一 Shinichi Tokunaga

田中 俊 Shun Tanaka

川﨑真陽 Maya Kawasaki

三輪晃義 Akiyoshi Miwa

松田真紀 Maki Matsuda 著

弘文堂

はしがき

「憲法訴訟」と呼ばれる分野がある。さしあたり、憲法に関する争点を含む訴訟、のことである。重要判例も数多く、1973（昭和48）年に公刊された芦部信喜『憲法訴訟の理論』（有斐閣）をはじめとして、近年においても、「憲法訴訟」をタイトルに含む書籍や論稿が世に出続けている。

民事手続であるか、刑事手続であるかを問わず、「訴訟」には三者の登場人物が現れる。一方当事者と他方当事者、そして、裁判官である。弁護士がプレーヤー側で訴訟を含む裁判手続に関与するとき、その立場は、当事者の「代理人」（刑事手続であれば弁護人）に過ぎず、当事者そのものではない。つまりは、脇役に過ぎないのである。

本書は、「憲法訴訟」という分野に特化して、そのような「代理人」としての弁護士の営為に光を当てたものである。なぜそのような試みに至ったか、少し記してみたい。

訴訟実務において何よりも重要なのが「判例」であり、憲法訴訟もその例外ではない。しかし、判文に現れるのは、主として裁判所から見た景色である。当事者は何を思って提訴したのか、代理人は何に苦悩したのか、どのように何を立証し、何を争点と捉え、どのように訴訟を組み立てたのか――。これらは必ずしも判文から看取できない。憲法上の争点を含まない一般的な民事・刑事事件に比べた場合、憲法訴訟においてはこの側面が顕著である。さらに、我が国の裁判官は必要以上には憲法論を判文に記載しないのが通常である。それゆえに、主たる争点が憲法問題ではない事件については、判文のみからではその事件において憲法（論）が果たした役割すら十分に窺い知ることが難しいかもしれない。

しかし、憲法訴訟について、その判文に至るまでの訴訟経過の中には、当事者の「声」や「思い」を聴き、それを裁判官に伝え、憲法の価値を実現しようと奮闘した「代理人」の営為が存在するのである。にもかかわらず、憲法訴訟という語が一般的になって半世紀以上が経過し、令和を迎えた現代においても、憲法訴訟について当該事件の代理人が記した書籍等は少ない。判文に現れない原告の声や思い、そしてそれを受けとめる代理人の苦悩に着目することで、これまでに映し出されてきたものとは異なる憲法訴訟の姿や、代理人にとっての今後の課題、あるいは訴訟において憲法論が果たす役割というものも見えてくるのではないか――。これが、本書を編むこととなった動機である。

本書が取り上げるのは、著者たちが実際に代理人として関与した（あるいは、現に関与している）憲法訴訟10件である。といっても、本書は単なる判例批評を集約したものではない。各論稿では、講学上の議論や当該事件に関する法的な議論よりも、実際の事件における「代理人としての営為」に焦点を当てており、この点が本書の最大の特徴である。受任の経緯や訴訟の組み立て方、主張・立証等についての苦悩や検討過程などを、可能な限り具体的に記すことで、代理人からみた憲法訴訟を形にすることを目指し、それを追体験していただけることを理想とした。またそれゆえに、執筆者ごとの代理人としての個性が論稿に現れており、憲法の価値の実現を目指す実務家としての姿勢や、憲法訴訟の醍醐味を幾ばくか形にすることができたと思う。代理人ごとに憲法訴訟の捉え方やアプローチの仕方、熱量を向けるポイントは様々であり、この個性もまた憲法訴訟代理人の魅力であろうから、それを摘み取ることなく残している。

また、本書には、泉徳治元最高裁判事と神戸大学大学院法学研究科の木下昌彦教授をお招きして行った座談会を収録している。これから憲法訴訟に取り組まれる方々のみならず、すでに訴訟実務に携わっておられる法曹実務家すべてにとって有益な座談会を志向したつもりである。約6年の在任期間中に個別意見を36件（反対意見はそのうち25件）書かれた泉元最高裁判事には、執筆者らが思う代理人としての営為が裁判官にどのように映るのか、あるいは、訴訟代理人として何を心がけておくべきか、といった事柄について率直に質問をぶつけた。また憲法判例について実務的な目線も踏まえて研究を重ね数々の論稿を公表されている木下昌彦教授には、研究者の視点から論議に切り込んでいただいた。元最高裁判事・憲法学研究者が、憲法訴訟実務について訴訟代理人とともに対話している点が、この座談会の最大の特徴であり、憲法訴訟にこれから取り組まれる方々、すでに取り組んでおられる方々にも示唆に富む座談会となったと確信している。

本書全体にも滲み出ているが、憲法訴訟に対して、

「代理人」としてどのように向き合うか、これに対する答えは、十人十色の感がある。我々実務家が憲法訴訟について議論する際、結論も理由づけも一致しないことが少なくないが、各々の思う憲法の価値の実現を志向する、この一点については全員が共有するところであり、これが議論の共鳴板となる。これから法曹を目指す法学部生や法科大学院生の方々を含め、これから憲法訴訟に取り組もうとするすべての方にとって、本書が憲法訴訟への向き合い方や意義を考えるきっかけとなり、憲法訴訟の醍醐味の一端を感じ取っていただければ望外の喜びであり、本書を企画した目的はほぼ達成されたといってよい。

私（吉原）は、所属する大阪弁護士会での活動の中で、諸先輩方が自ら代理人として情熱を傾けて取り組んだ憲法訴訟についての報告に触れる機会に恵まれた。判文に現れない裏側も交えたお話をうかがいながら、弁護士になって数年の私は、「これから法曹を目指す学生、法科大学院生や司法修習生、それから若手法曹にも報告の内容を伝えたい」、そう思った。そこで、先輩方にお声がけし、代理人として関与した事件について、代理人として語れることを書いていただきたい、そうお願いして実現したのが本書である。

とあるシンポジウムでご一緒した中谷雄二先生（愛知県弁護士会）には、同先生が代理人として関与された「あいちトリエンナーレ」に関する仮処分申立事件をテーマに執筆をお願いした。和解により終結し、判文という形では後世に残らない事件でもあるため、是非とも執筆いただきたいとお願いしたところ、ご多忙であるにもかかわらず、ご快諾いただけた。中谷先生には、この場をお借りして厚く御礼申し上げる。

また、本書収録の座談会にゲストとして登壇してくださった泉徳治元最高裁判事、木下昌彦教授にも、私のような小童のお願いを快くお引き受けいただいたことにこの場をお借りして深く感謝申し上げる。

さらに、執筆陣の中で圧倒的に若輩者である私が提案した企画に賛同していただき、ご多忙なスケジュールの合間を縫って論稿を書き上げてくださった執筆陣の諸先輩方にも、記して深く感謝申し上げる次第である。

最後に、飛び込みでお電話し、唐突に本書の企画を語りだした私の話にも耳を傾け、以後共に本書の方向性や内容を模索してくださった弘文堂の登健太郎氏の存在をここに記したい。登氏の類まれなる調整能力と執筆が遅れがちな我々を見限ることなく伴走してくださった懐の大きさがなければ、本書が世に出ることはなかった。ここに深く感謝申し上げる次第である。

2022年7月

執筆者を代表して

弁護士　吉原　秀

目　次

旧優生保護法国賠請求事件 逆転勝訴までの軌跡

訴訟における憲法17条論の役割

大阪高判令和4年2月22日

吉原　秀

「20年の壁」越え救済

強制不妊 逆転勝訴

「著しく正義・公平の理念に反する」

「痛み今も癒えない」

国は上告すべきでない

大阪高裁での逆転勝訴判決を伝える新聞記事（朝日新聞2022年2月23日）

1　はじめに

―― 受任の経緯等

筆者は、大阪弁護士会憲法問題特別委員会（以下「憲法問題特別委員会」という）に所属し、本稿執筆時点において同委員会副委員長を務め、憲法訴訟実務を主たる検討対象とする第一部会の部会長を兼務している。

学生の頃から学問分野としての憲法学には強い関心があり、弁護士になってからも、時間の許す範囲で憲法学、あるいは憲法訴訟実務に関わっていきたいと考えていた。筆者は2016（平成28）年度の司法試験を受験したが、公法系第一問（憲法）の問題[1]を解くのが純粋に面白かったことはまだ記憶に新しい（直接的な先例となる判例が日本にはない事例において参照しうる判例に思いを巡らせる過程が最も楽しかった記憶である）。司法修習の修習地が大阪であった筆者は、憲法問題特別委員会が提供する修習生向けのプログラムを受講し、以後、司法修習生時代から憲法問題特別委員会の先生方には大変お世話になっている。

さて、旧優生保護法国家賠償請求事件（全国各地で被害者が提訴しているが、本稿では、特筆しない限り大阪における事件を指して「本件」と呼ぶ）について、代理人として関与する以前は、恥を忍んで披瀝すれば事件の存在すら認識していなかった。そのような中で、本件に関わっていた憲法問題特別委員会所属の弁護士を介して、弁護団に加入するに至った。弁護士登録後、企業法務を中心とする比較的規模の大きい法律事務所に所属していたためか、いわゆる憲法訴訟は身近でなかったが、憲法学に関心のある法曹集団（憲法問題特別委員会）に属していたおかげで、本件に関与する貴重な機会をいただいたわけである。

本件のように、社会的耳目を集める事件に関する相談がどのような経路で弁護士に寄せられるかは一様でなかろう。本件は、2018（平成30）年1月30日に旧優生保護法に基づく強制不妊手術を受けた被害者が仙台地裁に国家賠償請求訴訟を提起したのを皮切りに、全国各地で同様の国家賠償請求訴訟が順次提起され、弁護団が結成されるに至っている。所属する事務所や土

(1)　性犯罪により懲役の確定裁判を受けた者に対する継続監視を目的とし、一定の性犯罪について実刑判決を受けた者について、体内に位置情報を埋設することを義務づけるなどの内容を含む架空法令の憲法適合性を問う問題であった。人身の自由や移動の自由に対する制約についてのみならず、プライバシー権の制約が正当化されうるかについても、取得される位置情報の要保護性等を我が国の最高裁判例に照らして検討することが求められていた。

地柄によっても憲法訴訟に関与する機会の有無や多寡は様々であろうが、憲法に関心がある法曹の先輩が身近にいれば、憲法訴訟に関与するチャンスにつながることは間違いなかろう。特にこれから憲法訴訟に取り組むことを目指すのであれば、（決して宣伝に主眼があるわけではないのだが）大阪であれば憲法問題特別委員会に所属するなどして、**憲法訴訟を手掛け、あるいは同じ分野に関心をもつ弁護士とのつながりを大切にすることも重要である。**

こうして、旧優生保護法国家賠償請求事件の訴訟代理人としての活動が始まった。当時、弁護士1年目であった筆者には少し荷が重い案件でもあったが、それは同時に文字どおりのやりがいでもあった。弁護団の諸先輩方とは、今でも対等に（つまりは大変生意気に）議論させていただいており、また、準備書面や控訴理由書等の主張書面のドラフトもほぼ全面的に任せていただいている。そのやりがいの灯が消えることはなく、諸先輩方の力や意見交換をしてくださった研究者の先生方のご知見も存分にお借りして、先行事件（定義は後述する）の控訴審で逆転勝訴するという結果につなげることができた。

本稿においては、本件に関する憲法訴訟代理人としての取組み、工夫、悩みに焦点を当てながら、訴訟における憲法論の位置づけや向き合い方、当事者の生の声をどのように法的主張に落とし込むかといった点について考察を深め、その中で憲法論が果たしうる役割について検討を加えることを試みる。本稿執筆時点において事件が現に進行中であるため語り尽くせぬことも多いが、ご容赦いただきたい。また、意見にわたる部分は、弁護団の総意や訴訟における実際の主張とは一切関係のない筆者の専ら個人的な見解に過ぎない点にも、併せてご留意いただきたい。本件を「憲法訴訟」と呼ぶべきかについては議論がありえようが、筆者は「憲法訴訟」であったと確信しており、本稿が、今後の憲法訴訟実務にわずかながらにでも貢献するところがあれば望外の喜びである。

―― 事案の概要

本稿執筆時点において大阪では、旧優生保護法[(2)]に基づく優生手術等を不法行為とする国家賠償請求訴訟が2件提起されており、うち1件については控訴審に移行し、2022（令和4）年2月22日に大阪高裁民事第3部による判決言渡しがなされている。事案の概要は、同事件（便宜的に「先行事件」と呼び、他方を「後行事件」と呼ぶ）の原審判決[(3)]および控訴審判決における認定事実をベースに記載するが、大要、以下のとおりである。

(2) 平成8年法律第105号による改正前の優生保護法を指す（以下本稿において同じ）。

(3) 大阪地判令和2年11月30日判時2506・2507合併号69頁。

旧優生保護法は、1996（平成8）年6月26日、不良な子孫の出生を防止するという優生思想に基づく規定が障害者に対する差別となっていること等に鑑み、旧優生保護法の一部を改正する法律（平成8年法律第105号）によって法律の名称が「母体保護法」に改められるとともに、旧優生保護法1条、2条および3条1項柱書の文言が変更され、同項1号ないし3号および4条ないし13条が削除された。

自由権規約委員会からは、1998（平成10）年11月19

日、日本政府に対し、「障害を持つ女性の強制不妊の廃止を認識する一方、法律が強制不妊の対象となった人たちの補償を受ける権利を規定していないことを遺憾に思」うとし、必要な法的措置を講じるべきであるとの勧告がなされ[(4)]、これに対して、日本政府は「旧優生保護法に基づき適法に行われた手術については、過去にさかのぼって補償することは考えていない」などと応答していた。

(4) 自由権規約委員会は、このほかにも2008（平成20）年10月30日、2014（同26）年8月20日も日本政府に対する勧告を実施しており、日本政府はこれらの勧告のいずれについてもその内容を踏まえた措置を講じなかったことも認定されている。

その後、厚生労働大臣は、2004（平成16）年3月24日、参議院厚生労働委員会においてなされた優生手術の実態を調査し救済制度を導入すべきではないかとの質問に対し、優生手術が行われた事実を踏まえて、「そうした事実を今後どうしていくかということは、今後私たちも考えていきたいと思っております。」などと発言した。

2018（平成30）年1月30日、優生手術の被害者のひとりが仙台地裁に国家賠償請求訴訟を提起したが、それまでに、優生手術による被害について国家賠償を求める訴訟が提起されたことはなかった。原告らはいずれも障害者であり、1名は1965（同40）年または1966（同41）年に、もう1名は1974（同49）年に優生手術を受けた者である。

―― 争点と当事者の「声」の距離

先行事件の一審判決において整理された争点（これは、実際に弁論準備手続の中で整理された争点と同じである）は以下の8つである。

ア　原告Xに対する優生手術の有無（争点1）

イ　原告Yに対する優生手術の有無（争点2）

ウ　国会議員による旧優生保護法の立法行為の違法性（争点3）

エ　国会議員による救済法の立法不作為の違法性（争点4）

オ　厚生労働大臣による救済措置の不作為の違法性（争点5）

カ　内閣総理大臣による救済措置の不作為の違法性（争点6）

キ　原告らの損害（争点7）

ク　除斥期間の適用の可否（争点8）

筆者が本件に関与した時点で、争点4から争点6に関する主張が訴状に盛り込まれて（しまって）いた。おそらく、事件発覚後、速やかに訴訟提起することにも主眼が置かれたため、やや幅広に法的主張が列記されたからであると思われるが、筆者は、これらの争点は本質的な問題ではないと考え、筆者が起案した主張書面（特に先行事件および後行事件の一審最終準備書面）および先行事件の控訴理由書においては触れる程度にとどめることとした[(5)]。後述するとおり、本件において**優生手術の被害者が真に怒り、また無念さを覚えるのは、国が救済措置を実施してくれなかったことではなく、自らが与り知らないところで優生手術が実施され、子どもを産むことができない身体に変えられてしまっていたこと、それ自体だから**である。筆者が代理人を務める本件原告も、法廷で、「元の体に戻してほしい」と涙ながらに訴えた。しかしながら、その願いはどのような救済措置を講じても叶うことはないのである。依頼者の声を聴く訴訟代理人として、依頼者に「代わって」司法府

(5)　さらには、訴訟の経過の中で、単に学説上の議論を並べるだけの主張もなされていたが、そういった抽象的に過ぎる議論も、最終的にはすべて削ぎ落とした。筆者の意見にとどまるが、主張書面は学説上の議論を紹介する場ではなく、そのような主張書面は代理人の自己満足になりかねない。記載するべきは当事者の「声」を具現化した先にある法的主張のはずである。そのような自己満足は当事者の「声」を司法府に届けるうえでは雑音にすらなりうることを、自戒も込めてここに記しておく。

に問うべきは優生手術それ自体の国家賠償責任であり、立法不作為といった小手先の論点ではあるまい。弁護士によって考え方が異なるかもしれないが、**我々は「代理人」であって、当事者ではない。依頼者に「代わって」、彼ら彼女らの声を、法的に整理して法廷に顕出させることが我々の使命であり、「仕事」のはずである。**そのようなスタンスから、筆者は、依頼者の怒りや無念からは程遠い、抽象的あるいは技術的な主張はすべて主張書面からそぎ落としていった。

訴訟における代理人としてのスタンス、考え方は必ずしも一様ではなかろうが、さらに敷衍すれば、**本件のように社会の耳目を集める事件について、本質的な争点の見極めや分析を怠り、ありうる法律構成や主張を漫然と並べるだけの訴訟追行はすべきでない**と考える。たとえば、争点8に関し、本件で問題となる民法724条後段の法的性質が消滅時効であるとの主張（要するに、民法724条後段の法的性質を争う主張）は、机上の論理に過ぎず、実際の訴訟では採りえない法律構成であると考えている。この法律構成は、司法府に判例変更を迫る法律構成であるが[(6)]、旧優生保護法の問題を解決するために既存の判例を変更する必要など微塵もないからである。**そのような法律構成しか採りえないのであれば格別、そうでないのであれば、判例変更が必要な法律構成は訴訟実務上採りえない。**より平たくいえば、判例変更は他の事件にも影響を及ぼしてしまう以上、極力避けるべきであって、実務においてはできる限り、**既存の判例を前提にした法律構成を選択すべきである。**確かに、旧民法724条後段の法的性質が除斥期間であると

(6) 民法724条後段の法的性質が除斥期間であることは、最判平成元年12月21日民集43巻12号2209頁が判示するところである。

いう法解釈それ自体には筆者も賛同できないし、現行民法（民法の一部を改正する法律（平成29年法律第44号）による改正後の民法）においては、同条後段に相当する部分は消滅時効であることが明記された。そのような現代において、同条後段が除斥期間であるという法解釈を硬直的に採用することをよしとしない考え方には筆者も同感である。しかし、「訴訟実務」において選択すべき主張か、という視点に立てば、前記のとおり筆者は消極的であり、むしろ、そのような主張は、裁判所が原告の思いや事案の核心部分を理解するうえで妨げになる可能性すらあるのではないかと危惧するところである。（必ずしも憲法訴訟に限ったことではないが）訴訟代理人として、その事件の核心がどこにあるかを探究し、**事案の核心と依頼者の声を裁判所に理解してもらうためにどのように「事件の顔」を作るか**が、事件を受任した我々に求められる最初の課題ではないかと思う。

—— 一審判決のインパクトとその受け止め方

一審判決は原告らの完全敗訴であった。一審判決は、旧優生保護法（のうち一部の本件に関連する規定）の制定が違憲であることを宣言したものの、不法行為に基づく損害賠償請求権は除斥期間の経過により消滅し、かつ、そのように解するとしても憲法17条には違反しないと結論づけた。本件で問題とされた旧優生保護法の違憲性を認めた点に意義はあるとしても、国の国家賠償責任はすべて否定されている以上、原告らの声は封殺されたわけであり、我々代理人にとってのインパクトも相当なものであった。

一審判決の後、この判決に対する評価として「血の通わない判決」といったものも目にしたが、少なくとも筆者はそのようには受け止めなかった。まるで裁判所が悪であるかのような姿勢は訴訟代理人としての傲慢であるように感ずるためである。**顧みるべきは、当事者の声を届けられなかった訴訟代理人の営為のはず**であり、「わかってくれない裁判所は酷い」というコメントを付してよいのは、自らが為した訴訟追行が、改善の余地が一切ないほどに完璧なものであった場合に限られよう。

控訴理由書を提出するまでの時間は限られているが、筆者は、自らがドラフトして提出に至った最終準備書面を幾度となく読み返して、一審判決と照らし合わせた。その結果、民事実体法に関する議論はもとより、憲法論についても、一審の主張書面に記載した内容ではわかりにくかったと猛省し、控訴理由書ではそのわかりにくさの克服に注力した。

自分が書いた最終準備書面と一審判決とを照らし合わせて向き合う過程で、心の中に、「**〇〇は明らかである、で論理抜けをごまかしてはならない。その言語化が説得力となる。**」という声が聞こえてきた。筆者が尊敬するとある先輩弁護士から、筆者が弁護士１年目の時にいただいた言葉である。控訴理由書を起案する中で指針とした言葉であり、これからも忘れぬようにしたい言葉である。

先輩のこの言葉にも応えられるよう、何より、当事者の「声」を、控訴審裁判体に届けられるよう、「それってどういうこと？」「それって本当？」という疑問符が一切生じない書面を目指した。起案し、寝かせて再度読んでは起案を削除し、また起案し……をとにかく繰り返し、一言一句、それこそ、どこに読点を打つか、にすら徹底的にこだわった。

2　当事者の声と訴訟代理人の工夫

―― 当事者の「生の声」を聴く

特に憲法訴訟においては、「当事者の生の声」を聴くことから始まり、その「生の声」が代理人活動の中心線を成すことが多いように思われる。当事者の生の声をなおざりにし、代理人目線で事件の筋を決めつけたり、争点形成をすることのないように、都度立ち止まり、当事者の声に耳を傾ける姿勢が極めて重要である。

ここで、今一度恥を捨てて、筆者の経験を述べてみることとしたい。

弁護団に参画した当初、事件記録しか手元にない筆者には、「本人の同意なく身体に不可逆的変更を加える優生手術という悲惨な人権侵害」という、いわばありふれた法的評価を通した捉え方しかできず、被害者の顔や声、本件訴訟にかける思いにはイメージが届かなかった。その後、訴訟の中盤に差し掛かろうかという時期に、各原告に一度ずつ面会する機会があった（その他にも期日等でお会いした）。**お会いした際に、また、法廷で意見陳述をする原告らの目から溢れる涙を見る前と後では、本件事案に対する見方がまるで違うのである。**優生手術という前代未聞の人権侵害から20年を優に経過してから提起された訴訟であるが、障害をもつというだけで「子どもを産んではいけない」と社会から虐げられ、子とともに家庭を築くというありふれた幸せを享有することさえ許されなかった原告らの「声」を聴いてから、本件にかける意気込みは一段と強くなった。

筆者は、(今もそうであり、なかなか直らないのだが……)頭でっかちに、抽象的な法律論や訴訟戦略を考えがちである。しかし、特に憲法訴訟においては、そのような**抽象的な法律論や訴訟戦略よりも、当事者の声や思いを「代理人として」聴き、共有することが何よりも肝心**であり、後に述べるとおり、それをいかにして法的な主張に落とし込み、裁判官に伝えるか、が代理人の腕の見せどころであろう。

―― 「生の声」を法律構成に落とし込む

大阪のみならず、優生手術の被害者が提訴した国家賠償請求訴訟はいずれも、優生手術の時から20年を経過した後に提訴されている。すなわち、損害賠償請求権の発生が認められたとしても、除斥期間(国家賠償法4条、民法724条後段)という高い壁が立ちはだかる事案である。この除斥期間の壁を超えるには、大要、2つの法律構成が考えられる。ひとつは、救済立法制定義務違反をはじめとする作為義務違反を不法行為と措定し、作為義務違反が一定の時期まで継続していると構成して(要するに継続的不法行為であると構成して)、除斥期間の起算点を当該不法行為の終了時点と捉える構成である(以下「不作為構成」という)。このような法律構成を採る場合、作為義務の存否およびその内容の特定がまずは問題になろう。もうひとつは、旧優生保護法の制定およびそれに基づく優生手術を不法行為と捉えつつも、起算点は優生手術時ではないと主張し、予備的に除斥期間の経過を前提として除斥期間の適用制限を主張するという構成である（以下「作為構成」という）。

抽象的にはいずれの法律構成も採りうるのだが、**「生の声」を法律構成に落とし込むことを志向するとき、採りうる法律構成は「作為構成」に絞られる**ように思われる（まったくの筆者限りの意見であることは念のため再度付言しておく）。すでに指摘したとおり、本件における原告らの怒りや無念は、優生手術により二度と子どもを産むことができない身体へと変えられたことであり、そうであるとするならば、**手術自体ではなく、その後に被害者への救済措置が講じられなかったこと等を問題にする不作為構成は、「事件の顔」を変え、あるいは、訴訟に顕出される当事者の「生の声」をも変容させてしまう**ように思われるためである。

さらに、本件が憲法訴訟としての側面をも有するのは、優生保護法およびそれに基づく優生手術が違憲であるためでもあるが[(7)]、上記法律構成の差異は、国家賠償請求訴訟における議論の大前提たる不法行為をどのように措定するかに関わる。違憲な行為を行ったことに関する国家の責任を正面から問う、という観点からも作為構成を主とするべき事案であると筆者は確信している。

除斥期間という大きな争点を乗り越えることばかりに気をとられ、被害者たる原告らの「生の声」から程

(7) 後述するとおり、除斥期間の解釈において、憲法17条に関する憲法論が争点となることも、本件が憲法訴訟としての側面を有する理由である。

遠い法的な主張を（あえていえば代理人独自の視点で）展開するのではなく、**その「生の声」を具現化する主張を志向するのが、憲法訴訟の出発点であり、その先にこそ「生きた」憲法論が見えるのではなかろうか。**

―― 弁護団内での議論

本件は、約10名から成る弁護団で訴訟追行しており、時には激しい議論の応酬もあった。それは弁護団に属する弁護士一人ひとりが、自身の信念に基づいて本件と真摯に向き合ってきた証左である。

まず、訴訟の初期段階では、本件において何を不法行為と措定するか（すなわち、不作為構成を採るか、作為構成を採るか）について議論が巻き起こった。筆者は当初より一貫して作為構成を採るべきと強く主張してきたが、除斥期間の壁を突破するためには不作為構成の方が望ましいのではないか、という意見も当然あった。

また、憲法論をどこまで前面に出すか、という点についても議論があった。すなわち、憲法17条論に限らず憲法に関する論点を主な争点と捉えて主張を展開するか、あくまでも主たる争点は除斥期間に関する実体法上の問題と捉えて主張を展開するか、という議論である。本件の争点をどこに据えるのがよいかという点についても積極的に議論を交わした結果、実体法上の争点が主たる争点である、という捉え方について共通理解を形成するに至った。また、その除斥期間の解釈の背後には、憲法17条論が控えていることについても共通理解が形成された。

さらに、証拠の選別についても、時として議論があった。憲法訴訟においては、証拠の量が膨大になることも少なくないが、本件においても、実に300近い証拠が提出されている。筆者としては、なるべく証拠は限定する方が望ましく、また、どのように提出証拠を絞り、整理するかという点こそ代理人の工夫の見せどころであると考えているが、他方において、限定しようとすればするほど提出すらされない証拠も増えることになるため、そのバランスのとり方は常に悩ましい。弁護団を組成する事件は、証拠の選定や準備書面のドラフトの作業をたとえば論点ごとに分担して行う例が少なくないようであるが、筆者は**そのような作業分担は適切でない**と考えていることもここで述べておく。**証拠と主張は一体であるにもかかわらず、その主張を構成・起案する人間と、その主張を支える証拠を選定し、整理する人間が異なると、両者が抱いている構想のズレがそのまま主張書面に現れることにもなりかねない。**結果として、どの主張との関係で提出されているのか判然としない証拠や整理されずに漫然と五月雨式に証拠が提出されるといった事態が生じることも少なくなかろう。筆者は、そのような点からも準備書面のドラフトは1人ですべてさせてほしい旨申し出て（証拠説明書も極力筆者がファーストドラフトするように心がけている)、書面全体をファーストドラフトし、弁護団の諸先輩方に率直な意見や批判を頂戴しながら、よりよい完成形へと近づけるよう工夫していたつもりである。弁護団内で負担が偏らないように、などという意見が出ることもあるが、**弁護団内の負担の公平など、依頼者にとっては知らぬことである**から、そのような内輪の視点など捨てて、積極的にだれかがファーストドラフトを買って出る必要がある。またそのような気概のある者だけが関与する、ということも弁護団を組成する事件においては特に重要ではなかろうか。

3 訴訟代理人としての努力

本件で弁護団が抱えた悩みは種々あるが、なかでも、「障害をもつ者は不良の子孫を残す者である」という**スティグマ（劣等の烙印）を押しつけられ、社会全体あるいは現に生活していた地域社会において、被差別者たる優生手術の被害者が置かれていた境遇を裁判官にどのように伝えるか**、という問題が最大の悩みであった。

時には研究者から話を聴き、時には当時を知る支援者から話を聴いて、また時には法廷で語ってもらうことで、優生手術という、現代から見れば明らかに違憲な行為が当然のように行われていた時代において、被害者がどのような境遇に置かれていたかを伝えられるよう試みた。また、他地域弁護団が必死にかき集めた資料（たとえば、当時の保健体育の教科書(8)や雑誌・新聞記事が典型である）や公的な会議録に関する資料も読み漁り、関連すると思われるものを整理して証拠として提出した。ここにいう整理とは、要証事実の具体化（証拠説明書の記載の工夫）、重要な部分へのマーキング等である。**証拠について、〈提出しさえすれば、あとは裁判官が読んでくれる〉、という半端な姿勢ではダメである。**どこを読んでほしいのか、その証拠から何がわかるのか、わかったことが争点との関係でどのような意味をもつ

(8) たとえば、1970（昭和45）年の教科書には「国民優生思想の普及により、人びとがすすんで国民優生政策に協力し、劣悪な遺伝病を防ぐことがのぞましい」との記載が、1972（昭和47）年の教科書には、「劣悪な遺伝は社会生活を乱し、国民の健康の水準を低下させる」、「劣悪な遺伝を除去し、健全な社会を築くために優生保護法があ」るといった記載があった。

旧優生保護法事件の訴訟記録と精査した文献の一部（筆者撮影）

のか、**その論理の架橋を怠ってはならないのである。**

優生手術の被害者に、上記のようなスティグマが押しつけられていた、と**語るのは容易であるが、それを伝えるのは極めて難しい。**各地でも弁護団それぞれが工夫を凝らしているポイントであろう。

このような数十年前の社会情勢（しかも、当時においても健常者は体験することすらなかったであろう障害者を取り巻く差別偏見の念）を裁判官に理解してもらう必要性は、通常の民事訴訟ではあまり生じないであろう。立証対象が目に見えぬ空気感のようなものであることに加え、健常者にとっての経験則の外側にあるものを「示す」ことは極めて難しい。

かつて、オリバー・ウェンデル・ホームズ米連邦最高裁判事は「法の生命は論理ではなく、経験であった」と述べた。しかしながら、**本件において示そうとする事象は、どの裁判官も（また筆者も）「経験」してこなかったものである。**当時の保健体育の教科書をはじめとする書証等による立証の試みは、大阪高裁が示した「制定法に基づくこのような非人道的かつ差別的な烙印ともいうべき状態」という判文として形になった。諦めずに弁護団が一丸となって証拠を読み、立証について議論した結果である。

4　控訴審判決の要旨[9]

(9)　紙幅の都合上、判例の引用等を含め簡略化して紹介する。詳細は判決原文に当たられたい。

さて、ここまでは弁護団内の悩みや葛藤を書き連ねてきたわけであるが、ここからは控訴審判決の中身を中心に見ていこう。必要に応じて原審判決も引用または参照するため、詳細は原文に当たられたい。

―― 国会議員による旧優生保護法の立法行為の違法性

控訴審は、本件で問題となっていた旧優生保護法の規定が憲法13条および14条1項に違反して無効である旨判示した（この点は、原審の判断と同旨である）。まず、立法目的について、大要、旧優生保護法4条ないし13条の立法目的は、専ら優生上の見地から不良の子孫の出生を防止するという非人道的かつ差別的なものであって、個人の尊重という日本国憲法の基本理念に照らし是認できないものといわざるを得ない旨判示する。さらに続けて、本件で問題となった規定は「手段の合理性をも欠いており、特定の障害等を有する者に対して優生手術を受けることを強制するもので、子を産み育てるか否かについて意思決定をする自由及び意思に反して身体への侵襲を受けない自由を明らかに侵害するとともに、特定の障害等を有する者に対して合理的な根拠のない差別的取扱いをするものであるから、公共の福祉による制約として正当化できるものではな」いとした。そのうえで、旧優生保護法の制定行為（立法行為）は、国家賠償法上も違法であると判示した。

―― 除斥期間の適用の可否

控訴審判決は、本件において除斥期間の経過を理由とする国家賠償請求権の消滅を否定した。除斥期間の経過による国家賠償請求権の消滅を否定するには、大要、除斥期間の起算点を時期的に後ろに措定するか（さらに不法行為を一回的不法行為と捉えるか、継続的不法行為と捉えるかも大いに関係する）、20年の経過を前提に除斥期間の適用を制限するか、の2つの構成がありうるところ、控訴審判決は、前者の構成に関する控訴人（一審原告）の主張は容れず、後者の構成に関する主張を容れて、国家賠償請求権は消滅していないとした。当方の主張を容れるに際して、控訴人の主張をそのまま容れることはせず、若干異なる理論構成に修正されていた。神は細部に宿る――。この「若干」の差異が極めて重要なのである。すなわち、大阪高裁判決は、控訴人らの主張の一部を軌道修正し、既存の判例の枠組みの中で完全に説明しきれるように論理を紡いでいるのである。[(10)] この点は、民事実体法に関する問題であり、本稿の主題から逸れるため、これ以上の検討は他日に期すこととしたい。

(10) より敷衍すれば、上告審で判断が覆らぬよう、上告受理申立理由が生じないように工夫されているのである。この部分の判示について、他地域弁護団所属の弁護士含め、評価は様々であったが、筆者は、この「差異」に、本件に対する司法府としての矜持を見たような気がした。

さて、大阪高裁判決も、我々の目からみれば、完璧というわけでもない。たとえば、除斥期間の起算点との関係で、旧優生保護法が母体保護法に改正された時点で権利侵害が止んだ旨判示しているが、筆者らが認識する社会実態とは理解を異にするといわざるを得ない。法改正によって、ある日突然、社会による差別偏見が解消されるわけはない。母体保護法に改正された後も社会からの差別偏見（スティグマ）は色濃く残っており、そのスティグマゆえに、長きにわたって、被害者らは声をあげることすらできなかったのである。確かに、健常者には容易には理解し難いかもしれない。しかしそれは、我々（の多く）は日々、差別偏見に晒されることなく生活しているからである。それゆえに、スティグマが生じていることの立証は困難を極めた（現に一審では、その立証に失敗した）。

しかし控訴審は、控訴理由書と控訴審において提出した証拠を精読し、**「制定法に基づくこのような非人道的かつ差別的な烙印ともいうべき状態」という表現で、スティグマを真正面から認めた点で極めて画期的である。**判文には、控訴理由書の記載をパラフレーズしたものと思われる表現も多く登場する。諦めることなく弁護団が知力を尽くした結果、控訴人の声と無念を裁判体に届けることができたように思われる。

本件の核心部分がどこにあると考えるかについては様々な考え方がありえようが、筆者は、**障害者という社会的少数者が狙い撃ちにされた点に核心を見た。**それゆえに、健常者である多数派（立法府や社会）に解決を委ねるのは合理的でなく、司法府が「一歩前に出て」判断を示す必要がある、この法感情を裁判体に伝えたかった。そこで、弁護団員にも説明し、泉徳治元最高裁判事の言葉を控訴理由書において参照した。控訴理由書の記載を以下に抜粋する。

このような少数者の人権の救済にかかる事案において、司法府は「一歩前へ出て」救済を果たす責務を負う。元最高裁判事である泉徳治は、1938年のいわゆるカロリーヌ事件判決の法廷意見に付されたストーン裁判官の脚注４を参照しつつ、特定の社会的な少数者集団に向けられた立法については、少数者に対する偏見のために民主政の過程による保護が働きにくいため、司法府が積極的に介入しなければならない場面であると説き、これは代表民主主義国家における立法府と司法府の役割の問題であるから日本においてもそのまま通用することを付言する。(11)

彼の言葉は重い。泉徳治元最高裁判事は、調査官として、また、最高裁判事として憲法訴訟に熱心に取り組み、憲法が求める司法の役割を繰り返し強調してきた。実務家としての法感覚に筆者も感銘を受けたが、本件に代理人として関与するとき、彼の法感覚こそ、係属裁判体に共有しなければならない、そう思った。

控訴審裁判体は、審理を長引かせることもせず、短期間のうちに結審して、優生手術の被害者たる控訴人の「声」に応えた。控訴人はいずれも高齢であり、時間もそう多くは残されていないことを慮ったのであろう。判示内容はもとより、早期に判断を示したことも、司法として「一歩前に出た」ものであったと思えてならない。

(11) 泉徳治（渡辺康行ほか・聞き手）『一歩前に出る司法―泉徳治元最高裁判事に聞く』（日本評論社・2017年）71頁〔泉徳治〕。

―― 憲法上の争点と控訴人の主張

控訴審は、国家賠償請求を認めているため、憲法上の争点には立ち入っていない。(12)では、本件において憲法問題は重要でなかったのか。むろん、答えは否であ

(12) 旧優生保護法の制定や優生手術の憲法適合性、という点でも憲法上の問題はあるが、違憲であることは言うまでもないから、筆者の理解では、それはもはや「問題」ではない。

る。本件における憲法17条に関する争点は、厳密には、法令違憲（意味上の一部違憲）と適用違憲に分かれうるが、意味上の一部違憲論が主たる問題となる。

ここで強調しておきたいことは、筆者ら（原告ら）は、違憲判断を勝ち取ろうとしたわけではない、ということである。除斥期間の解釈が争点であることを認識したうえで、その解釈如何によっては、その**背後に重大な憲法問題が待ち構えている**こと（よりわかりやすく言えば、除斥期間の経過によって国家賠償請求権が消滅すると解するのであれば、そのような解釈が違憲の疑義を帯びること）を裁判体に理解させることこそが目的であった。この目的との関係では、机上の空論と一蹴されてしまうようなちっぽけな憲法論では意味がない。いざ論議するのであれば絶対に打ち破られないほどに重厚な憲法論を実体法に関する解釈の背後に忍ばせておく必要がある。それゆえに、筆者が属する弁護団は、（おそらく他地域の弁護団と比べても）憲法17条論にも徹底的にこだわった。

控訴人の主張は、大要、以下のとおりである（控訴理由書の記載を一部抜粋する）。

> 本件においては、除斥期間は経過しておらず、あるいは仮に経過しているとしてもその適用が制限されるが、万が一にもこれらのいずれもが排斥されるのであれば、国家賠償法４条及び民法724条後段によって、「障害者を一律に不良と断じ、その子孫の出生を防止するという非人道的でその目的自体、違憲であることが明らかな法律を制定し、それに基づいて、実際に、本人の同意なく、卵管を縛る等の身体の侵襲を伴う手術を実施し、被害者に不可逆的な身体的変更を強いておきながら、当該違

憲な法令によって増幅した優生手術対象者に対する社会的差別・偏見及びこれに起因する司法アクセス障害によって同手術の被害者らが国家賠償請求訴訟を提起しないことを奇貨として、優生手術の被害等について、調査・公表することなく、同手術から20年の経過を待った事案」において加害者たる被告（国）の損害賠償義務が免除されることになる。すなわち、国賠法４条によって準用される民法724条後段には、「障害者を一律に不良と断じ、その子孫の出生を防止するという非人道的でその目的自体、違憲であることが明らかな法律を制定し、それに基づいて、実際に、本人の同意なく、卵管を縛る等の身体の侵襲を伴う手術を実施し、被害者に不可逆的な身体的変更を強いておきながら、当該違憲な法令によって増幅した障害者に対する社会的差別・偏見及びこれに起因する司法アクセス障害によって被害者らが国家賠償請求訴訟を提起しないことを奇貨として、優生手術の被害等について、調査・公表することなく、同手術から20年の経過を待った場合も同様とする。」といった不文のなお書きがあるのと同じ結果になるところ、その不文のなお書きの憲法適合性が問題なのである（不文の規律が問題になるからこそ「意味上の」一部違憲の問題となる）。

さらに、この不文のなお書きが、郵便法違憲判決（最大判平成14年9月11日民集56巻7号1439頁）が示した判断枠組み（違憲審査基準）に照らして違憲無効であり、その結果、憲法適合的解釈として、「も同様とする」を「はこの限りでない」に置き換えた不文の但し書きが導かれる、とも主張した。

原審段階では、これを単に「意味上の一部違憲」という語句のみでこれを表現していた――というよりも、表現した気になっていた。新司法試験に制度が移行して10年以上が経過しているが、少なくとも、新司法試験を受験した筆者にとって「意味上の一部違憲」という用語法はそれなりに基本的なものに感じられた。しかし、それが基本的であれどなかれど、**説明を怠れば伝わるものも伝わらない**。現に、原審裁判体には、憲法適合性審査の対象すら、うまく伝えることができなかった。

そこで、控訴理由書では、意味上の一部違憲の内実を示すことに注力した。判文からは窺い知ることができないが、仮に除斥期間の経過により国家賠償請求権が消滅するのであれば、上記のような不文のなお書きが存するのと同様の法解釈を採ったことになるところ、そのようななお書きさえも憲法17条が付与した立法裁量の範疇にあると論証するのは不可能に近いように思われる。**裁判官にそのことを少しでも意識させることができていたのであれば、控訴理由書に現れた憲法17条論は、十分に役割を全うしたことになる。**

5　憲法17条に関する主張の意義

―― 本当に「憲法論を展開したら負け」なのか：訴訟における憲法上の主張の意義を考える

本件は、あえて単純化すれば、国家賠償請求権の発生自体には大きな疑義がなく、また、優生手術の時から20年以上経過していることも明らかである、という前提で、当該国家賠償請求権の除斥期間の経過による消滅（＝加害者たる国家の免責）の適否が最大の争点となった事案である。問題になるのは、あくまで国家賠償法4条が準用する（旧）民法724条の解釈であって、憲法上の争点が核心を成すものではなかろう。このような事案において、**むやみに憲法論を展開しても、それは代理人の自己満足に過ぎない。**

筆者の属する弁護団は、除斥期間論との関係において憲法17条論を主張したわけだが、他方で、訴訟実務一般において、「憲法を持ち出したらもう終わり」という感覚が蔓延していることもまた事実であろう。[13]

(13) 石川健治＝山本龍彦＝泉徳治「【座談会】『十字路』の風景―最高裁の中のドイツとアメリカ」石川健治ほか編『憲法訴訟の十字路』（弘文堂・2019年）403頁〔泉徳治発言・石川健治発言〕参照。

もちろん、事実認定や法令の解釈が問題となっている事件において、やみくもに憲法論を展開すれば、自らの主張の脆弱性を自認する結果に終わることも往々にしてあろう。しかし、**そのことと、法令の解釈問題の背後に憲法論が控えていることを提示することの重要性が混同されてはならない。**たとえば、タトゥー施術行為について医師法違反の罪で起訴された刑事事件に関する最決令和2年9月16日（刑集74巻6号581頁）では、一審の第一回期日から憲法上の主張が展開されていた。[14] この事件も、訴因との関係でいきなり憲法上の問題が浮上するものではなく、医師法17条の解釈（「医行為」の解釈）がまずは問題となる。案の定、最高裁も、訴因を成す行為が「医行為」に該当しないことをもって無罪とした原審の判断を維持したが、仮に「医行為」該当性を肯定するのであれば、**その背後には、文面審査を含む憲法問題が何層にも折り重なっていた**のであり、弁護人の一貫した主張により、各審級の裁判体もそのことを意識せずにはいられなかったはずである。[15]「憲法論を展開したら負け」ではなく、むしろ、「憲法論を展開したからこその勝ち」であった一例ではなかろうか。

(14) 筆者は同事件の一審の期日を数回傍聴する機会に恵まれた。そこで展開されていた憲法論は主として表現の自由論であったと記憶しているが、筆者は職業の自由の問題であると理解している。

(15) 原判決（大阪高判平成30年11月14日高刑集71巻3号1頁）が「付言すると」として傍論的に述べた憲法22条論および最高裁決定に付された草野耕一裁判官補足意見も参照されたい。

そうであれば、実体法上の解釈等が主たる争点であっても、その背後に憲法問題が重くのしかかっていることを裁判官に理解させることは重要であり、自戒を込めて述べれば、**「憲法論を展開したら負け」と安易に決めつけてはなるまい。**

旧優生保護法事件も同様である。争点はあくまでも除斥期間の解釈問題であったが、そこで採られる解釈如何によっては、さらに憲法17条をめぐる重大な問題が待ち構えているのであり、筆者が属する弁護団としても、そのことを裁判官に理解してもらうことに死力を尽くしてきた。

鬼丸かおる元最高裁判事は、次のように言う。

(16) 月刊大阪弁護士会181号(2019年)6頁。鬼丸かおる元最高裁判事へのインタビュー記事は、大阪弁護士会のホームページからもアクセス可能であるため、ぜひご一読いただきたい。

> 弁護士さんに是非訴えたいのは、絶対に勝ちたいなら、一審のときから三審を見据えて憲法違反や判例違反を念頭に置いてやって欲しいということです。訴状の中で、それらしきことを書いておく、そして上訴の書面でも書いておくということが大事です。
>
> 上告審で勝っている民事事件というのは、一審のときから上告審を念頭に憲法違反、判例違反という主張がはっきり書いてあります。
>
> 皆さんこの事実をご存知なく結論だけ見て最高裁が認めたとおっしゃるけれど、実は弁護士が一審から最高裁をにらんで一生懸命やっていた積み上げの結果なのです。(16)

準備書面や控訴理由書において憲法論を展開する際、「頭でっかちになってはいないか」、「憲法論に軸足を置いてしまったら(また)負けてしまうのではないか」と何度も立ち止まり、数十時間かけた起案をすべて削除したことも一度や二度ではない。そのたびにこの言葉に背中を押していただいた気がしている。

繰り返しになるが、旧優生保護法事件における憲法17条論の実意は、憲法17条の文脈における違憲判断を勝ちとることではない。本件の争点は、あくまでも、除斥期間に関する解釈である。しかし、判断権者たる裁判官に対し、被告(国)が主張する除斥期間に関する解釈や裁判官が最終的に採用する除斥期間に関する解釈が憲法17条に違反している可能性を意識させることに重点を置き、憲法17条に関する検討を諦めなかったことが、少なからず、大阪高裁での逆転勝訴判決の獲得に寄与したのではないかと思う。

—— 郵便法違憲判決が遺したもの

憲法訴訟実務において、何よりも重要なのが判例である。憲法上の議論は、学説上のそれも踏まえれば百家争鳴の感があり、ありていに言えば、いくらでも違憲論を構築する途はある。それゆえに、憲法訴訟の代理人が展開する違憲論は、時として、判例を礎としない権利一辺倒の主張になる。もちろん、それ自体を否とするわけではないが、判例に基づかないため、裁判官に対しては説得力を帯びないことも少なくなかろう。

憲法17条との関係で唯一の先例となるのが、郵便法違憲判決(最大判平成14年9月11日民集56巻7号1439頁)である。憲法17条適合性が問題となる事件自体が僅少であるから、郵便法違憲判決が後世に遺したものを探究することは、旧優生保護法事件との関係においても極めて重要である。

まず、郵便法違憲判決は、憲法17条について「国又は公共団体が公務員の行為による不法行為責任を負うことを原則とした上、公務員のどのような行為によりいかなる要件で損害賠償責任を負うかを立法府の政策判断にゆだねたものであって、立法府に無制限の裁量権を付与するといった法律に対する白紙委任を認めているものではない」とする。憲法17条が付与する立法裁量におのずと限界があることを確認している点に注目されることが多いが[17]、より重要なのは、付与された立法裁量は、どのような場合に責任を負うか、についての裁量権なのであって、どのような場合に（被害者が損害賠償を求める）権利を取得するか、に関する裁量に限られない、ということである。すなわち、**憲法17条が付与する裁量は、加害者（国）が、加害者自身の責任の範囲を限定するに際してのそれでもある、ということを郵便法違憲判決はきちんと見抜いている**のであり、原則は有責、なのである。

除斥期間の規定は、民法を準用する方法で国家賠償制度にビルトインされているが、言うまでもなく、加害者たる国の責任を時の経過のみにより全部免責するという強烈な制度である。国家賠償制度の中に除斥期間という制度を盛り込む際、独自の規定を設けるのではなく、国家賠償法と不法行為法というある種の連続性ゆえに民法の規定を準用する方法に拠った、という制度設計自体に違和感はない。しかし、私人間の紛争と異なり、国家賠償の局面では、公共団体も含めた国家が加害者なのであるから、このビルトインによって、**加害者自身が、自らの責任が減免される範囲を定められる、という非対等性も同時に内包される結果となってい**

(17) また、いわゆる教科書の類では、憲法17条の法的性質（プログラム規定説と具体的権利説の対立など）に相応の紙幅が割かれることが多いが、このような抽象的な観念論は、訴訟実務においては何らの意味ももたないことは、あえて強調しておきたい。

ることは看過されてはならない。

さて、除斥期間の規定も、国（公務員）の不法行為責任を免責する規定（換言すれば、国家賠償請求権を制限する立法）であるから、「公務員の不法行為による国又は公共団体の損害賠償責任を免除し、又は制限する法律の規定が同条に適合するものとして是認されるものであるかどうかは、当該行為の態様、これによって侵害される法的利益の種類及び侵害の程度、免責又は責任制限の範囲及び程度等に応じ、当該規定の目的の正当性並びにその目的達成の手段として免責又は責任制限を認めることの合理性及び必要性を総合的に考慮して判断すべきである」という郵便法違憲判決が提示した判断定式が妥当する(18)。国家賠償制度としての除斥期間それ自体は正当であるとして、前記の不文のなお書きに相当する場合、すなわち、「障害者を一律に不良と断じ、その子孫の出生を防止するという非人道的でその目的自体、違憲であることが明らかな法律を制定し、それに基づいて、実際に、本人の同意なく、卵管を縛る等の身体の侵襲を伴う手術を実施し、被害者に不可逆的な身体的変更を強いておきながら、当該違憲な法令によって増幅した障害者に対する社会的差別・偏見及びこれに起因する司法アクセス障害によって被害者らが国家賠償請求訴訟を提起しないことを奇貨として、優生手術の被害等について、調査・公表することなく、同手術から20年の経過を待った場合」にも責任免除を認めないと、国家賠償制度の中に除斥期間を内設した「目的」が達成できないのか否か、が問題なのである。

郵便法違憲判決は、少なくとも

(18) なお、先行訴訟において被告（国）は、郵便法違憲判決の事案と異なり、除斥期間の規定は国家賠償法それ自体に内包された制度であるから違憲審査の対象にならない、と主張していたが、そのような主張が当たらないことは、すでに国籍法違憲判決（最大判平成20年6月4日民集62巻6号1367頁）等が示したところである。

・憲法17条が立法府に付与した裁量は、加害者が、加害者自身の責任を減免する範囲に関するものである
・責任免除の適否は、当該行為の態様、これによって侵害される法的利益の種類および侵害の程度等に応じ、当該規定の目的の正当性並びにその目的達成の手段として免責を認めることの合理性および必要性を総合的に考慮して判断すべきである

というドグマーティクを明確にしている。国家賠償制度の中に除斥期間という制度が必要であるとして、本件のような差別的、非人道的かつ凄惨な人権侵害の責任までも免責させる制度である必要があるのか、を正面から司法府に問う——すなわち、スティグマゆえに訴訟提起することができなかった原告らの声を届ける——素地を、遺してくれていたのである。

係争中の事件に関する論稿のため語り尽くせぬ点があることはご容赦いただきたいが[19]、郵便法違憲判決が遺したものを旧優生保護法に基づく優生手術の被害者の権利保護に活かしたい。

(19) 本稿執筆時点において、先行事件の大阪高裁判決に対しては、被告から上告受理申立てがなされている。

6 憲法訴訟のやりがいと苦悩：むすびにかえて

拙いながら、ここまで受任の経緯や弁護団内での主たる悩みを述べてきた。最後に憲法訴訟のやりがいを述べることをお許しいただけるならば、それは、**当事者の「生の声」を憲法の基底を成す価値へと接続し、裁判所に届けること**に尽きる。社会のため、という考え

方の法曹もいるであろうが、筆者は必ずしもそうとは考えていない（筆者のような小童に、あるべき社会の姿などわかる由もない）。

本件訴訟追行は、当事者の声をうまく法的な主張として構成し尽くせているか、何か見落としていたり、思考が偏っているせいで当事者の声を捻じ曲げてしまっていないか、優生手術が実施されていた当時の社会情勢や被害者の方々に向けられていた差別・偏見という目に見えぬ、それでいて大きなものの立証についてベストを尽くせているのか、という自問自答と苦悩の連続であった。

幸いにして、同じ方向を向く先輩弁護士に囲まれて弁護団活動ができている。生意気と頭でっかちはなかなか直らないのだが、引き続き、弁護団に属する先輩方とともに、当事者の「声」を届け、救済の途を切り開くべく、不断の努力を続けたい。

匿名表現とヘイトスピーチ、表現の自由の境界線

大阪市ヘイトスピーチ規制条例住民訴訟

最判令和4年2月15日

徳永信一

ダイナモ氏がニコニコ動画に挙げていた日韓断交デモの動画より

1　はじめに

―― 受任の経緯

2017（平成29）年6月1日、大阪市長は「大阪市ヘイトスピーチへの対処に関する条例」（以下「本件条例」という）に基づき、2013（平成25）年2月24日、大阪市天王寺区、同生野区および同東成区で行われた「2月24日韓日国交断絶国民大行進in鶴橋」と称するデモ活動を撮影して動画サイト「ニコニコ動画」に投稿された動画（以下「本件動画」という）が本件条例で定義さ

れたヘイトスピーチ（以下「条例ヘイトスピーチ」という）[1]に該当すると認定し、周知するため表現の概要（本件動画において、在日朝鮮人に対して「不逞犯罪ゴキブリくそちょんこ、日本からたたき出せ」、「殺せ、殺せ、朝鮮人」等の発言が繰り返されている）を公表した。加えて、本件表現活動を行った者の氏名または名称は判明していないため、これに代えて氏名に準ずるものとしてハンドル名「ダイナモ」を公表した。

当時、大阪市は氏名の公表に向けた取組みを続ける姿勢を維持していた。実名公表を恐れたダイナモ氏は、かねてヘイトスピーチ規制に反対の立場をとってきた市民団体（ヘイトスピーチ規制は表現の自由に対する侵害であって違憲無効であると主張していた）に相談を持ちかけた。市民団体はこの事案を契機として、本件条例の違憲無効を争う訴訟の提起を決め、同市民団体のメンバーらとの交流があった筆者に対して憲法訴訟の依頼があったという経緯である。あわせてダイナモ氏からも氏名等の公表を阻止するよう直接の依頼があった。

—— 事案の概要

2016（平成28）年7月から施行された本件条例は、一定の表現活動をヘイトスピーチと定義したうえで、これに該当する表現活動のうち大阪市の区域内で行われたもの等について、市長が当該表現活動に係る表現の内容の拡散を防止するために必要な措置等をとるものとするほか、市長の諮問に応じて表現活動が上記の定義に該当するか否か等について調査審議等をする機関として大阪市ヘイトスピーチ審査会を設置すること等

(1) 本件条例は、2条1項で本件条例にいうヘイトスピーチ（条例ヘイトスピーチ）について、①表現の目的において、人種もしくは民族に係る特定の属性を有する個人または当該個人により構成される集団（特定人等）を社会から排除したり、その権利または自由を制限したり、特定人等に対する憎悪もしくは差別の意識または暴力を明白にあおるものであり、②表現の内容または態様において、特定人等を相当程度侮辱しまたは誹謗中傷するものであり、特定人等に脅威を感じさせるものであり、③不特定多数の者が表現の内容を知りうる状態に置くような場所または方法で行われること、という3つの要件を満たすものとする定義規定を置いている。そして5条1項で、市長は有識者から委嘱された委員からなる審査会の意見を聞いたうえで条例ヘイトスピーチに該当すると認めるときは、事案の内容に即して必要な拡散防止措置をとるとともに、表現内容の概要および当該表現活動を行ったものの氏名または名称を公表するものとしている。

を規定している。

本件は、大阪市の住民らが原告となって、本件条例が憲法21条1項等に違反し無効であるため、審査会の委員に支払われた報酬等に係る支出は法令上の根拠を欠き違法であるなどとして大阪市の執行機関である市長を被告として提訴したものである。地方自治法242条の2第1項4号に基づいて、本件条例に基づく拡散防止措置をとった当時の市長であった吉村洋文氏に対して違法な支払いに係る損害金の賠償を請求することを求める住民訴訟であった。

―― 訴訟での争点

まずは、住民訴訟の要件の具備である。住民訴訟において市の条例や処分の違憲ないし違法を争うには、市の財務会計上の行為の違法性を特定してその存在を立証する必要がある。本件条例に基づいて設置された審査会の委員の報酬等に係る支出がこれに該当するというのが住民側の主張であり、これが認められたがゆえに、本件条例に対する憲法判断への道が開かれることになった。

憲法上の論点として争われたのは、もちろん憲法21条1項の表現の自由である。しかし、本件条例は、ヘイトスピーチの認定とその拡散防止等の措置を規定しているだけで、ヘイトスピーチの表現者に対する罰則の定めまではない。いかなる点をもって表現の自由に対する制約ないし侵害として捉えるかということがまずは問題となった。住民側は、市長が特定の表現行為を「許されない行為」として決めつけ、否定的評価を行うこと自体に根本的な問題があると考えていた。とりわけ、本件条例は拡散防止措置のひとつとして実名の公表を規定していることを捉え、**表現の自由には「匿名表現の自由」が含まれており、これを侵害することは重大な表現の自由の侵害である**という論を組んだ。

具体的な争点としては、表現の自由の規制の合憲性を判断するために用いられるべき審査基準が何であるかの問題があった。**住民側代理人として筆者らは、氏名公表が表現内容の制限であることに照らし、厳格な審査基準が適用されるべきだと主張していた（また同時に、漠然性ゆえに無効であり、または過度の広汎性ゆえに無効であるとして、文面上の違憲性も主張していた）。**

さらに、インターネット上の言論を規制の対象としている点についても独自の憲法問題があると主張した。ネット上の情報は、国境を越え、ヴァーチャルな情報空間を行き交いしている。本件条例はリアルな表現活動については大阪市の領域内のものに限定しているが、ネット表現についてはかかる限定ができない。それゆえに、大阪市民や集団および施設を対象として取り上げる言論であれば誰がどこから発信したものであるかを問わずに規制対象としている。これは条例で規制することが正当化される表現行為の範囲を超えているのではないのか。筆者ら住民側はこれを憲法31条のデュープロセス（適正手続の保障）に違反するものとして、あるいは、条例制定権を「法律の範囲内」とする憲法94条に違反するものとしてこの問題を取り上げた。

—— 事案の結果

2017（平成29）年9月、大阪市民8名からなる原告は、大阪市監査委員に対する住民監査請求に対する棄却決定を受け、大阪地裁に対して住民訴訟を提起した。訴訟は大阪地裁第2民事部に係属し、実質約1年半の審理を経て、2020（令和2）年1月17日に判決が下された（判例地方自治468号11頁）。判決は住民訴訟の訴訟要件が具備されていることを認め、当初の目的であった本件条例の憲法判断を得ることには成功した。しかし、本案判決は表現の自由の侵害について、よど号ハイジャック記事抹消事件判決（最大判昭和58年6月22日民集37巻5号793頁）が採用した比較衡量基準を採用したうえで、本件条例は合憲であるとして住民らの請求を棄却した。控訴審は大阪高裁第3民事部に係属し、2020（令和2）年11月26日に下された判決（公刊物未登載）は、一審判決と同じく比較衡量基準を採用して合憲判決を維持した。

住民側は、本件条例による表現の内容規制と匿名表現の自由を侵害する実名公表措置は憲法21条1項の表現の自由に対する重大な規制であり、インターネット上の表現の規制は憲法94条の条例制定権の範囲を逸脱しているなどとして上告した。

2022（令和4）年2月15日、最高裁第三小法廷は上告を棄却する判決を下した（裁判所ウェブサイト）。判決は本件条例による表現の自由の制約についての憲法判断を行っているが、その判断に係る審査基準については、原判決と同じく、比較衡量基準を採用し、本件条例は合憲であるとして控訴審判決を維持した。インターネット言論を条例で規制できるのかという論点については独自の憲法問題として取り上げられることはなかった。

2　当事者の思いと訴訟代理人の工夫

―― 表現者本人の思い

ダイナモ氏は、動画サイト「ニコニコ動画」に上げた本件動画は、一切主観的な編集を加えていない客観的な事実の報道であり、決して憎悪や差別を扇動することを目的とするものではないと訴えた。彼は、韓国大統領の無礼に対して日本人が怒っているということを、韓国国民そして日本国民に知らせる必要があるのだという。

本件動画に関するダイナモ氏の主張は次のようなものであった。すなわち、〈2012年8月、当時レームダックに陥っていた韓国の李明博大統領は支持率を回復させるため国内向けに禁断の反日カードを切った。なんと韓国が不法占拠してきた島根県の竹島に上陸するという歴代大統領が誰もしなかったタブーを冒したのだ。続けて天皇陛下に対して謝罪を求める無礼な発言をした。韓国の国家元首による理不尽で侮辱的な振る舞いに日本国民の怒りは沸騰した。衆参両議院で発言撤回要求決議が可決され、全国各地で多数の市民が参加する激しい反韓デモが繰り広げられていた。ところがマスメディアはこれらを一切無視して報道しなかった。

反韓デモという事実とそこで表明されている日本人の怒りを広く知らせる必要がある〉。――これがダイナモ氏が掲げた大義名分であった。憎悪や差別を扇動するためではなく、侮辱に対抗し、日本の国益を守るためだというのである。

李明博大統領の挑発的で無礼な振る舞いに対するダイナモ氏の怒りは筆者も同じ国民のひとりとして理解できる。多くの日本国民が李明博大統領とこの発言を支持した韓国国民に対して強い怒りを抱いたことも無理からぬことであった。(2)(3)

それでも、在日コリアンが現実に多数生活している大阪市生野区等で白昼堂々と攻撃的で排外的なスローガンを掲げて過激な表現を伴って示威的なデモを行うことの正当性については疑問を感じざるを得ない。しかし、警察が道路の使用許可を出したデモ行進の一部始終を撮影した動画をネット上で公開することは、やはり表現の自由の保護、という観点から許容できないというのが、筆者の憲法感覚である。**戦争と戦争報道が別物であるように、リアルなデモとヴァーチャル空間での表現もまた別物である**。しかも、動画には日本国の象徴である天皇に対する侮辱的表現や韓国が不法占拠している竹島に上陸するという大統領の反日パフォーマンスに対する日本人の怒りの表明・発信といった政治的表現としての側面もあり、表現の目的には正当性を認めることもできよう。

基本的には、政府・行政が規制すべきものではなく、思想の自由市場（≒議論の場）において批判に晒されれば足りる事柄である（要するに、対抗言論が機能する）よ

(2) 外交評論家・宮家邦彦は同『哀しき半島国家 韓国の結末』(PHP研究所・2014年) 3頁以下において、2012年の李明博大統領の竹島上陸と天皇陛下に対する侮辱発言に対する日本国民一般の怒りの激しさは韓国人の想像を超えるものがあり、ヘイトスピーチは論外としつつも「いい加減にしろ」の一つも言いたくなる、と表白している。

(3) 京都大学教授の小倉紀蔵は同『韓国の行動原理』(PHP研究所・2021年) 150頁で、非常に多くの日本人が「嫌韓」感情をもつようになったと感じたのは、2012年に李明博・韓国大統領が突然竹島に上陸し、さらに『天皇が訪韓したいのだったら、独立運動家の子孫に謝罪せよ』という発言をしたときからではないかと述べている。

うに思えた。大阪市が条例ヘイトスピーチとしている過激表現の削除や修正による対処を促す方法もあるはずだ。公権力が特定の表現行為を否定的に評価し、実名を公表するという半ば脅迫によって表現そのものを抑止するのはいかにもやりすぎだと思われた。

それが正義だと信じて本件動画を投稿したダイナモ氏であったが、投稿から4年以上たった2017（平成29）年6月1日、突然、プロバイダから送られてきた大阪市からの照会書を受け取って驚いた。大阪市長から本件動画に対して突然ヘイトスピーチ認定がなされ、ダイナモ氏の実名の公表に向けた手続が進行していることを知ったからである。

万一、大阪市によって実名が公表されることになれば、社会的にヘイトスピーチを行うレイシスト（人種差別主義者）のレッテルを貼られることになる。それは問答無用の負の刻印――スティグマ――であり、対抗勢力[(4)]のターゲットとなり、自宅や家業の店舗に大挙して押しかけてくるかもしれない。そうなれば、自分だけでなく家族や商売にも迷惑が波及することになる。ダイナモ氏は慌てて本件動画を動画サイトから削除した。その作業中、みせしめ！リンチ！公開処刑！……そんな言葉が頭をよぎったという。

(4) いわゆるカウンターグループと呼ばれる。当時「レイシストしばき隊」などがあった。ダイナモ氏によれば彼らは、民族差別に反対すると称して対立する思想を排除する過激派だという。

―― 規制に反対する市民の主張

ヘイトスピーチ規制に反対する側の論拠の基本には表現の自由が優越的地位を有する権利だという考えがある。とりわけ表現の内容に関する規制については、それが表現の自由の根幹を危うくし、ひいては思想の自由市

場における多様な議論によって成立するとされている民主主義の正当性を揺るがせることになりかねないという考えがある。いかにもアメリカ的なリベラルな思想である。仮に人種差別的な表現の規制には、名誉毀損の表現や猥褻表現に対する規制と同じように、その規制目的に正当性があることを認めたとしても、**その定義と範囲の画定が困難であり、その結果、違法な表現と適法な表現の境界線が不明瞭になり、正当な表現であってもそれをためらわせる効果を生ずることになる。いわゆる萎縮効果である。**ヘイトスピーチ規制に消極的ないし警戒心を呈する憲法学者らの見解は、概ねそうした立場にたっているということができる。

こうした理論的前提を踏まえたうえで、原告となり、あるいは、原告らを支持する住民たちには、ヘイトスピーチ規制に対する懸念には、それぞれの考えや活動に関連し、大別して3つのものがあった。

第1は、日本人拉致事件に関与したとされる在日本朝鮮人総連合会（朝鮮総連）に対する糾弾や責任追及を行ってきた市民（その中には拉致問題を解決し、北朝鮮に拉致されている日本人の帰還を求める活動に加え、北朝鮮からの脱北者を支援し、北朝鮮への帰還事業の主体となった朝鮮総連の責任を追及しているグループもある）の懸念である。朝鮮総連に対する批判や糾弾がヘイトスピーチとされるかもしれないというものである。

第2は、従軍慰安婦問題や徴用工問題における強制連行があったという言説をはじめとする日本の朝鮮統治時代に対する否定的な歴史的事実や評価に対する批判、いわゆる歴史認識に関するゆがみを是正すべく活動してきた人たちの懸念である。たとえば、在日コリアンは日本の朝鮮統治の犠牲者だとする言説に対する批判までもが民族差別として封じられることはないのか、という心配である。

第3は、ダイナモ氏のように韓国政府の度重なる日本に対する挑発的な振る舞いに怒りを感じて反韓デモに参加した人たちに加えて、朝鮮半島出身の在日外国人や朝鮮総連に対して入管特例法の運用をめぐる不当を典型とする特権があって不公正がはびこってきたと主張する過激派とでもいうべき人たちであるが、差別的ヘイトスピーチだとして社会的な非難を受けていたのは彼らの街宣活動であった。

3つのカテゴリーは別々のものであり、決して同一のものではない。特に第3のものは、その表現の過激さに対して強い非難がある。しかし、日本の戦後社会のあり方に対する疑問や「愛国」や行きすぎた「反日」に対する反感という共通項があり、韓国・北朝鮮・中国の政策や歴史認識に対する批判的言論がヘイトスピーチと捉えられる懸念をもっていた。

先ほど、ヘイトスピーチ規制に反対する人たちからの相談から本件訴訟が始まったと書いたが、筆者がそうした人たちとの接触をもつようになった経緯をここで少し述べておこうと思う。

最初に取り組んだのは、朝鮮総連関連施設に係る固定資産税の免除もしくは非課税の優遇措置の取消しを求める住民訴訟だった。神戸市、京都市、大阪市等を相手に訴訟を提起していずれも勝訴して優遇措置の違法が確定していった（京都地判平成24年2月24日判例地方自治369号51頁)。大阪市との訴訟では、大阪朝鮮総連が利害関係人として控訴してきたため、朝鮮総連との直接対決となった。朝鮮総連は自らを人権団体だとして優遇措置の正当性を訴えたが、控訴審は固定資産減免の取消しを命じた一審判決を維持し(大阪高判平成25年1月13日公刊物未登載)、確定した。

2009(平成21)年に、ヘイトクライム事件の先鞭とされている京都朝鮮学校公園占拠抗議事件の加害者のひとりが業務妨害、侮辱罪等で訴追された刑事事件を担当した。それは京都第一初級学校という学校施設に向けられたものであったが、それが朝鮮総連による不当な支配を受けており、両者は一体のものだという認識に基づいていた。そのうえで同学校が戦後50年もの間、市民公園を事実上の校庭として不法に利用してきたことを糾弾するというのが大義名分だった[(5)]。しかし、その手段は行きすぎたものであり、社会的非難を受けるのは当然のことであった。平日の午後、通学している子どもたちがいることをまったく顧慮せず、隣接する公園から拡声器を用いて学校と朝鮮総連に対する誹謗中傷を続けたのである。差別を目的とする誹謗中傷だと非難を受けたのは仕方のないことであった。刑事裁判は侮辱罪と威力業務妨害罪での有罪が確定した。

他方、彼らの視点からみれば、もともと北朝鮮と密接な関係をもち、日本人拉致事件に関与したとされる朝鮮総連に対する糾弾や、その「不当な支配」を受けている疑いのある朝鮮学校[(6)]に対する批判や糾弾を目的とする言論そのものが人種差別だと決めつけられることには我慢できないものがあった。ヘイトスピーチ規

(5) 学校長は都市公園法違反で有罪判決(罰金刑)を受けている。

(6) 高校無償化制度の適用除外措置の違憲確認が求められた訴訟において、大阪高判平成30年9月27日裁判所ウェブサイトは、朝鮮総連によって朝鮮学校が「不当な支配」を受けている合理的な疑いがあるとした。

制は、そうした表現のすべてを差別的なヘイトスピーチだというレッテルを貼って封殺してしまうのではないかという危惧があった。筆者がヘイトスピーチ規制に反対する立場から訴訟を受任したのは、そうしたことの成り行きであった。

―― 実名公表阻止の差止請求が抱える矛盾について

さて、本件に話を戻そう。大阪市の住民たちから受任した依頼はヘイトスピーチ規制を定める本件条例の違憲性を確認することであり、後述する住民訴訟の準備にとりかかったものの、ダイナモ氏からの依頼は大阪市長による実名公表の阻止であった。氏名の公表が本件条例に規定された市長による行政処分としてなされようとしている以上、まずは、行政事件訴訟法 37 条の 4 に規定されている「差止めの訴え」を検討することになる。

その訴訟要件は「一定の処分又は裁決がされることにより重大な損害を生ずるおそれがある場合」というものである。大阪市当局の立場はヘイトスピーチ表現に係る氏名公表は市民に対する情報公開だというものであり、それによって深刻な人権侵害が生じるとは考えてはいないようだった。しかし、**匿名表現は、後述するように表現の自由の一環として保障されている重要な権利であり、ヘイトスピーチの表現者であるとして氏名を公表することは深刻な人権侵害を伴うおそれがあることは明らかであった。**それはダイナモ氏が懼れたようにレイシストのレッテルを貼られることを意味し、社会からみせしめのリンチを受けるおそれがあるからである。

ところで、実名公表の差止めの訴えには、ある避けがたいジレンマが発生する。そこでは被告は大阪市であるが、原告はダイナモ氏その人ということになるからである。大阪市が氏の実名ではなくハンドルネーム「ダイナモ」を公表したのは、実名を把握していないからである。差止めの訴えを提起すれば大阪市にわざわざ氏名を知らせることになる。その途端、ダイナモ氏は氏名公表の現実的危険に晒されることになる。だからといって訴訟を提起せずに放置しておけば、いずれ実名公表の手続が進行していくことになる。

悩んだ結果、筆者らは差止訴訟を本案とする仮処分を申し立てることを決定し、2018（平成30）年2月、筆者らはダイナモ氏の訴訟代理人として大阪地裁に対し、氏名公表差止めの訴えを本案とするとして仮処分命令を申し立てた（平成30年（行ヨ）第142号）。

ところが、仮処分申請に対する大阪市の答弁に面食らった。大阪市は当該仮処分の申立人が本件動画を投稿した表現者本人であるかどうかは不明だとしてきたからである。拍子抜けする思いであった。ダイナモ氏が申立人であるとの疎明は、プロバイダから送られてきた大阪市の「照会書」のPDFおよび本件動画が格納されたDVD、ダイナモ氏がハンドル名ダイナモを名乗って活動しているその他の証拠等であった。しかし、大阪市はなりすましの可能性があるなどとして争ってきたのだ。そのため筆者らは、仮処分の必要性がないとみて申立てを取り下げ、2018（平成30）年4月、大阪市長を被告とする氏名公表差止めの本案訴訟を提起した（平成30年（ワ）第3298号）。請求の趣旨は「被告大阪市長は、原告に対し、大阪市ヘイトスピーチへの対処に関する条例5条1項、同条3項及び同条例6条3項の規定に基づく原告の氏名公表に向けた手続を開始してはならない。」というものであり、差止請求権の法的根拠は匿名表現の自由に係る人格権だと構成した。

大阪市は仮処分のときと同じく原告のダイナモ氏が「ダイナモ」本人であると同定できないことなどを理由に争ってきた。原告は大阪市がインターネット上のヘイトスピーチ表現者の実名を公表することに積極的であると報じた新聞記事等を証拠提出し、本件条例が氏名公表の措置を規定している以上、いつ氏名公表がなされるかもしれない状態にあると主張した。

2019（平成31）年3月13日、大阪地裁第17民事部は請求を棄却する判決を言い渡した。「**原告が差止めを求めている行為（氏名公表またはこれに向けた手続の開始）が行われる高度の蓋然性があるとは認められない**」という理由であった。表現活動者の氏名等の情報をプロバイダ等に義務づけることは電気通信事業法4条の規定に抵触するから行うべきではないというヘイトスピーチ審査会からの答申があったことも理由として挙げられていた。

匿名表現の自由に関する憲法判断はなされなかったが、大阪市からダイナモ氏の実名公表に向けた手続は行わないという言質を得て、裁判所がこれを担保したことを成果として捉え、控訴しないことになった。

―― 住民訴訟を構成するうえでの工夫

ところで、実名公表の差止めを求めた仮処分の申立てに先立ち、**筆者らは、2017（平成29）年9月に本件条例の違憲無効を問う住民監査請求を行った住民8名の訴訟代理人として地方自治法242条の2に基づく住民訴訟を提起していた。**差止めの訴えが奏功しなかった以上、本件条例の違憲性を確認する方法は、この住民訴訟しかなくなった。

住民訴訟の法律要件として重要なのは財務会計上の違法である。これをどのように構成するかが住民訴訟を扱ううえでの「腕前」の見せどころであり、本件ではちょっとした工夫を要した。本件条例が違憲無効であれば、本件条例に基づいて支出された金員はすべて違法な支出となる。そこで本件条例に基づいて支出されたヘイトスピーチ審査会の委員に対して支払われた報酬およびヘイトスピーチの認定とハンドルネームの公表を伝える通知に係る郵送費をもって不当な支出として捉え、本件条例の違憲無効を本案審理の対象としたのである。情報公開によってヘイトスピーチ審査会の委員に対して支払われた報酬は115万2480円であり、本件条例に基づく調査等に要した郵便料金は1272円であることが判明した。

具体的な訴訟類型として地方自治法242条の2が定める4類型の中から義務付け訴訟（いわゆる4号請求）を選択した。請求の趣旨は「被告大阪市長（執行機関としての大阪市長）は拡大防止措置を行った吉村祥文（個人としての大阪市長）に対し、金115万2480円及び1272

円を支払うよう請求せよ。」というものである。つまり、本件条例が違憲無効だという前提に立ち、法令上の根拠のない違法な支出を命じて大阪市に損害を与えた大阪市長には国家賠償法上の損害賠償責任が発生しているとして、個人としての大阪市長に対し、執行機関としての大阪市長は不正な支出に対する損害賠償を請求しなければならないという義務づけを求めた、というわけである。

3　当事者の主張と展開

―― 当事者の主張の概要

ア　原告（住民側）の主張について

2017（平成29）年9月に提訴していた住民訴訟における原告（住民側）の主張の第1は、本件条例は表現の自由を表現の内容に着目して規制する内容規制であり、表現の自由を不当に制約するものであって違憲であるというものである。

具体的な表現の自由の侵害として取り上げたのは、**本件条例5条1項が規定している氏名等の公表が、匿名表現の自由を規制する、すなわち、匿名表現に対する事実上の制裁であり人権侵害を伴う刑罰である**という点であった。

そして表現の自由に対する内容規制である以上、表現の自由の優越的地位に照らし、憲法適合性に係る審査基準は、厳格な基準に基づく審査を行うべきであり、本件条例の定義規定は、規制目的を逸脱する正当な表現行為に対しても萎縮効果を及ぼすものであり、文面上も違憲無効であると主張した。

第2に、**氏名公表という措置が、表現の自由の侵害であるだけでなく、プライバシー権の侵害でもある**ことを取り上げた。憲法13条は、国民の私生活上の自由が公権力の行使に対しても保護されるべきことを規定しているものであり、個人の私生活上の自由のひとつとして、何人も個人に関する情報をみだりに第三者に開示または公表されない自由を有する者と解される（最判平成20年3月6日民集62巻3号665頁、いわゆる住基ネット訴訟判決）。もっともこの論点は、あくまで第1の論点を補強するものであった。

第3に、憲法31条のデュープロセス（適正手続）違反を主張した。すなわち、本件条例に先立って施行された国の差別的言動解消法（本邦外出身者に対する不当な差別的言動の解消に向けた取組の推進に関する法律）はヘイトスピーチを社会的に許さないとするものではあるが、あえて処罰による取締りをしないというものであった。条例において氏名公表による制裁による事実上の処罰を規定することは、法による処罰を定める憲法31条に違反する。そして、それは同時に条例による規制を「法律の範囲内」とする憲法94条にも違反する（いわゆる「上乗せ条例[7]」である）ということをあわせて主張した。**地理的境界をもたないインターネット表現の特性と氏名公表措置が事実上の処罰である**ことを強調するものであった。

(7) その意義について、たとえば、佐藤幸治『日本国憲法論〔第2版〕』（成文堂・2020年）616頁・脚注22）等参照。

イ　被告（大阪市長）の主張

これに対して被告（大阪市長）の基本的立場は、本件条例5条1項に基づく氏名公表を含む拡散防止措置は、条例ヘイトスピーチに関する実態を市民に知らせる情報提供であり、住民の知る権利に奉仕するものであって表現者による表現活動を規制または禁止するものではないということであった。それゆえ表現の自由を侵害するものではなく、憲法31条の適正手続保障にも憲法94条にも反しないというものであった。

第2にヘイトスピーチは、深刻な社会的弊害をもたらすものであるから、およそ表現の自由の保障を受けない。仮に本件条例に基づく氏名公表等の措置が表現の自由を制約するものであったとしても、その目的は、条例ヘイトスピーチによる市民の人権を擁護することにあること等から、公共の福祉による必要かつ合理的な制限である。

よって本件条例に関する審査基準は、制限が必要とされる程度と、制限される自由の内容および性質、これに加えられる具体的制限の態様および程度等を衡量して、公共の福祉による必要かつ合理的な制限であるか否かを判断する比較衡量の基準[8]が妥当する。

(8) 最大判平成4年7月1日民集46巻5号437頁（いわゆる成田新法事件判決）

―― 匿名表現の自由について

本件条例の氏名公表を含む拡散防止措置は表現の自由等の人権侵害を構成するものではないという大阪市の主張の中核には、それは禁止や処罰を伴う規制ではなく、単なるヘイトスピーチの実態に係る市民に対する情報提供にとどまるものであるという建前がある。まずはこの本件条例の建前を突破しなければならない。そのためには上述してきたように「匿名」で公表された言論について実名が晒されることによる思いもかけない被害の重大さを示すとともに、「匿名表現の自由」が表現の自由として保護される権利であることを踏まえたうえで、インターネット上の表現におけるその意義と重要性について裁判官を説得する必要があることを意味した。

匿名表現の自由とインターネットの意義について筆者らは、憲法学者らの論文を引用する形で準備書面において次のように論じた。

ア　匿名表現の光と影

インターネットの普及は、その参入障壁の低さや双方向性および匿名性といった特性により、個人に情報発信者、表現者としての地位を回復させる大きな原動力になったことは誰も疑わない。それまではマスメディアの高度な発達により表現の「送り手と受け手の分離」が語られていたが、その閉塞的な状況はインターネットの普及により過去のものとなってしまった。

他方、インターネットの特徴のひとつとして挙げられる匿名性については、無責任な情報の蔓延につながると位置づけ、フェイクニュースにみられるような濫用の危険もあり、これを禁止すべきだという声も上がっている。

イ　匿名表現の自由について

一般に日本国憲法21条1項が保障する表現の自由は、匿名表現の自由の保障を含むものと解されている[(9)]。アメリカにおいて、表現の匿名性が表現の自由として保障されると認めた判例としてまず名前が挙がるのが、匿名のビラの配布を禁じる市条例を違憲無効と

(9)　曽我部真裕「インターネットと表現の自由」阪口正二郎＝毛利透＝愛敬浩二編『なぜ表現の自由か―理論的視座と現況への問い』(法律文化社・2017年)144頁以下。

した1960年のTalley v. California（362 U.S. 60）[(10)]である。そしてインターネット上での匿名表現の権利についての判決としては、選挙についての匿名文書の頒布を禁じる州法を違憲とした1995年McIntyre v. Ohio Elections Commission（514 U.S. 334）である。同判決は、匿名表現には「経済的あるいは公的な報復への恐れ、社会的迫害への懸念、あるいは単にできるだけプライバシーを守りたいという願い」などいろいろな動機があるだろうが、いずれにせよ「著者の匿名を維持するという決断」は合衆国憲法修正第1条で保障される表現の自由の一側面であると確認している。

(10) 毛利透「表現の自由と民主政―萎縮効果論に着目して」阪口ほか編・前掲注9）41頁。

同判決は、政治的言論については、特に、社会に人気のない主張をしようとする者にとって、匿名性は必要とされてきた「尊敬される伝統」であるという。続けて「**匿名を維持する権利は、いかがわしい行為を保護するように濫用されうる。しかし、政治的言論はその本性上、時として不快な帰結を生むものであり、我々の社会は一般に、自由な言論の価値に、その濫用の危険よりも重要性を認めている**」と述べていた。差別的ヘイトスピーチ規制の高まりの中で、数年前にネット上で本件画像を公表したダイナモ氏が置かれている立場を考えると、その趣旨は、我が国の表現の自由にもそのままあてはまるように考えられた。

名古屋高判平成20年5月13日（判例地方自治314号14頁）は、地方自治体が請願への署名者を開示したことを違法としているが、これも匿名表現の自由の文脈で語りうるものであった。**同判決は個人の政治的信条がそれに反対する当事者に開示されれば、政治活動に萎縮**

効果を与え、「本来許されるはずの住民運動を行うことが困難になる危険性が高い」と指摘していた。

公権力や社会的権力からの仕返しを恐れて個人が自主規制してしまうという萎縮効果を除去し、政治的弱者や少数者の意思を民主政の過程に反映させるという点で匿名表現の自由を憲法上保障することの意義は少なくない。同判決は我が国においても匿名性の伝統が認められてきたとする根拠のひとつである。とりわけインターネットでは匿名性が強く現れる。そこにインターネットの特色があり、インターネット上の討論を活発にさせている要素のひとつでもある。それゆえ、インターネット上での匿名による表現を禁止するのは、憲法21条に反するというべきである。[11]

(11) 松井茂記『インターネットの憲法学〔新版〕』(岩波書店・2014年) 384頁。

ウ　実名公表による萎縮効果

萎縮効果については、それが法の直接の効果ではなくとも、社会的な様々な圧力からも発生してしまうということに注意が必要である。[12]

(12) この文脈では萎縮効果はchilling effectという英文表記あるいは"ビビリ効果"という俗語表現がその意味を直感的に伝えているように思われる。

黒人差別に反対する反対運動が激しさを増していた時期、この運動を進める有力な黒人団体に対して構成員リストを開示するよう命じる州の裁判所の命令の合憲性が問題になった事案でも、連邦最高裁は、公権力の行為と社会的圧力が手を携えて表現活動を窒息させる危険を指摘している。

構成員リストの開示は、その団体に対して結社としての活動を禁止するものではない。しかし、黒人運動に対する敵意が満ちた社会において、黒人運動団体の構成員であることが公開されることは、日常生活を大きな危険に晒すことを意味する。連邦最高裁は、結社の活動への抑圧的効果は、「私的な共同体の圧力による」という州の主張を認めず、州の行為がこの私的な圧力行使の引き金になっている以上、州は権利侵害に対して責任を免れないとしたのである（NAACP v. Alabama, 357 U.S. 449（1958））[13]。

（13） 毛利・前掲注10）41頁。

インターネットの時代において、敵対する政治勢力に対する私人からの脅迫や嫌がらせが容易になっている。表現に反発する者が違法行為を踏み出す敷居が、低くなっているのである。今日、ネットの匿名性を利用したこのような行為は容易に実行できるのであり、そうした場合、警察などの取締りによっても、それを実効的に予防することはできない。

特に、当該意見に対する感情的反発が強くみられる場合には、その背後で多数の脅迫や嫌がらせが生じうると想定すべきであろう。

本件でダイナモ氏が実名公表の危険に晒されたときに感じた恐怖はこうしたものであるといえよう。インターネット表現における匿名表現の自由が保護されるべき理由である。

―― 人種差別撤廃条約とヘイトスピーチ規制の必要性について

ヘイトスピーチ規制を必要とする論拠は簡単に要約すると次のとおりである。すなわち、**人種差別的表現は、対象者の人格の尊厳を損ない、自尊心を傷つけ、社会的共生を妨げるものである。それは人種差別を正当化して煽るものであり、差別そのものというべきであり、表現の自由として保護されない、と。**

1995（平成7）年、日本政府は「あらゆる形態の人種差別の撤廃に関する国際条約」（人種差別撤廃条約）を批准してこれに加盟した。1965年第20回国連総会で採択された同条約は4条で①人種的優越・憎悪に基づく思想の流布、②人種差別の扇動、③人種等を異にする集団に対する暴力行為の扇動、④人種差別を助長・扇動する団体および組織的宣伝活動その他すべての宣伝活動、⑤そのような団体・活動への参加、等々を法律で禁止・処罰することを求めている。

まさしくヘイトスピーチの禁止を求めるものであるが、我が国は加入に際して、アメリカと同様、憲法の保障する権利と抵触しない限度で義務を履行する旨の「留保」を付している。

日本におけるヘイトスピーチ規制の必要を訴える人々は、この人種差別撤廃条約を持ち出し、かねてより日本の政府と社会を民族差別の撤廃に対して消極的だとして非難するばかりではなく、激しくなってきた排外主義的で暴力的なスローガンを伴う過激な反韓デモの害悪とその抑止の必要を強調するようになった。その時期はまさしく李明博大統領が竹島に上陸し、各地で反韓デモが続発するようになった2012（平成24）年以降のことであった。[14]

確かに、それは良識的な日本人の多くが目を背ける憎悪と敵意に満ちた過激な表現を伴うものであった。我が国でも徐々に抑止の必要性が社会的コンセンサスとなっていったが、それでも差別的・排外的ヘイトスピーチとして一括りにされかねない表現行為の中にも、正当な目的に基づく政治的、外交的、歴史認識に関わ

（14） 公益財団法人人権教育啓発推進センターが2016（平成28）年3月に公表した「平成27年度法務省委託調査研究事業　ヘイトスピーチに関する実態報告書」は、特定の民族等に属する集団を一律に排斥する内容や、同集団に属する者の生命、身体等に危害を加える内容を伴うデモまたは街宣活動は、2012（平成24）年4月から2015（同27）年9月までの3年6か月間に、全国において1152件が行われ、その14.2％に相当する164件が大阪府内で行われたとしている。

るものが含まれていることから、その規制は慎重であるべきだと思われた。

大阪市人権施策推進審議会は、市長から諮問を受け、2015（平成27）年2月、市内において現実にヘイトスピーチが行われている状況に照らし、ヘイトスピーチは許さないという姿勢を明確に示していくことが必要である旨の答申をした。大阪市の本件条例はそうした経過を踏まえて国の差別的言動解消法に先駆けて制定されたものであった。

―― 諸外国における規制について

ヘイトスピーチ規制を主導する側は、それが国際的な動きであり、その積極的な規制に取り組むことは先進国の常識であるかのようにいい、被告大阪市長も同趣旨の示唆をしていた。そこで世界各国のヘイトスピーチ規制の取組みについて原被告双方において調査し、裁判所に報告することになった。これは裁判所からの要請であった。

アメリカのテレビ映画「スコーキー」（1981）のDVD（筆者撮影）。ホロコーストを生き抜いたユダヤ人たちが住むスコーキー村。米ナチ党が鍵十字旗を掲げて同村を行進するという。村はこれを差し止めるべく条例を制定。人権派のユダヤ人弁護士（ダニー・ケイ主演）が立ち上がり、なんと極右の表現の自由を擁護。法廷は激しい非難の応酬となる。実話をもとにした社会派ワイズ監督作品。

諸外国のヘイトスピーチ規制に関する学術論文はヘイトデモの差止めを違憲としたスコーキー村事件連邦最高裁判決（432 U.S. 43 (1977)）などがあるアメリカに偏っており、その他の国の法制等の調査は難航した。その中で、当時出版されたばかりの西南学院大学の奈須祐治教授の『ヘイト・スピーチ法の比較研究』は、アメリカ、イギリス、カナダの法制と運用の実情を詳しく取り上げるものとして出色であった。アメリカでは言論の自由を保障しているアメリカ合衆国憲法修正第1条は、内容中立性原則によってヘイトスピーチ規制に消極的であったという点が強調されてきた。[15] しかし、ヘイトスピーチ規制に消極的なアメリカはむしろ特殊な国であり、またアメリカ国内でも積極派と消極派の論争が続いているという興味深い指摘がなされていた。[16]

筆者らは、各国の規制状況の中で、人種差別撤廃条約に留保なく加盟し、規制積極派からもヘイトスピーチ規制のお手本だと考えられてきたカナダにおいてインターネット上の表現行為についての規制による弊害が顕著となったことから2013年に連邦人権法の規制対象からインターネット規制が外されたことに注目した。[17] さらに、2017年カナダ連邦最高裁はヘイトスピーチを規制するサスカチュワン州人権法のうち「嘲笑し、卑下し、若しくはその他の方法によりそれらの尊厳を傷つける」部分を違憲無効としつつ、「憎悪にさらす、若しくはその傾向がある」の部分を合憲としたうえ、憎悪扇動は極端に酷いものに限定し、差別的言論は文脈を尊重して慎重に判断すべきといった限定解釈を施していた。カナダにおいても、連邦最高裁判決に至る過程において積極派と消極派が激しい政治的対決を演じてきたことを知ることになった。

結局のところ、**ヘイトスピーチ規制における表現の自由に関する最大の問題は、規制すべきヘイトスピーチとそうでない表現とを区別する「線引き問題」の困難にある**ことが明らかになった。ヘイトスピーチ規制を認めるとしても、誰からみても極端に酷く、明らかな差別的言論に限定するというのであれば、萎縮効果に基づく表現の自由の制約も限定的なものとなると思われた。

(15) R.A.V. v. City of St. Paul, 505 U.S. 377 (1992) がヘイトスピーチ規制を違憲としたものとして著名である。

(16) 奈須祐治『ヘイト・スピーチ法の比較研究』(信山社・2019年) 2頁。

(17) 著名な政治評論家の記事がヘイトスピーチに該当するとの申立てがあったことを契機に、保守系市民の反発が高まり、インターネット言論規制の根拠となっていた連邦人権法13条が議会で廃止された（奈須・前掲注16）197〜200頁)。

―― 合憲性判定基準について

表現の自由に対する規制は、表現の内容に着目した内容規制（ある表現をそれが伝達するメッセージを理由に制限する規制）と内容中立規制（表現をそれが伝達するメッセージの内容や伝達効果に直接関係なく制限する規制であり、その中心の類型は時・所・方法の規制とされていることは周知のとおりである）により、その合憲性を審査すべきであるとされる。内容規制は厳格審査により、内容中立規制はいわゆるLRAの基準により、その合憲性を審査すべきであるとされている。

大阪市長が、特定の内容の表現活動に対し、これをヘイトスピーチだと認定し、否定的評価を行ったうえで、その表現活動を行ったものの実名を公表するという制裁を課す本件条例に基づく拡散防止措置の制度は、まさしく表現の内容に着目する内容規制であり、特に形式的に条例ヘイトスピーチに該当する言論の中にも政治目的による表現が含まれうることからすると、その萎縮効果に鑑みて厳格な基準による審査がなされてしかるべきである。このことは専ら差別目的でなされるヘイトスピーチと政治的な目的による言論との境界が限りなく曖昧であり、両者の区別が困難であることとも連関が深い。**厳格な基準による審査によるべきである、という主張とあわせて援用したのは、「漠然性ゆえに無効の法理」と「過度の広汎性ゆえに無効の法理」であった。**いずれも表現の自由の優越的地位と萎縮効果に対する懸念に基づくものである。漠然性ゆえに無効の法理とは、表現行為に対する萎縮効果を最小限にすべく、特に明確性が厳格に要求され、漠然不明確な表現規制立法は原則として文面上違憲無効とされなければならないとする法理である。過度の広汎性ゆえに無効の法理とは、過度に広汎な制約の存在自体が本来憲法上保護される表現行為にも萎縮効果を及ぼすこと等を理由としてそうした規制立法を違憲無効とする法理である（最判平成19年9月18日刑集61巻6号601頁、いわゆる広島市暴走族排除条例事件判決）。過度の広汎性ゆえに無効の法理は、事件当事者本人の表現行為に対する制約を超えて、潜在的第三者に対する萎縮効果を問題にすることができる点に特徴があり（その意味で、憲法上の権利の主張適格の問題とも整理可能である）、裁判所はその合憲性を文面上審査し、理由があると認めるときは文面上違憲であるとして無効と判断される。

厳格な審査基準を採用してもらうべく筆者が施した工夫は、具体的な表現例を提示したところにある。筆者らは境界事例として次の4つの表現を提示した。

(18) 在日特権というのは狭義には入管特例法における特別永住資格者が享受している利益や朝鮮総連関連団体が享受している利益という意味であるが、多義的に用いられており、その取り上げる内容や文脈によっては都市伝説にすぎないという指摘もあり、存在そのものが論争的である。

> ①「核ミサイルを玩具にする金正恩を神格化している朝鮮総連を日本から追い払え」という言論
> ②「大阪市は在日外国人に対する生活保護の支給を直ちにとりやめろ」という言論
> ③「出入国管理及び難民認定法等における在日特権を廃止すべきだ」という言論[18]
> ④「在日韓国人は、強制連行の嘘を掲げて日本に賠償をたかる文在寅大統領に抗議すべきである」といった言論

これらの言論の評価についても、もちろん賛否は分

かれるだろうが、いずれも一応の論拠を有する政治的ないし政策的選択肢でもある。それが在日外国人らの感情を傷つけ、あるいは、感情的反発を招くものだとしても、その言論そのものをもって人種差別を目的とするヘイトスピーチだとして規制することは許されないと主張した。[19]

―― 適用違憲について

本件条例5条1項およびこれに関連する諸条項は、憲法21条1項（表現の自由）等に違反するものであって法令違憲となり、違憲無効となる。仮に厳格な審査基準によるべき表現の自由侵害（内容規制）については、合憲限定解釈を施すことによって文面上の法令違憲が回避されたとしても、大阪市長が条例ヘイトスピーチだと認定したダイナモ氏による本件動画の動画サイトへの投稿は、ヘイトスピーチを伴うデモ活動そのものではない。しかも差別目的ではなく、正当な政治的目的（反韓デモに表れた日本人の怒りを広く報道すべきだというもの）に基づくものであることに照らし、本件動画投稿の表現に対し、大阪市長が本件条例に基づいて条例ヘイトスピーチに該当すると認定してハンドル名を公表しダイナモ氏の実名が公表の危険に晒されれば適用違憲となる、という主張を審理の中盤で付け加えた。

前述したとおり、日本固有の領土であり韓国に不法占拠されている竹島に上陸するという暴挙を冒し、さらに、当時の天皇（現上皇）に対し、謝罪を求めるという無礼な言動を行った李明博大統領に対する日本人の怒りは正当なものである。そのことを李明博政権に対

(19)　これら①～④の言説は本件条例のヘイトスピーチの形式的な定義要件は満たしているが、目的が「人種差別」ではなく「政治目的」や「公益目的」であるときは、規制の対象とはならないことになる。かかる主観的な目的をどう客観的に判断するのか。そこがどこまでも不明確である以上、結局、萎縮効果による言論抑止が生じるのではないかというのが、原告らの主張の要諦である。

して表明することはもちろんのこと、これを許して日本人を侮辱してきた韓国人に対し、日本人が本気で怒り、全国各地で反韓デモを展開しているという事実を広く知らせるべきだというダイナモ氏の主張は正当な政治目的の範疇にあることは否定できないものに思えた。

そして何よりも「2月24日韓日国交断絶国民大行進in鶴橋」という反韓デモそのものとその一部始終を撮影した本件動画を動画サイトに投稿するという表現行為は別物であると思われた。反韓デモにおいては途中で妨害者が現れたこともあり、参加者の中から敵意と憎悪に駆られてエスカレートし、「不逞犯罪ゴキブリくそちょんこ、日本からたたき出せ」、「殺せ、殺せ、朝鮮人」という声が上がっていたのは事実である。それらが条例ヘイトスピーチに該当するという判断は妥当であるといわざるを得ない。

しかし、これを撮影した動画を投稿する行為は、一種の「引用」表現としての性格を有しており、その中にヘイトスピーチが含まれていたとしても、動画投稿についてもそれが直ちに差別目的によるものだということはできないだろう。「戦争と戦争報道とは別物である」というシンプルな事実を裁判所に気づいてもらいたい。そう考えたからである。

―― 一審判決の概要

2020（令和2）年1月17日、大阪地裁第2民事部は判決を言い渡した。残念ながら棄却判決であったが、住民訴訟の訴訟要件をめぐる大阪市の諸々の主張を退けて憲法判断に踏み込んだものだった。

判決は表現の自由について、国民がおよそ一切の主義主張等を表明するとともにこれらの情報を相互に受領することができ、その中から自由な意思による選択によって多数意見が形成されるという過程を通じて国政が決定されることをその存立の基礎としていることを指摘したうえで、**本件条例による措置（①ヘイトスピーチの認定および概要の公表、②撤去ないし削除要請等、③氏名等の公表）は、それによって条例ヘイトスピーチに該当する表現活動が一定程度抑止されうると考えられることに照らし、それが当表現活動に関し、憲法21条1項が保障する表現の自由を制限する側面を有するものであることを認めた。**

さらに、本件条例の条例ヘイトスピーチの定義に照らせば、その中には、その具体的な内容やこれが行われた経緯、状況等の諸事情次第では、一応は表現の自由の範囲内に属するというべきものも存すると考えられるから、条例ヘイトスピーチに該当する表現活動がおよそ表現の自由の保障を受けないものであるということはできないとした。

しかし、判決は審査基準として比較衡量基準を採用した。それは「表現の自由といえども無制限に保障されるものではなく、公共の福祉による合理的で必要やむを得ない限度の制限を受けることがあり、その制限が前記のような限度のものとして容認されるかどうかは、制限が必要とされる程度と制限される自由の内容及び性質、これに加えられる具体的制限の態様及び程度等を衡量して決せられる[20]」というものである。

(20) この判示部分では、よど号ハイジャック記事抹消事件判決（前掲最大判昭和58年6月22日）が引用されている。

そして判決は、ヘイトスピーチが「人々に不安感や嫌悪感を与えるだけではなく、人としての尊厳を傷つけ、差別意識を生じさせることにつながりかねないものである」という認識のもと、本件条例に基づく拡散防止措置等は、「表現の内容に関する規制を伴うものであるものの条例ヘイトスピーチの規制を必要とする程度は高く、その規制の態様や程度に照らし、拡散防止措置等の措置は、公共の福祉による合理的で必要やむをえない限度の制限にとどまる」とした。そして、判決がその根拠としたものは、在日韓国・朝鮮人をはじめ多くの外国人が居住している大阪市内の街中で現実にヘイトスピーチにが行われているといった状況に照らせば、本件条例による条例ヘイトスピーチの規制目的は合理的でありその必要性は高く、本件条例に基づいて表現活動に加えられる具体的制限の態様および程度等についても、削除要請が行われても要請に応じなかった場合に制裁を課すものではないし、プロバイダ等に当該氏名の開示を義務づける規定もなく、しかも、学識経験者らからなる審査会による市長の権限濫用のチェックが仕組まれている、といったことであった。

氏名公表の措置による匿名表現の自由の制約についても、判決は、それが表現の自由に含まれるものだとしつつ、ヘイトスピーチの認定や削除等の要請と同じくその規制目的、必要の程度、規制の態様および程度等に照らし、合理的で必要やむを得ない限度の制限にとどまるとした。

住民側が主張した漠然性ゆえに無効の法理については、表現の内容規制において必要とされる明確性は、

「通常の判断力を有する一般人の理解において、具体的場合に当該行為がその適用を受けるものか否かの判断を可能とするような基準が読み取れるかどうかによって決定すべきである[21]」として退けられた。

(21) この判示部分では、税関検査事件判決(最大判昭和59年12月12日民集38巻12号1308頁)が引用されている。

過度の広汎性ゆえに無効の法理についても、条例ヘイトスピーチに該当するかどうかは、表現内容の文言のみならず、表現活動の目的、表現活動の態様、場所・方法を考慮して判断されるものであるから、原告らが挙げた前記①〜④の例をもって、本件条例における拡散防止措置等の対象が過度に広汎であるということはできないとした。

適用違憲の主張については、リアルな「韓日断交デモ in 鶴橋」とダイナモ氏が撮影して投稿したインターネットにおける表現活動は一体的なものだと認定され、その公益目的を認めることはできないとされた[22]。その他、憲法 13 条に基づくプライバシー権の侵害、憲法 31 条の適正手続違反、憲法 94 条の条例の制定範囲違反の主張についても憲法違反はないとして退けられた。

(22) これは大阪市の主張に基づくものであったが、このことは、大阪市は原告が「ダイナモ氏」であり、「なりすまし」ではないことを認識していたということになる。

―― 控訴理由と上告理由

一審判決は棄却判決ではあったが、歓迎すべき判示もあった。本件条例に基づく拡散防止措置や氏名公表措置が、表現の自由に対する規制であり、しかも表現内容に対する規制だと認められたことである。匿名表現の自由も表現の自由に含まれ、氏名公表が匿名表現の自由に対する侵害であるとされたこと、そして**条例ヘイトスピーチに該当するものにも表現の自由の保護に値するものがあるとしたこと**である。これらは訴訟の成果だといえる。

しかし、それが違憲だとまで認められなかった一番の理由は、本件条例による拡散防止措置等による規制が制裁とはいえない程度のものだったからである。筆者らは、氏名の公表に着目し、匿名表現の自由の侵害にターゲットを絞った。匿名の剥奪は懲罰そのものだったからだ。ところが、大阪市が氏名公表への積極的な姿勢を転換し、プロバイダに氏名公表を義務づける条例の制定方針も撤回したことから、それは制裁や処罰を伴うものとはいえなくなってしまった。——いやいや、そのこと自体は、表現の自由にとって歓迎すべきことであり、訴訟の成果であると誇ってもよいことかもしれない。しかし、それでもすっきりしない。たとえ、現実的な処罰性が消失してもヘイトスピーチの認定に伴うレイシストの刻印と社会的制裁に対するおそれは、依然として現実のものとしてあるからである。

本件条例における拡散防止措置等に抑止の効果があるのはそのためである。**判決は表現の自由における萎縮効果についてあまりに鈍感であるように思えた。**そのことは、漠然性ゆえに無効の法理や過度の広汎性ゆえに無効の法理に対する判示に表れている。通常人が具体的な状況のもとで主観的目的を含めた条例ヘイトスピーチ該当性について認識しうるというのは、絵空ごとである。**同じ表現の趣旨は、見る者によってまったく変わることを私たちは知っている。とりわけ差別目的のヘイトスピーチと、外交ないし外国人の取扱いに関する政治目的のコメントという相反する強い磁場が働く場面では、その明確な区別は困難である。**その困難や誤解のおそれは萎縮効果によって表現を自粛に向かわせる。**3**の「合憲性判定基準について」の項（56頁以下）で例として挙げた①〜④の4つの言説は、状況次第でヘイトスピーチにもなりうるし、政治的表現にもなりうる。その問題性に着目した法理こそが、厳格な基準の議論であったはずだ。

控訴理由書では萎縮効果に焦点を当てて論じた。漠然性ゆえに無効ないし過度の広汎性ゆえに無効の例として提出した①〜④の例を繰り返して論じた。

残念だったのは、適用違憲に係る主張が退けられたことだった。ダイナモ氏がヘイトデモに協賛していたことやデモの出発前の挨拶で決意を語っていたことをもって、デモ行進とそれを撮影した動画の投稿とが同一視されるというのは納得しがたいところがあった。控訴理由ではこれについても力を入れて主張した。

しかしながら、2020（令和2）年11月26日の控訴審判決は、いとも簡単にこうした主張を斥けて控訴を棄却した。

適用違憲の主張は事実認定に属するものであり、最高裁での審理になじまない。表現の自由の侵害に関する上告理由は専ら内容規制に係る審査基準に関する法的主張に絞ることになった。そして表現内容の規制に係る関する萎縮効果による心理的自粛を強調した。

上告理由のもうひとつは、条例をもって地理的境界なく飛び交うインターネット上の表現を規制することの理不尽である。大阪市の住民や施設を対象とするものであれば、大阪市民でなくとも海外からの発信であっても大阪市の条例による規制対象となるというのは解せなかった。これを憲法94条違反として構成する主張を維持した。

4 最高裁判決に思うこと

—— 最高裁判決の概要

1 の最後で述べたとおり、2022（令和4）年2月15日、最高裁第三小法廷は上告を棄却する判決を下した。判決が憲法違反をいう上告理由として取り上げたのは、表現の自由に対する制約の違憲性を問うものであった。インターネット言論を条例で規制対象にすることに関する憲法94条違反として構成した上告理由は、憲法違反の主張としては取り上げられなかった。

最高裁判決は、本件条例が憲法21条1項の表現の自由に違反しないとした理由について、まず、本件条例の制定にあたって重要な位置づけをもっている大阪市人権施策推進審議会がヘイトスピーチは許さないという姿勢を明確に示していくことが必要である旨の答申を取り上げている。答申が、市が、拡散防止措置を行ううえで、単なる批判や非難を上記措置等の対象外とし、社会からの排除等を目的とする表現活動にその対象を限定することが適当であるなどとしたことを指摘し、あわせて本件条例が11条で、その適用にあたっては表現の自由その他の憲法の保障する国民の自由と権利を不当に侵害しないように留意しなければならない旨を規定していることを挙げ、「**人種又は民族に係る特定の属性を理由とする過激で悪質性の高い差別的な言動**

の抑止を図ることをその趣旨とするものと解するのが相当である」とした。[23]

合憲性判断基準については、一審同様によど号ハイジャック記事抹消事件判決（前掲最大判昭和58年6月22日）を引用しつつ、表現の自由も無制限に保障されるものではなく、公共の福祉による合理的で必要やむを得ない限度の制限を受けることがあり、本件においては、本件各規定の目的のために制限が必要とされる程度と、制限される自由の内容および性質、これに加えられる具体的な制限の態様および程度等を較量して決めるのが相当であるとして、一審判決および原判決が採用した比較衡量基準を採用することを示した。

判決は、大阪市内においては、実際に特定の人種もしくは民族に属する者に対する差別の意識や憎悪等を誘発しもしくは助長するような抑止する必要の高い差別的言動を伴う街宣活動等が頻繁に行われていたことに照らし、本件条例の目的は合理的であり正当なものということができるとした。

具体的な規制のあり方についても、規制の対象となる表現活動の内容および性質は、過激で悪質性の高い差別的言動を伴うものに限られるうえ、その制限の態様および程度においても事後的に市長による拡散防止措置等の対象となるにとどまることなどを挙げて本件条例による表現の自由の制限は合理的でやむを得ない限度にとどまるとした。判決は、インターネット表現については制限の態様および程度について、削除要請等を行うことができると解されるものの、これに応じないものに対する制裁はなく、実名の公表についても、

(23)「この朝鮮学校（京都初級学校）の元校長は拉致事件に関与し、国際指名手配されている」という言説が名誉毀損に問われた刑事事件で京都地裁は令和元年11月29日有罪判決を言い渡したが、「公益目的」を認めて罰金刑にとどめた（裁判所ウェブサイト掲載）。朝鮮総連が支配する大阪朝鮮学校の元校長が拉致事件に関与していたという事実があったためだが、最高裁判例によれば名誉毀損が成立しても「ヘイトスピーチ」とならない例といえよう。

表現活動をした者の氏名を特定するための法的強制を伴う手段は存在しないことを指摘していた。

筆者らが主張した漠然性ゆえに無効および過度の広汎性ゆえに無効については、これまた一審と同じく税関検査事件判決（前掲最大判昭和59年12月12日）を引用しつつ、通常の判断能力を有する一般人の理解において、具体的場合に当該表現活動がその適用を受けるものかどうかが読み取れるものであって、不明確なものということはできないし、過度に広汎な規制であるということもできない、として一蹴した。[24]

(24) 前記①〜④の言説の目的が「人種差別目的」か「政治目的」ないし「公益目的」かを、具体的場合に一般人が客観的に判断できるというのは相当疑わしい。一方は差別だと非難し、他方は政治的主張だとして反発することは避けられないように思う。結局、次々に訴訟となり、司法判断が求められることになりはしないか。そして発言者にとってはそのこと自体が不利益となり、萎縮効果が発生する——。それこそ漠然性ゆえに無効および過度の広汎性ゆえに無効の法理の理由だったはずである。裁判所は萎縮効果を軽視しているといわざるを得ない。

—— 判決に思う

まず、合憲の範囲内であるとはされたものの、具体的な制裁や強制等がなくとも公権力が特定の表現についてヘイトスピーチであるという否定的判断を行うことそのものが、表現の自由に対する制限であることが認められたことには、重大な意義がある。線引きが曖昧なまま「ヘイトスピーチはやめましょう」というスローガンを掲げることは表現の自由を萎縮させていく危険があることを認めることを意味するからだ。しかし、それが表現内容にわたる規制であるのに合憲性判断基準として厳格な審査基準ではなく、緩やかな比較衡量基準が用いられたことは残念である。比較衡量基準のあてはめのうえにおいても違憲判断とならなかった理由は、本件条例の規制対象となるのは「過激で悪質性の高い差別的言動を伴うもの」に限定され、規制の方法が「罰則や制裁を伴うものではないこと」が根拠とされている。「過激で悪質性の高い差別的言動を伴うもの」に限定することで、違法なヘイトスピーチとそうでないものの区別の曖昧さが解消するというのであれば、楽観的に過ぎるのではないだろうか。規制の方法が処罰ないし制裁を伴うものではないという点は、筆者らが人権侵害を伴う事実上の制裁ないし処罰であるとしていた匿名表現の実名公表という観点が、大阪市長側が実名公表の方針を撤回したため、肩透かしを食らわされた格好となったことが大きい。いずれ実名を開示する法的制度が整備されたとき、この問題は再び浮上することになるだろう。

したがって、現在、全国各地の地方自治体で、独自のヘイトスピーチ規制が検討されているところであるが、それが実際に罰則や制裁を伴うものである場合[25]、今回の最高裁の合憲判決にもかかわらず、違憲判決が言い渡される可能性は今後も否定できない。根拠法である差別的言動解消法があえて罰則を伴わないものとして規定されていることにも抵触していることが問題となりえよう。

何よりも、判決が繰り返し述べている本件条例によって制限される表現活動の内容および性質について「過激で悪質性の高い差別的言動を伴うものに限られる」という部分については、それが合憲限定解釈というべきかどうかについては議論があるものの、実際のヘイトスピーチ規制の運用にあたっての重要な指針として機能することを願うばかりである。

(25) 川崎市は2019（令和元）年12月、ヘイトスピーチ抑止のために罰則を規定した条例を全国で初めて制定した。

性的マイノリティ問題と憲法訴訟

「未成年子なし要件」の違憲性をめぐる審判手続の代理人として見えたもの

最決令和3年11月30日

松田真紀

最高裁決定直後の弁護団記者会見の様子。左端が筆者である（関係者撮影）

1　はじめに

――性的マイノリティ問題を考えるようになったきっかけ

筆者が本件を受任したのは、弁護士登録をしたその年だった。2017（平成29）年に司法試験に合格、司法修習を経て、2019（令和元）年から弁護士として活動を始めた頃である。幼い頃から、法の支配・法による正義を実現する司法、とりわけ弁護士という職業に憧れこの業界に入った。筆者はもともと4人の子を持つ主婦で、一番下の子が３歳の時に法科大学院に入学したが、それまでは、法曹界とは縁のない世界で生きてきた。実務に関する知識は乏しく、弁護士登録時にはどういった法分野に関わりたいのかといった具体的な希望をほとんどもたないまま、弁護士として新たな人生をスタートした。

弁護士になって数か月、友人から「LGBT って知ってる？」と聞かれたことがあった。恥ずかしながら当時の筆者はそのワードの意味さえ知らなかった。もはや、このワードの説明は不要であるようにも思えるが、あえて説明すると、LGBT とは、レズビアン（女性同性愛者）、ゲイ（男性同性愛者）、バイセクシュアル（両性愛者）、トランスジェンダー（性同一性障害を含む、出生時の性別とは異なる性自認において生きる人）のアルファベットの頭文字を取った言葉である。

その友人の知人の中に、いわゆる MTF、つまり、男性として生を受けたが、女性としての性自認で生きている方がおり、現在お付き合いしている男性と結婚したいため、戸籍上の性別を変更したいというのである。ところが、性別変更には生殖機能を除去する手術が必要で、その手術には多くのケースで保険がきかず数百万単位のお金がかかるが中々お金が貯まらず困っている――と。「へ～、大変……。というか、結婚するのに手術絶対しなあかんの？ ひどいね、それ。どこの国の話？」……日本の話だということが信じられなかったのである。ウソではない。私たちが当たり前に享受している権利、つまり、好きな人と法的に結ばれる、自認している性を法的に認められる、そのために、病気でもない身体にメスを入れることを法が強要する？そんなバカな話があるのか――。しかし、それが紛れもなく我が国の話だと知って非常に驚いたのを、今でも覚えている。

性同一性障害者の性別の取扱いの特例に関する法律（以下「特例法」という）は、2003（平成15）年7月10日に成立した法律である。この法律は、性同一性障害者のうち特定の要件を満たす者について、家庭裁判所の審判により、法令上の性別の取扱いと、戸籍上の性別記載を変更するもので、2004（平成16）年7月16日から施行されている。「性同一性障害者」を、「生物学的には性別が明らかであるにもかかわらず、心理的にはそれとは別の性別（……）であるとの持続的な確信を持ち、かつ、自己を身体的及び社会的に他の性別に適合させようとする意思を有する者であって、そのことについて2人以上の医師の……診断が一致しているもの」と定義し（2条）、「性同一性障害者」の法令上の性別の取扱いの変更を認めるというものである。特例法によると、上記の人の戸籍性別変更要件は5つあり（医師の診断という要件を入れると6つである）、そのうちの2つが、いわゆる「手術要件」と呼ばれるものである。具体的には、特例法3条4号の要件（「生殖腺がないこと又は生殖腺の機能を永続的に欠く状態にあること」（生殖不能要件））、および同条5号の要件（「その身体について他の性別に係る身体の性器に係る部分に近似する外観を備えていること」（外観要件））であり、戸籍の変更のためには外科手術を受けることが必須となる。

奇しくも、筆者が弁護士登録をしたのと同時期である2019（平成31）年1月23日、まさに、戸籍変更要件のいわゆる「手術（生殖不能）要件」に関する最高裁の判断[(1)]が下されたところであった。合憲判断であったが、憲法13条に違反する疑義を否定できないという補足意見[(2)]が付された。

「“おかしい”と思う感覚、大事にしなさい。」――筆者は司法修習中にとある教官から教えられた。先の最高裁判例を覆したい、大胆にも筆者はそういう思いを抱くようになった。ほどなく筆者は仲岡しゅん弁護士と知り合うことになり、本件審判を共同で申し立てることになるのだった。

(1) 最決平成31年1月23日裁判集民261号1頁。

(2) 鬼丸かおる裁判官および三浦守裁判官の補足意見である。その中で、性同一性障害者の戸籍の性別変更について、「性別は、社会生活や人間関係における個人の属性のひとつとして取り扱われているため、個人の人格的存在と密接不可分のものということができ、性同一性障害者にとって、特例法により性別の取扱いの変更の審判を受けられることは、切実ともいうべき重要な法的利益である」と述べられている。

―― 仲岡弁護士との出会い

筆者が仲岡しゅん弁護士を初めて知ったのは、2019（令和元）年5月11日、「憲法とLGBT」という大阪弁護士会主催の憲法週間記念行事に参加したときだった。定員600名の会場は満席、立ち見があるほどで、性的マイノリティ問題に対する世間の関心の高さがうかがわれた。仲岡弁護士は、トランスジェンダーであることを公表しており、男性として出生したが、女性として弁護士登録をしたことで話題を呼んだ弁護士で、LGBTをはじめとしてセクシュアリティに関する分野では有名である。

仲岡しゅん弁護士

筆者は、司法修習の同期が仲岡弁護士の事務所で弁護士をしていることを知り、その同期を通じて、仲岡弁護士にアポをとった。筆者は、出会って早速、先の最高裁決定に触れ、もう一度この案件で訴訟をし、最高裁決定を覆すことはできないかと、仲岡弁護士に話を持ちかけた。すると、仲岡弁護士は、「手術要件はまだこの日本ではハードルが高い。」「それより、(未成年) 子なし要件についてどう思う？」と聞いてきた。

ピンとこない筆者に仲岡弁護士は本件事案の説明を始めた。特例法3条1項は前述の2つの手術要件のほかに1号「20歳以上であること[(3)]」(年齢要件)、2号「現に婚姻していないこと」(非婚要件)、そして、3号「現に未成年の子がいないこと」(未成年子なし要件) という要件がある。1号要件は、性別変更において慎重を期すため、2号は我が国において同性婚が認められていないためにそれぞれ定められた要件であるのは、ある意味わかるような気もする。しかし、この3号要件は一体何のためにあるのかは、確かに疑問である。建前は「子の福祉」に影響を与えるから、とのことである[(4)]が、戸籍上の性別変更は、医学的にも、また、外観から社会生活におけるまで性別移行が終わった後のいわば最終段階においての話である。戸籍だけ変更しないということが果たして「子の福祉」につながるのだろうか。

手術要件撤廃については世界的にもよく議論されているが、この地球上で「子なし要件」を法令化している国は日本だけである[(5)]ため、当然世界では議論されることもなく、それゆえに注目もされていないのだという。なるほど、聞けば聞くほど「未成年子なし要件」は不合理な条文である。「子の福祉」を目的としながらその目的達成と手段の関連性が非常に薄い、いや、まったくないのではなないか、これはまさしく違憲であるとされるべき法令なのではないか――。その時、そう感

(3) 当時。2022 (令和4) 年4月1日からは18歳以上となった。

(4) 南野知恵子監修『解説 性同一性障害者性別取扱特例法』(日本加除出版・2004年) 131頁。

(5) 韓国にも類似の要件は存在するが、法令上の要件ではなく、裁判所の指針上の要件であるため、例外的に認められる場合もあるようである。

じた。

この要件の憲法判断を問う裁判をこれからしようと、仲岡弁護士は言うのである。「一緒に戦いましょう。」——仲岡弁護士と、仲岡弁護士の事務所に所属する司法修習同期の上林惠理子弁護士、北本純子弁護士、そして筆者。この4人で本件審判申立てにおける戦いがスタートしたのであった。

2　当事者の声を主張に変える：「特例法3号要件は違憲である！」

—— 事案の概要

性同一性障害当事者であるAさん（申立て当時50代）は、男性として出生したものの、性の違和感から長期間女性としての性自認をもち、女性として生活してきた人である。長期にわたりホルモン治療を行っていたものの、諸事情から女性のパートナーと婚姻し、その婚姻期間中にパートナーが子を出生した。その後、性別適合手術を受け、パートナーの理解も得て離婚もした。つまり、診断や手術要件など他の要件はすべて満たしているが、戸籍上、子（8歳）がいることから、特例法3条1項3号のいわゆる「未成年子なし要件」を満たさないため、性別変更はできない状況であった。このまま審判の申立てを行っても性別変更が認められないため仲岡弁護士のもとに相談があったとのことである。なおAさんは上記のような複雑な家庭事情から、子とは戸籍上のつながりはあるものの親権はなく、出生後ほとんど会えていないという状況であった。

Ａさんは職場で女子トイレの使用を禁止されたり、パスポートや保険証などの公的書類も「男性」と表記されたりするなどの不自由を強いられ、転職においても事実上の不利益を被っていた[(6)]。戸籍上の性別変更を認めてほしいというＡさんの願いは切実なものであった。

(6) 外観と公証の性別表記が異なるため、たとえば、社会保険の手続上頻繁に混乱が生じる、公的書類上の性別を見せる場においては、逐一アウティング（性的指向、性自認などが本人の意思に反して公にされること。とりわけトランスジェンダーの場合、性別移行前の性別が明らかにされること等も含む）が生じるといったことである。

—— 争点等

本件は法令違憲を主張するものである。したがって、争点はずばり、特例法３条１項３号（以下「特例法３号要件」という）の規定が憲法13条、14条１項に反するか否かということになる。

—— 理解されにくい、戸籍上の性別変更が認められない不自由さ：不利益の重大性をどのように主張するか

戸籍上の性別が、自己の自認する性別あるいは社会生活上の性別と異なる性別で扱われると、何が起こるか。審判申立ての時に繰り返し取材の記者の方々に聞かれたのは、戸籍の性別変更が認められないと一体、何が不自由なのか？という点であった。実際、多くの人々はその生活上、戸籍の性別表記が「男」あるいは「女」であるかなど気にしないで生活している。したがって、申立てにあたっては、この不利益の重大性を主張する難しさがあった。

しかし考えてみれば、私たちはこの国で生活するのに、この戸籍表記に従った性別によって取り扱われて

いるのである。まず、同性婚が認められていない我が国においては、戸籍上の異性としか結婚はできない。ほかに具体的な場面として、たとえば、刑務所に入れられると、性自認が「女」で、実際社会生活上も周囲の認識や身体の外観も「女」であっても、戸籍の性別が「男」であると、「男」の受刑囚として扱われ、丸刈りにされ男性受刑囚と共に受刑生活を送らなければならない。これが本人のアイデンティティを著しく損なうことであり、すさまじい精神的苦痛を与えるものであろうことは言うまでもないだろう。

あるいは、性同一性障害者はホルモン治療を受けることが多いが、たとえば戸籍上の性別が「女」で女性ホルモンの治療を受けるのであれば保険適用扱い、戸籍上の性別が「男」であれば自費扱いと区別される[(7)]。さる2021（令和3）年5月27日、東京高裁は、性同一性障害であり女性として社会生活を送っている経済産業省の職員が受けた制限（女子トイレの使用制限）を違法とした一審の東京地裁判決[(8)]を変更し、原告職員の請求を棄却した[(9)]。この裁判からもわかるように、いくら性自認や社会生活上の性別が「男」あるいは「女」であっても、公的な場面では戸籍上の性別に基づいて取り扱われ、また戸籍上の性別で取り扱うことが適法であるとされかねないのである。

公証についても、健康保険証や年金手帳、パスポートから免許証までその性別表示は戸籍に従った性別で表記される。病院での受付や救急車に乗る時、入国審査の時等の身分確認の時など、外観とその表記される性別が異なっていれば、そのことに対していぶかしが

(7)　これは、法的性別が女性であれば、ホルモン欠乏としてその補完が保険適用上認められるのに対し、戸籍上「男」のままであれば、ホルモンの補完は性同一性障害の治療の一環となり、その場合のホルモン療法が保険適用外となっているからである。

(8)　東京地判令和元年12月12日判タ1479号121頁。

(9)　東京高判令和3年5月27日労働判例ジャーナル113号2頁。

られたり、信用されなかったり、説明を求められたりする。Aさんは長年、社会生活上は女性として生活しているにもかかわらず、就職時における社会保険手続きの時や年末調整等の手続きの時に、必ず自身がトランスジェンダーであるというプライバシーが晒されることになってしまうと述べている。

ところが、日本の司法は保守的であり、ましてや具体的に明記されていない憲法上の権利を認めさせることには大きな困難が予想された。そこで、性同一性障害者の性別変更を、「戸籍の性別変更をする権利」という構成で主張するのではなく、Aさんの性自認が女性であるうえ、すでに性別適合手術やホルモン治療を受けているという事実、すなわち本人の実質は心身ともに女性であるにもかかわらず、ただ戸籍上の扱いのみが「男性」とされている点に着目し、「本人の心身の性別と合致する法律上の性別において取り扱われる権利」あるいは、「自己同一性を保持する権利」というアプローチから主張したのである。これは、性同一性障害というものが、比較的近年になって社会的に認知された事象であることから、単に「戸籍の性別変更をする権利」という問題設定をした場合に、裁判所の発想として、「憲法制定時には想定されていない」という理由づけによる合憲判断が想定されたからである。逆に、本人の心身の性別と合致する法律上の権利において取り扱われる権利という観点からみた場合、女性に対して戸籍上は「男」として扱ったり、男性に対して「女」としての戸籍上の地位を与えることはたとえ憲法制定時であったとしても許容されないという主張が可能となるからである。

戸籍上の性別表記が自認する性、社会生活上における性別に従って記載されないという事実――。これを筆者らは、「その性自認と合致する性別において取り扱われる権利」であると原審、原々審において主張した。そして、この権利は、性自認に基づいた社会生活を確立するために必要な権利、すなわち、**婚姻をはじめとする家族法上の権利、公証が与えられることによる社会生活上適切に扱われる権利、また社会生活上適切に扱われるためにプライバシーが侵害されない権利等を保障するものであり、個人としての尊重と幸福追求を定める憲法13条によって保障される個人の人格的生存に必要不可欠な権利である**と構成したのである。これをより具体的に、特別抗告においては、下記のように主張した。少し長いが、そのまま引用するのでぜひともご一読いただきたい。

ア　人が自己の心理的・社会的・身体的状況とは異なる法律上の地位に置かれている状態から是正・回復される自由ないし権利

ⅰ　まず、3号要件との関係で憲法13条によって保障されるべき権利としては、人が自己の心理的・社会的・身体的状況とは異なる法律上の地位に置かれている状態から是正・回復される自由ないし権利が挙げられる。これは、社会生活における自己同一性を保持する上で極めて重要かつ不可欠な人格権、幸福追求権として普遍的なものであるから、憲法13条により保障されなければならない。

ⅱ　本件の特別抗告人は、女性としての性自認の下、性別適合手術を受け、その身体の状態も女性と化している。上述の通り、特別抗告人は、体毛の減少、筋力の低下、乳房の隆起のほか、その性器に相当する部分には、精巣、陰茎、陰嚢が切除されており、女性型の外陰部が形成されているなど、生来的な女性と変わらない身体状況を有している。

現代の医療技術と社会状況の下では、特別抗告人のように、身体的には既に女性であるにもかかわらず、「男性」としての法律上の地位のまま置かれている者が現に存在するようになった。このような者にとっての法律上の性別変更は、「男性としての法律上の地位を女性へと特別に変更するもの」ではなく、むしろ「本人の実態にそぐわない、（男性という）誤った法律上の地位を是正し、法律上の性別をその実態に合致させるもの」と解すべきである。つまり、現状において特別抗告人は、心理的・社会的・身体的実態としての性別と、法律上の性別とが乖離した状態にあり、社会生活上の自己同一性を保持する上で、このような状態を是正する必要性に迫られている。

そして、法律上の性別変更は、本人の実態にそぐわない誤った法律上の地位を是正・回復し、法律上の性別をその実態に合致させるものであるが、第６以下で詳述する通り、３号要件はこれを合理性なく制約・侵害しているため、３号要件は憲法13条に違反する。

iii　憲法制定時にはおよそ想定されていなかった科学技術（例えばインターネットなど）や障害（例えば発達障害など）が現代において発見されることは十分にあり得るところ、そのような新しい科学技術や障害の存在を前提とした人権侵害の態様も現代においては必然的に生じ得るものである。したがって、憲法制定時における想定の有無は違憲性の判断において必ずしも影響を及ぼすものではない。

むしろ、憲法制定時の状況を前提としても、心理的にも社会的にも身体的にも女性である者に対して、法律上のみ「男性」として扱うという事態は、許容されるものではなかったであろう。現代においては、医療技術の進歩によって、生来的な女性のほか、性別変更による女性も存在するようになっているというだけで、「ある者の実態としての性別と法律上の性別が乖離した状態」なるものは、時代の変遷を問わず許容されるものではない。（このことは例えば、幣原喜重郎が意に反して法律上「女性」として扱われるとか、市川房江が法律上「男性」としての地位を強制されるといった事態を想定すれば、このような状態がいかに歪（いびつ）であるかが分かるであろう。このような事態は、憲法制定当時の状況下を前提としても、およそ許容されるものではないと思われる。）

イ　人が子を産み・育てる自由ないし権利、家族関係を形成する自由ないし権利

ｉ　人は誰しも、その自由な意志によって子を産み、育て、また家族形成をおこなっている。このような人の営みは、人の出生、養育という、人間の本質にかかわる、極めて私的な領域における幸福追求、自己実現の一環であって、個人の自由な意思判断が第一に尊重されなければならないものであって、誰かによって強制されたり、あるいは制約されたりしてはならない性質のものである。

したがって、人が子を産み・育てる自由ないし権利、家族関係を形成する自由ないし権利は、幸福追求権の一態様として憲法13条により保障されなければならず、これら自由ないし権利の実現にあたっては、個人の自由な判断が最大限に尊重されなければならない。

ⅱ　しかし、3号要件は、性同一性障害当事者という特定の人的属性を持つ者のこれら自由ないし権利に対して、合理性なく制約を加えている。

3号要件は、要するに、国家が特定の障害や人的属性を持つ者に対して、生殖や自由な家族関係の形成を実質的に禁じているのであって、人の生殖・家族形成に対して極めて強い介入をおこなっているのである。

3号要件は、その形式的な要件それ自体は、未成年子を持つ場合

に限って性別変更を禁ずるものである。しかしながら、3号要件の存在によって、仮に性同一性障害当事者が子をなした場合、その後20年間（成人年齢引き下げ後は18年間）もの長期にわたり、（たとえその間、社会的にも身体的にも他の性別に移行していたとしても、）法律上の性別変更ができないこととなり、本人の社会的実態とは異なる法律上の地位に据え置かれるという重大な不利益を負うこととなる。また、仮に法律上の性別変更後に子をなそうと思っても、特例法3条1項4号には「生殖腺がないこと又は生殖腺の機能を永続的に欠く状態にあること」という要件が定められていることから、血縁的繋がりのある実子を持つことはできない。このような状況は、つまり、性同一性障害当事者から、生殖の自由ないし権利を実質的に剥奪することを意味している。

iii　また、3号要件にいう「未成年子」には、養子も含まれる。すなわち、性同一性障害当事者が未成年子の養親となった場合、その後、養子が成人するまでの間、やはり法律上の性別変更ができなくなるという重大な不利益を負う。このことは、性同一性障害当事者に対し、生殖により実子を持つことはおろか、誰かの養親となって家族関係を形成する選択肢すら実質的に奪うものであって、極めて不当で差別的な状況を作出している。

iv　したがって、3号要件は、憲法13条に違反する。

―― 憲法14条1項違反について

また、憲法14条1項違反の主張においては、3号要件は、子を持つ性同一性障害当事者と、子を持たない性同一性障害当事者を不合理に差別し、また、子を持つ性同一性障害当事者の中でも、子の年齢、すなわち性同一性障害当事者が子をなした時期によって不合理に差別するものである、と主張した。

いつ、いかなるときに子をなすかという自由は、子をなすか否かという自由と同様、個人の判断が尊重されなければならない極めて私的な領域に属する事柄であって、公権力による規制が認められてはならない。それにもかかわらず、3号要件は、実子の場合であれ養子の場合であれ、子の年齢や子をなす時期によって、子自身とは直接関係のない、親の法律上の地位に差別的取扱いや不利益を生じさせるという要件であり、本来的に自由であるべきである個人の選択に強い影響を及ぼすものである。このような極めて私的な領域に属する自由な個人の行いの如何をもって、法律上の性別という公的地位に差別的取扱いをしてはならないのであるから、特例法3号要件は憲法14条1項に違反するというものである。

そして、言うまでもなく、特例法3号要件は、その性自認と合致する性別において取り扱われる権利を奪い、成年子がいる者または子がいない者と異なる差別的取扱いをする法令であり、憲法13条および14条1項に反して違憲であるというのが、筆者らの主張であった。

—— 立法裁量の広範性：性的マイノリティとの関係において

3号要件は、前述のように性同一性障害という特定の人的属性をもつ者に対して、生殖や家族形成の自由ないし権利を実質的に制約するものである。生殖や家族形成というのは、言うまでもなく人の極めてプライベートな営みであり、個々の人生観や生活実態が尊重されるべき事柄であろう。しかし、そういったプライベートな領域での行動に対して、法が不必要に介入し、ましてや特定の者に対しては差異を設け、実質的に不利益を課すというのは、個人の私的な領域における自由に対して国家権力が介入することになりかねない。こういった私的領域における自由や権利への制約は、表現の自由など精神的自由への制約に比肩するものである。制約される自由ないし権利の重要性と普遍性からすれば、これを制約することは原則としてできず、仮にその制約が許容される場合があるとしても、極めて重要かつ具体的な弊害を回避するために必要不可欠である場合など、極めて狭い内容・範囲に限定した制約のみとされなければならず、広い立法裁量を認めてよいものではない。このような権利の性質を顧みない立法裁量論は、無制限な人権制約をも許容してしまうものであり危険である。とりわけ、性的マイノリティに関する問題においては、いまだ偏見や差別が根強く無理解がはびこっている。とりわけ、立法過程に声の反映されにくいマイノリティの人権問題において立法裁量が広く認められれば人権救済は遠のいてしまう。

3号要件は、性同一性障害という特定の人的属性をもつ者に対し、子を持つことという、人間社会における普遍的で根本的な営みを実質的に禁ずるもの（あるいは禁ずるとまではいえなくとも、極めて重い制約を課すもの）である。このように、特定の者の家族形成のあり方に対して規制を行うという立法例は、日本の他の法令においてもまず見られないし、また性同一性障害に関する他国の法令においても見られない。[10][11] では、このような世界的にも異例の立法例である３号要件がなぜ置かれているかというと、性別移行のプロセスに関する誤解と、性別移行が子に悪影響を及ぼすかのごとき差別的偏見に基づいているからである。それが故に、３号要件については、立法当時から批判が根強く存在した。[12]

一番の誤解は、「社会生活上の性別移行」と「法律上の性別変更」とは、まったく異なる次元の問題であるにもかかわらずこれが混同されている点である。本件でＡさんが求めているのは、「法律上の性別変更」であって、すでに「社会生活上の性別移行」は済んでいる。すなわち、法律上の性別がどうであれ、親子関係においては、すでに社会的実態として女性と化しているのである。他方、「性別上の性別変更」は、あくまで法律上・戸籍上の性別を本人の実態に合致させるということであって、有機的な人間関係としての親子関係それ自体に何らかの変動を生じさせるものではない。法律上の性別・戸籍上の性別というものは、あくまでも国家と個人との関係を規律する法律上の地位であって、そこに変動が生じたからといって、それに連動して、親と子の人間関係において何か具体的な変動が生じるわけではないのである。また、「法律上の性別変更」によって、子との法的関係における親権や監護権、相続権などに影響を及ぼすものでもない。

確かに、親が性別を変えるのを目の当たりにすれば、子どもが混乱を起こすことは充分考えられる。しかし

(10) 藤戸敬貴「法的性別変更に関する日本及び諸外国の法制度」レファレンス830号(2020年)79頁以下参照。

(11) 藤戸敬貴「性同一性障害特例法とその周辺」調査と情報977号(2017年)。

(12) 大島俊之『性同一性障害と法』(日本評論社・2002年)65頁、南野監修・前掲注4)90頁。

ながら、それは男→女または女→男という社会生活上の性別を変えることによって起こる混乱であり、戸籍の性別を変更したために起こる混乱ではない。「昨日までお父さんだった人が、今日から急にお母さんになる」「昨日までお母さんだった人が、今日から突然お父さんになる」わけではないのである。性を移行するにはカウンセリングから始めて、ホルモン療法、性別適合手術とそれなりの時間がかかる。これに伴って社会生活も徐々に移行してゆく。子どもと同居している場合は、その間にも家族と向き合い、新しい関係を構築していくことになるのである。そして性別役割を変え、実態として新しく「お父さん」「お母さん」に変わっていく。そうなれば、そこにはもう混乱は存在しない。逆に、性の移行が子どもにとって混乱をもたらすから認めないというのであれば、性別移行そのものを禁止しなければならないということになってしまう。さらに、本来親が子どもに対して求められているのは監護・養育する義務である。たとえば両親の離婚は子に対する影響という意味では大きなものであるが、それによって離婚が禁止されるべき、ということにはならないことは自明である。

「社会生活上の性別移行」=「法律上の性別変更」ではないのであるから、3号要件による規制によっては、そもそも子への影響を防止することにはならず、逆に3号要件がなかったとしても、何か具体的な影響が子に対して生じるわけではないのである。すなわち、3号要件の「子の福祉への影響の防止」という立法目的それ自体が仮に正当であったとしても、当該立法目的と規制効果とが合理的につながっていないのである。

そもそも3号要件は、性同一性障害当事者やその子に対する強い偏見をもとにした立法である。3号要件を正当化する「子への影響」なるものは、性同一性障害当事者を十把一絡げにし、性同一性障害や性別移行が、まるで子にとって悪影響を及ぼすものであるかのような偏見があることを示している。

親子関係というものは、家庭によって非常に多様である。性同一性障害当事者であっても、仲の良い親子もいるし、円満な家庭もある。むしろ子の側が親の性別移行を好意的に捉えているケースも報告されている。[(13)] そのような実態や具体的根拠なく、「子への影響」を理由に3号要件を正当化しようとすることは、性同一性障害当事者に対する明らかな差別的偏見をもとにした理論にほかならない。差別的偏見に基づいた立法裁量論が認められないことは論をまたないだろう。

(13) 二宮周平「性同一性障害者の性別取扱いの変更申立てを却下した事例」判例タイムズ1204号（2006年）47頁。

また、3号要件は、「性別を変更したいと望むことは自分の子に悪影響を及ぼす」というメッセージにもなっている。このことは、未成年の性同一性障害当事者に対しても悪影響を与えかねない。文部科学省からも「性同一性障害に係る児童生徒に対するきめ細かな対応の実施等について」という通達が発表されるなど、未成年の性同一性当事者が存在することはすでに認識されているとおりである。そうであるにもかかわらず、「性別を変更したいと望むことは自分の子に悪影響を及ぼす」というメッセージが立法という形でなされ、その存置が認められ続けることは、未成年の当事者に対しても極めて残酷な事態である。

―― 目的と手段に合理的関連性が認められるか①：「家族秩序に混乱を生じさせることを避ける」という理由について

そもそも、2008（平成20）年の法改正によって、「現に子がいないこと」という要件は、すでに「現に未成年の子がいないこと」に改められており、現行法を前提としても、すでに「女である父」「男である母」は実際に生じている。

したがって、「家族秩序」の維持という目的は、すでに3号要件の主な目的とするところではなく、3号要件の趣旨は専ら「子の福祉」に絞られている[(14)]。女性の実親が2人いる状態や男性の実親が2人いる状態、あるいは実親たる父がいない親子の存在については、特例法自身がすでに是認しているのであって、「家族秩序に混乱を生じさせることを避ける」という理由は、すでに特例法自身によって否定され、その根拠が失われている。

（14） 藤戸・前掲注10）91頁。

また、すでに現代社会では、トランスジェンダーでも子を持ち育てている家庭、同性同士のカップルで子育てをしている家庭、父親のいない親子、あるいはそもそも血縁関係のない親子なども現に相当数存在しているのが紛うことなき実態である。「家族秩序」なる理由を持ち出すことは、「家族秩序」から外れてしまう家庭や親子に対する社会的排除にもつながりかねず、性や家族のあり方が多様化している現状においては、とうてい是認できるものではない。家族には男性の父親と女性の母親がおり、その男女の間に子が生ずることが「家族秩序」であると考えるのであれば、それは現実の社会実態に反する前時代的な認識である。今や同性カップル間の子や、婚姻関係にない男女間の子、あるいはそもそも血縁関係のない親子すら現実に存在する。そして、現代のみならず、歴史的にも、そのような家族秩序とは異なる家族実態をもつ家族は相当数存在してきたのであり、特例法3号要件によって「家族秩序」なるものを維持・形成できるものではないことはいうまでもない。

―― 目的と手段に合理的関連性が認められるか②：「子の福祉に影響を及ぼすことを避ける」という理由について

本件訴訟特別抗告において意見書を出した性的マイノリティについて詳しい金沢大学人間科学系の岩本健良准教授は、教育社会学の見地から、その意見書の結論において、「親の（法的）性別変更が未成年の子の福祉に悪影響をおよぼすとの学術的知見は見られない」と述べ、また、子の福祉への影響を懸念する理論について、「実証的なエビデンスに基づいた危惧ではなく、観念的想像に基づいた議論」であったと指摘する。また、家族法を専門とする立命館大学法学部の二宮周平教授も、判例評釈[15]において、「立法者側は『子の福祉』として『子に心理的な混乱や不安などをもたらしたり、親子関係に影響を及ぼしたりしかねない』と説明する。それならば、具体的な事実を持ってこれらを証明すべきであり、抽象的、観念的な懸念として説明するのでは、合理性があるとはいえない」と指摘する。

(15) 二宮・前掲注13) 51頁。

逆に、親の（法律上の性別変更の前提たる）社会生活上の性別移行すら必ずしも子に悪影響を及ぼすものではないという調査や資料は、多数公表されている。たとえば、土肥いつき『「ありのままのわたしを生きる」ために』（日本性教育協会・2014年）の中では、トランスジェンダー当事者が子と苦楽を共に乗り越えていく体験談が綴られている。カリフォルニア大学での調査[16]では、親の性別移行が必ずしも子に悪影響を及ぼすものではなく、むしろ子の年齢が低いほど理解があるという結果も示されている。性同一性障害の専門医である康純医師（大阪医科大学神経精神医学教室准教授）も、その豊富な診療例の中から、親の性別移行が親子関係に悪影響を及ぼさなかった例複数について詳しく報告している。性同一性障害学会理事長である中塚幹也医師も、子どもを持つ性同一性障害当事者の性別移行について、「子どもから見ると、親の性別移行の中で戸籍上の性別変更の有無は大きな影響を持たない」と指摘し、むしろ子どもの年齢が低いほど性同一性障害当事者の性別移行により子どもとの関係が良好になったり、不変であったりする率は高いことからも性別移行が早期にスムーズに行われることが子どもへの利益につながる」と指摘する。また、前出の二宮周平教授も、「戸籍の性別取り扱いの変更は、外観上変更されている性別に戸籍の記載を合わせるだけであり、外観上の変化にすでに直面している子にとっては何の影響もない」と述べている[17]。

このように、すでに多方面の専門家から、法律上の性別変更が未成年子の福祉に必ずしも影響を及ぼすも

(16) Rebecca L. Stotzer et al., *Transgender Parenting* (The Williams Institute, UCLA School of Law).

(17) 二宮・前掲注13) 50頁。

のでないことが指摘されている一方で、親の法律上の性別変更が子の福祉に悪影響を及ぼすという具体的な根拠は存在しない。

また、前述のように、「社会生活上の性別移行」と「法律上の性別変更」とは、異なる次元のものである。「法律上の性別変更」は、「社会生活上の性別移行」がすでに完了していることを前提に、その者の社会的実態に法律上の地位を合致させるものである。したがって、すでに「社会生活上の性別移行」がなされている以上、国家と個人とを規律する法律上の地位に変動が生じたからといって、そのことが親と子の有機的な人間関係に何らかの変化をもたらすものではなく、「法律上の性別変更」によって、子の福祉に影響は生じない。

逆に、親の法律上の性別を、その実態とは異なる法律上の性別に置き続けることの方が、むしろ子に混乱を与えかねず、子の福祉に反する。すなわち、子の認識としても社会的実態としても、すでに「お母さん」である親に対して、法律上は「父親」という法律上の地位に置き続けることの方が、子にとっては混乱を生じさせる要因となりかねず、特例法3号要件の存在は、逆に子の福祉に反するものである。実際に、二宮教授の判例評釈でも指摘されている例のように、子自身が「お母さん」と呼んでいる親の地位が、特例法3号要件の存在によって、法律上は「父」という地位にとどめ置かれる事態が生じている。また、中塚幹也医師は、3号要件の存在によって、子が、自身が生きていることで親に迷惑をかけると考えてしまう可能性を懸念している。このように、特例法3号要件はむしろ子の福祉にとって有害であるとさえいえる。

そもそも親の法律上の性別変更が子の福祉に悪影響を与えるという発想は、性同一性障害に対する未成年者の理解力を過小評価したものである。上述したように、親の法律上の性別変更が子に悪影響を及ぼすという学術的知見は存在しない。

性同一性障害当事者でもあり、全国の学校や団体に向けて講演活動を行う前出の仲岡しゅん弁護士は、子どもたちと接してきた経験に基づき、未成年であるからといって性同一性障害に理解がないかのような見解は誤りであること、特例法3号要件は、大人の側の偏見を子どもの福祉の問題にすり替えているに過ぎないと述べる。また、先のカリフォルニア大学の調査でも、子の年齢が低いほど親の性別移行に適応する例が報告されている。これらの事例からすると、戸籍の性別変更が未成年の子に心理的な混乱や不安等をもたらすという理由づけは、合理的な根拠が存在しないにもかかわらず、未成年の子の理解力や適応力を著しく過小評価したうえで、単なる想像に基づいた考えであるといえるだろう。

そもそも、親子関係のあり方は、その親子によって様々であり、子との関係をもって性別変更を一律に規制すべきでない。本件に関心をもち、憲法の専門家としてこころよく協力してくれた関西大学法学部の村田尚紀教授は、本件特別抗告において提出した意見書で、次のように述べている。「そもそも未成年の子の保護は、まず親の判断に委ねられるべきことであり、3号要件はその点を考慮していない意味においても過剰な規制となっている。なお、旧監獄法50条に基づいて14歳未満の者の在監者との接見を禁止していた同法施行規則120条を違法と判断した最高裁判決（民集45巻6号1049頁）[18]が、法の趣旨について『幼年者の心情の保護は元来その監護に当たる親権者等が配慮すべき事柄であることからすれば、法が一律に幼年者と被勾留者との接見を禁止することを予定し、容認しているものと解することは、困難である』と述べていることは、以上の判断を支持するものである」と。

3号要件がなくとも、性別変更のプロセス上、子の福祉に影響を与えないことが担保されている。つまり、法律上の性別変更を行う場合、特例法の4号要件、5号要件を満たす必要があるため、性別適合手術が必須である。そして、専門家によって行われる性別適合手術の適応判定会議においては、性同一性障害当事者に子がいる場合、その適応判定会議の段階において、子との関係性も含めて評価し、性別適合手術の決定が行われている[19]。したがって、性別適合手術を経て法律上の性別変更を行おうとする当事者の場合、その前提たる適応判定会議の段階において、すでに子の福祉に影響を及ぼさないことが担保されているのであるから、子の福祉の保護という目的のために3号要件は実質的な必要性を欠いている。

以上の理由から、「子の福祉に影響を及ぼすことを避ける」という理由については、特例法3号要件の目的達成するうえで手段としての合理的根拠、合理的関連性が認められないということができる。

(18) 平成3年7月9日。

(19) GID学会理事長で岡山大学教授岡山大学ジェンダークリニック医師である中塚幹也氏によれば、性同一性障害に関する診断と治療のガイドライン（第3版）実地診療の手引き（日本精神神経学会HP）で、性別適合手術適応判定会議における身体的治療に移行するための条件の1つである「望む（性での）新しい生活についての必要充分な検討ができていること」の評価の視点には、子どもを持つ性同一性障害当事者の場合、当然ながら、当事者と子どもとの関係性も含まれていると指摘する（本件抗告審に提出した同氏意見書（甲13）2020年3月28日）。

3　下級審の判断

―― 一審決定の概要

筆者らは、2019(令和元)年12月3日に、神戸家裁尼崎支部において、Aさんの戸籍上の性別を女性に変更するよう求める審判の申立てを行った。しかし、2020(令和2)年2月10日に下されたその審判は筆者にとっては驚くべき内容であった。

まず、「憲法制定当時想定されていなかった性別の取り扱いの変更について、そのような取り扱いを認めるか、認めるとしてその要件をどのように定めるかは社会的認知度や理解も踏まえた上での立法府の裁量に属するもので、その定める要件に関する内容が社会的な合理性を有する限り憲法13条に違反することはない」と判示された。審査密度が非常に緩やかである。

そして、特例法3号要件の立法趣旨が、「性別の取扱いの変更が親子関係等の家族秩序に混乱を生じさせたり、未成熟な子の福祉に影響を及ぼすことになりかねないことに配慮して規定されたものと解されている」とし、「本来は一致している男女という性別と子にとっての父母という属性との間に不一致が生じ得る」ところ、これを避けるためのものであると指摘する。続けて、「本件でいえば、父であったものが母になり、母は母のままであるから、2人の母が子の実親となり、実親たる父がいない親子が生じたり、あるいは女性である父という概念を認めるかなど、これまで営々と築かれてきた我が国の家族秩序とは異なる家族観を生じさせることになる。かかる家族秩序に生じる事態を、現時点における法あるいは社会として許容できる状況にあるとは言い難い」と断じた。性の多様性を認める社会的広がり、世界的な動きといった現実にはまったく触れず、さらに、「未成年の子の取り巻く学校や生活環境等の中で差別等を生じたりすることを回避する必要性は否定できず」と続く。未成年の子が差別されないためにも親の戸籍上の性別変更は認められないという判断である。

「未成年の子を取り巻く学校や生活環境等の中で差別」を回避するという理由づけは、差別問題に対するアプローチを誤っている。仮に親の性別変更によって、学校や生活環境の中で子に対して差別が生じるのであれば、それは然るべき教育や啓発によって「差別をする側」が認識を改めなければならない問題なのであって、それを「差別される側」に責任転嫁させてはならないように思われる。審判のいうこのような理由は、一方では差別する側の問題を放置して実質的に免罪しつつ、他方で差別される側の親子に差別を受けないよう行動すること（＝戸籍上の性別変更をしないこと）を求めるものであり、極めて不当である。当然ながら、性同一性障害を有していることや、性同一性障害を有する者の子であることは、本来的に何ら悪いことでも間違ったことでもないのであるから、そのような点に基づいて性同一性障害当事者やその子を差別する者が仮にいるとすれば、差別をする者の側の行為が正されなければならないのである。

また、ここでも、「法律上の性別変更」と、「社会生活上の性別移行」とが連動しないということが妥当する。すなわち、学校や生活環境の中で、その親の性別移行によって、未成年子に何らかの影響が生じる場合が仮にあったとしても、それは専ら親の姿や形が変わっていくという「社会生活上の性別移行」によって生じるものであって、「法律上の性別変更」によって生じるものではない。

差別されることを回避するため、差別される側が不利益に甘んじろという理屈も理解し難いが、国家の家族秩序とは異なる家族観は認められないと述べ、現存する子育て同性カップルを否定するかのようなその審判内容、それこそ差別ではないか。民主主義、すなわち**多数決原理によって救済されない少数者の自由や権利の回復を使命とし、国民の基本的人権の保障を全うする役割を担うのが司法ではないのか**──。憤りを通り越し、司法への失望感すら抱いたのを記憶している。

── 二審決定の概要

大阪高裁も、「現時点においては、合理性を欠くとはいえないから、国会の裁量権を逸脱するものということはでき」ないなどとして、特例法3号要件を合憲とした。理由は、「家族秩序を混乱させること」や「子の福祉に影響を及ぼすこと」を避けるという配慮から3号要件が設けられたという、極めて抽象的な建前論を、一審の審判内容と同様に繰り返すものだった。

たった数行の判断内容に再び落胆失望したのは言うまでもない。

4　特例法３号要件に対する最高裁の初判断[20]

(20)　最決令和3年11月30日裁判所ウェブサイト。

筆者らが特別抗告理由書を提出したのは2020（令和2）年7月2日であり、上告受理がなされたのは同年8月中旬頃であった。初めて最高裁に訴訟が係属するという経験をした筆者は、最高裁ではどのように審理が進み、判断がいつなされるのかがわからなかったため、文献を読んだり、ほかの経験のある先生方から話を聞いたりして情報を集めたりした。本件の原告であるAさんも最高裁の判断がいつなされるのか、非常に気にしていた。仲岡弁護士は、最高裁の判断が出るまでの間にも、GID[21]を取り巻く環境や状況が変わったことを証拠資料として提出し続けた[22]。

(21)　Gender Identity Disorder、つまり性同一性障害のこと。

(22)　本件では「上申書」というタイトルで提出したが、上告受理理由書を補充する形で提出した書面として、本書収録の座談会で詳しく取り上げている。

そして、最高裁の決定。それはある日突然訪れた。上告受理がなされてから約1年4か月後の今年、2021（令和3）年11月30日。事務所に何の前触れなく最高裁から封書が届いたのだ。そこには「抗告棄却」との文字があった。

その内容は、「現に子のある者について性別の取り扱いの変更を認めた場合、家族秩序に混乱を生じさせ、子の福祉の観点からも問題を生じかねない等の配慮に基づくものとして、合理性を欠くものとはいえないから、国会の裁量権の範囲を逸脱するものということはでき」ないという最決平成19年10月19日（家月60巻3号36頁）を踏襲しただけの理由を付して、「当裁判所の判例の趣旨に徴して明らかである」との一言であった。

特例法の改正前の法律についての裁判例を表面的になぞり主体的な思考をした形跡がまったく見受けられない、これまた何とも残念な決定だった。

しかし、今度はこれまでの判断とは大きな違いがあった。

「規定は合理性を欠き個人の権利を侵害していて憲法違反」。宇賀克也裁判官が１人、反対意見を表明したのだ。性同一性障害特例法の要件について、最高裁で「違憲」であるとの意見が出たのは初めてである。以下、コメントを付しながら宇賀克也裁判官の反対意見の理由を引用する。

> もし、生まれつき、精神的・身体的にも女性である者に対して、国家が本人の意思に反して「男性」としての法律上の地位を強制し、様々な場面で性別を記載する際に、戸籍の記載に従って、「男性」と申告しなければならないとしたならば、それは、**人がその性別の実態とは異なる法律上の地位に置かれることなく自己同一性を保持する権利**を侵害するものであり、憲法13条に違反することには、大方の賛成が得られるものと思われる。憲法制定当時は、医療技術が未発達であったため、精神的・身体的に女性である者は生来的な女性に限られていたが、現在においては、医療技術の発展により、生来的な女性に限らず、医療的措置によって、精神的・身体的に女性となった者が現実に生ずるようになった。本件抗告人も、既に性別適合手術を終え、現在、身体的に女性となり、女性の名前に改名しており、精神的・身体的に女性である者であり、社会的にも女性として行動している。しかしながら、その実態に反して、3号要件のゆえに、戸籍上の性別を女性に変更することができず、法律上

は「男性」とされている。**自己同一性が保持されていることの保障の必要性は、生来的な女性であれ、医療的措置により身体的に女性となった者であれ、基本的に変わるところはないと考えられる。**精神的には女性であるにもかかわらず身体的に男性であった者が、医療的措置によって身体的に女性となった場合にも、戸籍上の性別との不一致を解消することを制限する３号要件の合憲性については、以下のように考える。……

宇賀裁判官は、憲法13条から「自己同一性を保持する権利」という新しい権利の存在を導いている。また、「精神的には女性であるにもかかわらず身体的に男性であった者が、医療的措置によって身体的に女性になった」女性の存在を真正面から認め、自己同一性が保持されていることの保障の必要性が生来的な女性と基本的に変わるところはないとの指摘は、どれだけ当事者を勇気づけるだろう。そして、特例法３号要件の合憲性について次のように続く。

特例法３条１項３号は、平成20年法律第70号による改正前は、「現に子がいないこと」という要件であった。「現に子がいないこと」という要件が設けられた理由は、現に子がいる場合にも性別の取扱いの変更を認めることは、「女である父」や「男である母」の存在を認めることになり、男女という性別と父母という属性の不一致が生ずる事態は、家族秩序に混乱を生じさせ、また、子の心理的な混乱や不安などをもたらしたり、親子関係に影響を及ぼしたりしかねないことなど、子の福祉の観点から問題であるという指摘を受けたものであった。

しかし、平成20年法律第70号による改正により、特例法３条１項３号は、「現に未成年の子がいないこと」という要件に緩和されている。したがって、子が成年に達していれば、「女である父」や「男である母」の存在は認められており、男女という性別と父母という属性の不一致が生ずる事態は容認されていることになる。そうすると、上記改正後は、男女という性別と父母という属性の不一致が生ずることによって家族秩序に混乱を生じさせることを防ぐという説明は、3号要件の合理性の根拠としては、全く成り立たなくなったとまではいわないにしても、脆弱な根拠になったといえるように思われる。そうなると、「女である父」や「男である母」の存在を認めることが、未成年の子に心理的な混乱や不安などをもたらしたり、親子関係に影響を及ぼしたりしかねず、子の福祉の観点から問題であるという説明が合理的なものかが、主たる検討課題になる。

この特例法3号要件における「家族秩序に混乱を生じさせる」という立法趣旨は、特例法の改正によって大きな意味合いを失い、その趣旨は「子の福祉」に絞られるとした点は前述のように、筆者らの特別抗告における主張と同旨である。宇賀裁判官も指摘するように、特例法3号の合憲性については、特例法3号要件が「子の福祉」の観点から合理的なものか、が主戦場である。宇賀裁判官はこの点について次のように考察する。

この点について、以下のような疑問を拭えない。性別の取扱いの変更の審判を申し立てる時点では、未成年の子の親である性同一性障害者は、ホルモン治療や性別適合手術により、既に男性から女性に、又は女性から男性に外観（服装、言動等も含めて）が変化しているのが通常であると考えられるところ、**未成年の子に心理的な混乱や不安などをもたらすことが懸念されるのは、この外観の変更の段階であって、戸籍上の性別の変更は、既に外観上変更されている性別と戸籍上の性別を合致させる**

ものにとどまるのではないかと考えられる。親が子にほとんど会っておらず、子が親の外観の変更を知らない場合や、子が親の外観の変更に伴う心理的な混乱を解消できていない場合もあり得るであろうが、前者の場合に子に生じ得る心理的混乱、後者の場合に子に生じている心理的混乱は、いずれも外観の変更に起因するものであって、外観と戸籍上の性別を一致させることに起因するものではないのではないかと思われる。

また、成年に達した子であれば、親の性別変更をそれほどの混乱なく受け入れることができるが、未成年の子については、混乱が生ずる可能性が高いという前提についても、むしろ若い感性を持つ未成年のほうが偏見なく素直にその存在を受け止めるケースがあるという専門家による指摘もある。さらに、未成年の子が、自分の存在ゆえに、親が性別変更ができず、苦悩を抱えていることを知れば、子も苦痛や罪悪感を覚えるであろうし、親も、未成年の子の存在ゆえに、性別変更できないことにより、子への複雑な感情を抱き、親子関係に影響を及ぼす可能性も指摘されている。加えて、そもそも戸籍公開の原則は否定されており、私人が戸籍簿を閲覧することは禁止され、一定の親族以外の者の戸籍の謄抄本を私人が請求することも、原則として認められない（住民票の写しについても、同一の世帯に属する者以外の者の交付請求は原則として認められない。）。したがって、戸籍における性別の変更があったという事実は、同級生やその家族に知られるわけではないから、学校等における差別を惹起するという主張にも説得力がないように思われる（また、**仮に親の性別変更により、学校等で差別が生ずるとすれば、それは差別する側の無理解や偏見を是正する努力をすべき**なのではないかと思われる）。

このように、３号要件を設ける際に根拠とされた、子に心理的な混乱や不安などをもたらしたり、親子関係に影響を及ぼしたりしかねないという説明は、漠然とした観念的な懸念にとどまるのではないかという疑問が拭えない。実際、３号要件のような制限を設けている立法例は現時点で我が国以外には見当たらない（なお、ウクライナは、18歳未満の子がいることを法令上の性別変更を禁止する理由としていたが、2016年12月30日にこの要件を廃止しているようである。)。他方で、親の外観上の性別と戸籍上の性別の不一致により、親が就職できないなど不安定な生活を強いられることがあり、その場合には、3号要件により戸籍上の性別の変更を制限することが、かえって未成年の子の福祉を害するのではないかと思われる。

特例法3号要件は、性同一性障害当事者の性別移行のプロセスを具体的に理解しようとしない、また、現代社会の多様さにまったく追いつけていない間違った法律であることを、筆者らは本件事件の当初から主張してきた。しかし、そういった主張はまったく受け入れられず、筆者らはまるでただただ厚く高い冷たい壁と戦ってきた。そんな中で、宇賀裁判官は、本件の問題の核心を見抜き、社会的少数者の置かれている立場についてリアリティをもった判断を下した。これは、極めて閉鎖的で前時代的であると感じる司法の中での一筋の光である。

宇賀裁判官は、再度、「家族秩序に混乱を生じさせることを避ける」とする趣旨について次のように断ずる。

平成20年法律第70号による改正後は、男女という性別と父母という属性の不一致が生ずることによって家族秩序に混乱を生じさせることを防ぐという説明の説得力が大幅に失われたことは前述したが、この点について、さらに検討すると、性同一性障害者の戸籍上の性別の変更を認めても、子の戸籍の父母欄に変更はなく、子にとって父が父、母が母であることは変わらず、法律上の親子関係は変化しないから、親権、監護権、相続権などにも影響を与えない。そして、社会的にごく少数と思われる性同一性障害者の戸籍における性別の変更は、我が国の大多数の家族関係に影響を与えるものでもない。したがって、3号要件が、我が国の家族秩序に混乱を生じさせることを防止するために必要という理由付けについても、十分な説得力を感ずることができない。

そして、結語は以下のとおりとなっている。

以上検討したように、3号要件は、憲法13条で保障された前記自己同一性を保持する権利を制約する根拠として十分な合理性を有するとはいい難いように思われる。未成年の子の福祉への配慮という立法目的は正当であると考えるが、未成年の子がいる場合には法律上の性別変更を禁止するという手段は、立法目的を達成するための手段として合理性を欠いているように思われる。

したがって、特例法3条1項3号の規定は、人がその性別の実態とは異なる法律上の地位に置かれることなく自己同一性を保持する権利を侵害するものとして、憲法13条に違反すると考える。

5　憲法訴訟のやりがいと苦悩：むすびにかえて

性的マイノリティ問題を取り上げると、必ず心ない誹謗中傷が生ずる。本件でいえば、「子をもうけておいて、子の気持ちを考えずに自分の権利だけ主張するのか」、「日本の家族秩序を無視するのか」といったものである。いわれなき中傷はこの上なく人を傷付け、人をも殺す威力をもつものである。本件においても、改めて、この日本が性的マイノリティの問題を抱える人たちがいかに生きにくい世の中であるのかということを実感した。

また、子をなす過程やその後の状況は様々で、これが性的マイノリティの方々であればさらに事情は複雑である。このような極めてプライベートな事情を明かすことはさらなる誹謗中傷の対象になりかねず、記者会見や裁判でさえも明かすことができないまま、審理を進めるしかない難しさがあった。このように性的マイノリティ問題の実態がまだまだ無知・無理解である中で、結論に対する説明責任を果たそうとすると、謙虚に当事者の声に耳を傾け、さらに推認力を駆使する必要がある。宇賀裁判官の反対意見に「思う」「思われる」という言葉が多くなるのはそういうことであると、弁護団の上林恵理子弁護士は記者会見で述べていた。その一方で「棄却」とした多数意見は結論に対する説明責任を果たそうとする姿勢すらないといえるだろう。今後、性的マイノリティに関する裁判において、主張や立証方法についてさらに工夫を凝らす必要があるが、善処するには筆者らもマイノリティの方々のプライバシー、そして誹謗中傷問題という苦悩と戦うことにもなる。

そして、本件訴訟は「合憲」という結果で終える形となった。結果としては無念でしかないが、一方で、実際に子どもを育てているトランスジェンダー女性の呼びかけで性別変更の「子なし要件」への抗議デモが行われ、東京弁護士会から最高裁判決に抗議する意見書が提出されるなど、様々な波紋が広がった。本件訴訟が少しでも世の中を変えるきっかけになったのであればそれはとても意義深いことである。そして筆者らは諦めることなく不断の努力を尽くす決意をもっていることを、ここに宣言しておきたい。

障害のある一人親世帯に対する児童扶養手当不支給違憲訴訟

年金と児童扶養手当の併給は認められないのか

京都地判令和3年4月16日

田中　俊
川﨑真陽

裁判所に向かう原告と支援者ら（支援者撮影）

1　はじめに

現在、日本では夫婦の3組に1組は離婚しているといわれており、2019（令和元）年4月に発表された厚生労働省子ども家庭局家庭福祉課が作成した「一人親家庭等の支援について」によると、全国で一人親世帯は、141.9万世帯、うち母子世帯（いわゆるシングルマザー）は、123.2万世帯、母子世帯の平均年収は243万円、母子世帯の就業率は約8割である。子どもを抱えながらも悪戦苦闘しながら必死で働いているのがシングルマザーの現状である。

本稿で取り上げる訴訟(京都地判令和3年4月16日裁判所ウェブサイト。以下「本件訴訟」という)における原告は、一人親というだけでなく、難病を抱える第1級の障害者である。障害をもちながら子どもを育てている親に配偶者がいるか、いないか。この違いによって、当該世帯に児童扶養手当相当額が支給されるか否かが変わる。このようなことが許されるのか——。この不合理に声を上げたのが、本件訴訟の原告(控訴人)である。

—— 事案の概要

本件の原告は、第1級身体障害者[(1)]であり、子ども4人を育てるシングルマザーである。原告は、2017(平成29)年2月、京都府内に転入し、転居前から支給を受けていた児童扶養手当の受給を京都でも開始した。その後、少しでも生活が楽になればと思って障害基礎年金の受給を申し出たところ、支給が認められたことから、被告(京都府)に対して、その旨を届け出た。そうしたところ、被告は、児童扶養手当法(以下「法」という)13条の2第2項、児童扶養手当法施行令(以下「施行令」という)6条の4に基づいて、原告が、障害基礎年金の受給権を取得した年月にさかのぼって、児童扶養手当全部について支給を停止(以下「本件停止処分」という)するとともに、あわせて、すでに支払われた児童扶養手当について2か月分(128,600円)を過誤金として返納するように求めた。

原告は、施行令6条の4のうち、障害基礎年金を受給している一人親に対する児童扶養手当の併給を禁止する部分(以下「本件併給調整規定」という)が、憲法、

(1) 国民年金法施行令によれば、身体障害第1級とは、「身体の機能の障害又は長期にわたる安静を必要とする病状が、日常生活の用を弁ずることを不能ならしめる程度のもの」をいう。たとえば、身のまわりのことはかろうじてできるが、それ以上の活動はできないもの、または行ってはいけないもの、他人の介助を受けなければほとんど自分の用を弁ずることができず、一般的に活動の範囲が、病院ではベッド周辺、家庭では室内に限られるもの、とされている。

国際人権条約および児童扶養手当法に反することから、本件停止処分は取り消されるべきであるとして、本件停止処分の取消訴訟を提起した。

—— 受任の経緯等

ア　審査請求

筆者らが本件訴訟に関与することとなった契機は、特定非営利活動法人しんぐるまざあず・ふぉーらむ・関西からの紹介であった。2018（平成30）年1月23日、大阪弁護士会が主催して毎年行われる第17回人権賞授賞式の席上、同法人から当時人権擁護委員長であった筆者（田中）に話があり、同年2月26日、原告と初めて、筆者（田中）ら大阪弁護士会の4名の弁護士が面談した。原告によると、面談までに原告に対して、以下のような行政処分がなされていた。

2017（平成29）年4月20日	障害基礎年金支給決定
2017（平成29）年11月	障害基礎年金支給開始
2018（平成30）年1月4日	児童扶養手当支給停止通知（2017年2月から同年7月まで。うち同年2月分および3月分は過払いとなっているので返納を求められる）

筆者（田中）ら4名は、2018（平成30）年4月4日、京都府知事が同年1月4日付で行った2017（平成29）年2月分から7月分の児童扶養手当に関する児童扶養手当支給停止処分につき、障害基礎年金の子加算を超える部分[2]の児童扶養手当について、児童扶養手当支給停

(2)　障害基礎年金には、子どもの有無にかかわらず支給される部分（本体部分）と子どもの数によって支給される部分（子加算）とがある。

止処分を取り消すとの裁決を求めた。審査請求の理由は、本件処分が憲法14条に反するため、とした。

これに対して、同年7月10日になされた京都府の弁明は予想どおり、〈支給制限は、憲法に基づき制定された児童扶養手当法13条の2第2項の規定に該当するため支給停止処分を行ったものであり、法に基づく適法・適正なものである〉というものであった。

イ　提訴に向けて

再審査請求することも考えたが、実務上、再審査請求が容れられることは極めて稀であり、本件においても再審査請求をしても徒労に終わるのみと考えられたため、直ちに、訴訟を提起する方向で準備を始め、ほかの弁護士にも呼びかけて弁護団を結成し、提訴に至った。

2　原告代理人の工夫と争点等

―― 児童扶養手当の変遷

本件を理解するには、児童扶養手当の歴史的変遷について理解することが重要となる。実際、一審では、児童扶養手当の変遷を踏まえて、現行の児童扶養手当制度の性格をどのように理解するのか、原告、被告間で異なる主張が展開され、一審判決は被告の主張を採用した。

ア　1962（昭和37）年、児童扶養手当制度創設

1962（昭和37）年1月1日、児童扶養手当法が施行された。児童扶養手当は、離婚等により稼得能力が失われた生別母子世帯に対し、その所得を補う（所得補償）趣旨の制度として創設された。背景には、離婚の増加がある。それまでは、夫の死亡当時夫によって生計を維持した者に対し支給される死別母子世帯を前提とした母子福祉年金（無拠出制）しかなかった。その意味で、児童扶養手当制度は、母子福祉年金とは別個の補完的制度として創設されたのである。もっとも、児童扶養手当は母子福祉年金同様、稼得能力の喪失による所得補償であるから、別途公的年金給付を受けるときは、児童扶養手当は支給されないものとされた。

イ　1973（昭和48）年改正

国民年金法に基づく年金給付のうち老齢福祉年金、障害福祉年金（いずれも無拠出制）を受給している母（または養育者）に対しても児童扶養手当が支給されることになった。

他方、母（または養育者）が、国民年金法に基づくそれ以外の年金給付（拠出制の老齢年金、障害年金や、無拠出制の母子福祉年金等）その他の公的年給付を受給している場合に児童扶養手当を併給しないという取扱いは、そのまま維持された。

ウ　1985（昭和60）年改正

離婚の増加による児童扶養手当受給者の増加や母子福祉年金受給者の減少等を背景に児童扶養手当制度の見直しが行われた。すなわち、児童扶養手当を従来の母子福祉年金の補完的制度という位置づけから、母子世帯の生活の安定と自立の促進を通じて児童の健全育成を図ることを目的とする福祉制度と位置づけることを明確にする改正が行われた。

他方、老齢福祉年金など公的給付を受けることができるとき、児童扶養手当を支給しないとの改正がされた。これによって、1973（昭和48）年改正以前の状態になり、児童扶養手当と公的年金給付の併給は禁止されることになった。

また、この年、国民年金法も大きく改正された。基礎年金が導入されるとともに、従前の老齢年金（拠出制）および老齢福祉年金（無拠出制）が老齢基礎年金（拠出制）に一本化された。また、従前の障害年金（拠出制）および障害福祉年金（無拠出制）が、障害基礎年金に一本化され、障害福祉年金は廃止された。そして、障害基礎年金に子加算制度が導入された。さらに母子福祉年金は廃止され、遺族年金が支給されることになった。

エ　2010（平成22）年改正

父子世帯における経済的な安定を図る必要性から、児童扶養手当の支給対象に父を加える改正が行われた。

オ　2014（平成26）年改正

公的年金給付と児童扶養手当との併給調整を行う旨の規定を設けた。具体的には、ふたり親世帯と一人親世帯に分けて併給調整を定めた。

①ふたり親世帯（児童扶養手当の受給資格者と受給資格者以外の障害のある配偶者とで子を養育している世帯をいう）に適用される併給調整の定め　児童扶養手当法13条の2第1項は、父（または母）に対する児童扶養手当は、児童が受給資格者となっていない母（または父）に支給される公的年金給付の額の加算の対象となっているときは、政令で定めるところにより、児童扶養手当の全部または一部を支給しない旨を定め、これを受けた

ふたり親の場合

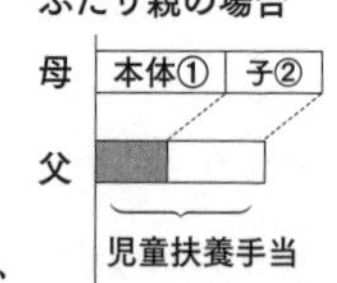

①障害基礎年金本体部分
②　〃　子加算部分
■支給あり

法施行令6条の3は、公的年金給付に子加算がある場合、子加算部分のみが併給調整の対象となり、①受給資格者に支給される児童扶養手当の額と②非受給配偶者に支給される公的年金給付のうち子加算の額を比較し、児童扶養手当の方が低額である場合には、児童扶養手当の全額が支給されず、児童扶養手当の方が高額である場合はその差額が支給される、と定められた。

②一人親世帯に適用される併給調整の定め　児童扶養手当法13条の2第2項は、受給資格者自身が老齢福祉年金以外の公的年金給付を受けることができるときは、政令で定めるところにより、児童扶養手当の全部または一部を支給しない旨を定めている。

一人親の場合

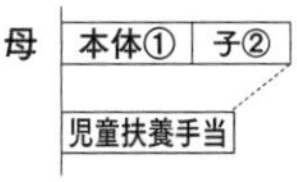

①+②と児童扶養手当を比較
児童扶養手当の支給なし

これを受けた施行令6条の4は、受給資格者が老齢福祉年金以外の公的年金給付を受給している場合には、子加算部分だけでなく、当該公的年金給付の本体部分も含め、併給調整の対象となるとされる。具体的には、①受給資格者に支給される児童扶養手当の額と、②受給資格者に支給される公的年金の本体部分および子加算部分の合計額を比較し、児童扶養手当の方が低額である場合は児童扶養手当の全部が支給されず、児童扶養手当の方が高額である場合はその差額が支給される、と定める。しかしながら、この比較において、児童扶養手当の方が高額である場合はおよそ考えられないことから、事実上、一人親世帯には、児童扶養手当が支給される可能性はまったくない。

カ　2020（令和2）年改正

障害基礎年金の受給者について併給調整の方法を見直し、一人親についてもふたり親の場合同様、比較の対象を、児童扶養手当の額と障害基礎年金の子加算部分額との差額を受給できるものとした。

キ　小括

国は、一貫して、公的年金給付と児童扶養手当の併給を認めていない。その理由は、児童扶養手当も公的扶助と同様に、稼得能力の喪失に伴う所得補償であるということにある。1973（昭和48）年改正において、老齢福祉年金と障害福祉年金の併給を認めたが、この背景には、堀木訴訟一審である神戸地裁が、その前年である1972（昭和47）年9月20日に、堀木氏の訴えを全面的に認め、障害母子世帯に児童扶養手当を支給しないのは憲法14条に違反し、無効であると判決を下した（神戸地判昭和47年9月20日民集36巻7号1444頁）ことがあると思われる。その後、堀木訴訟は、控訴審（大阪高判昭和50年11月10日民集36巻7号1452頁）で一審原告の敗訴となり、1982（昭和57）年7月7日に最高裁判決（最大判昭和57年7月7日民集36巻7号1235頁）により、一審原告の敗訴が確定した。

1985（昭和60）年改正はその後にされた。同改正においては、児童扶養手当制度は、それまでの母子福祉年金の補完という性格から母子世帯の生活の安定と自立の促進を通じて児童の健全育成を図ることを目的とする福祉制度と位置づけられた。これによって、児童扶養手当は、それまでの母子福祉年金の補完という性格から、子の福祉のための制度、児童手当に近い性格のものに変容された。それにもかかわらず、1985（昭和60）年改正では、再び障害基礎年金と児童扶養手当の併給が禁止された。**障害基礎年金と児童扶養手当は目的**

を異にする別個の制度であるから原則併給禁止とするのは違憲の疑いが極めて強いものとなったというのが、筆者ら弁護団の考えである。

2014（平成26）年改正では、障害のある親に配偶者がいる場合（ふたり親世帯）において、児童扶養手当の

児童扶養手当と国民年金の変遷

1962	児童扶養手当制度創設（年金と児童扶養手当との併給禁止） 死別母子世帯：母子福祉年金 生別母子世帯：児童扶養手当
1973	無拠出制の老齢福祉年金および障害福祉年金と児童扶養手当の併給が認められた。（堀木訴訟一審判決の影響） 死別母子世帯：母子福祉年金 生別母子世帯：児童扶養手当（＋障害福祉年金、老齢福祉年金）
1985	国民年金法大改革（児童扶養手当は、母子世帯の生活の安定と自立の促進を通じて児童の健全育成を図ることを目的とする福祉制度となった） 老齢年金・老齢福祉年金→老齢基礎年金＋子加算制度創設 障害年金・障害福祉年金→障害基礎年金＋子加算制度創設 死別母子世帯→遺族基礎年金＋子加算制度創設 生別母子世帯→児童扶養手当（公的年金との併給禁止）
2010	父子世帯にも、児童扶養手当を支給する改正 生別ひとり親世帯：児童扶養手当
2014	公的年金給付と児童扶養手当との併給調整規定を創設 ふたり親世帯（児童扶養手当受給資格者と障害基礎年金を受給している配偶者）：児童扶養手当の受給資格者に支給される児童扶養手当の額と児童扶養手当の被受給配偶者に支給される公的年金給付のうちの子加算の額を比較し、児童扶養手当の額の方が高額である場合には、児童扶養手当と子加算との差額分が支給される。（児扶手13条の2第2項、同施行令6条の4） →障害基礎年金（本体＋子加算）＋（児童扶養手当－子加算部分） ひとり親世帯（障害基礎年金を受給しているひとり親世帯）：児童扶養手当の受給資格者に支給される児童扶養手当の額と、公的年金の本体部分と子加算部分との合計額とを比較し、児童扶養手当の額の方が高額である場合に、差額分を支給する。もっとも実際上は、児童扶養手当の方が低額であることはないため、事実上、児童扶養手当が支給されることはない。 →障害基礎年金（本体＋子加算）
2020	一人親についても、ふたり親についても、年金と児童扶養手当との併給方法を同一とする。

一部が支給されることとなったが、児童扶養手当の受給権者は障害のない配偶者であるという理屈で、障害基礎年金と児童扶養手当の併給は認められないという大前提は維持された。もっとも、2020（令和2）年の改正により、障害年金を受給している一人親についても、児童扶養手当の一部の支給を認めることになった。法改正は、特段の理念もなく場当たり的に行われているといわざるを得ず、公的年金と児童扶養手当はいずれも所得補償であり併給は禁止されるという被告の論理は首尾一貫しておらず破綻しているといわざるを得ない。

―― 原告代理人の工夫

提訴にあたっての最大の問題は、何を違憲であると主張するかの対象選択であった。すなわち、障害がある一人親の場合、障害基礎年金と児童扶養手当の併給が禁止され併給調整が行われること自体を問題とするのか、併給調整の方法が問題であるとするのか、である。

いずれを対象とするかで、訴訟戦略や憲法論に関する理論構成も自ずと異なってくる。前者であれば、公的年金給付と児童扶養手当の併給は原則として認められないので併給調整を認める最高裁判決（堀木訴訟）と論点が重なる。後者は、障害がある一人親の場合と障害をもつ親に配偶者がいる場合とで、併給調整の方法が異なり、いわばダブルスタンダード的な扱いになっていることが、差別的取扱いであると主張する戦術である。後述するように、前者では、障害基礎年金と児童扶養手当の併給は認められないという大前提に立つ。

後者は、前者の論点を正面から扱わず、障害のある一人親には児童扶養手当はまったく支給されないのに、障害がある親に配偶者がいる場合には児童扶養手当が支給されるのは不平等であるとする立論である。

筆者ら弁護団は、提訴にあたって、この問題について議論を尽くした結果、前者は年金と児童扶養手当の併給自体が認められないとする堀木訴訟判決を覆すことであり、あまりにもハードルが高い、それに比べ後者は、誰がみてもそのような取扱いは不平等であると思うであろうから勝訴の可能性は高いとの結論に至った。したがって前者についても、違憲の疑いがあるが、それはさておきとして後者の戦術を採用した。

また、児童扶養手当制度は、1962（昭和37）年に創設されて以来、1973（昭和48）年、1985（昭和60）年、2010（平成22）年、2014（平成26）年、2020（令和2）年と改正されてきた（前掲の年表を参照）。社会保障法については、労働法と違って専門書も少なく、この流れを理解するのに大変苦労した。幸い、筆者（田中）の知人弁護士から、龍谷大学法学部で社会保障法についても研究しておられる木下秀雄教授の存在を知り、筆者（田中）らは、同教授の研究室を訪れ、意見交換をした。以後、木下教授は、無報酬で弁護団、支援者団体の会議に毎回出てくださり、会議では、社会保障法、児童扶養手当法の変遷、現行児童扶養手当法の問題点などについて解説してくださった。弁護団は、一審では、原告の主張を学術的に補強する意見書を提出した。

また、堀木訴訟から現在に至るまでの、幾度かにわたる児童扶養手当法改正の経緯について国会会議録を取り寄せて調査し、証拠として提出した。国会でどのような議論がなされてきたのか改正の立法事実を明らかにするためである。

―― 本件訴訟の争点

本件訴訟では、堀木訴訟最高裁判決の射程が本件にも及ぶのかが大きな問題であった。すなわち、**1985（昭和60）年の社会保障制度大改革を経たあとも、堀木訴訟最高裁判決を踏襲し、本件訴訟の原告が受給していた障害基礎年金と児童扶養手当とを基本的に同一の性格を有するものとみなしうるのか否か**ということである。もっとも、この点を正面から争っても堀木訴訟最高裁判決を乗り越えることは難しいとの訴訟戦略上の考慮から、弁護団としては、本件訴訟の一審では、主に併給調整の方法について、焦点を置くことにした（前述「原告代理人の工夫」参照）。

そうした場合に、何を差別とみるかがさらに問題となる。考えられる差別の構造は、次の２つであり、弁護団は、原告の思いも酌んで、①を前面に押し出しつつも②の差別も主張することとした。

① 障害のある親に配偶者がいるかいないか（すなわち、一人親かふたり親か）で、その家庭に児童扶養手当（正確には、障害基礎年金の子加算と児童扶養手当との差額）が支給されるか否かの差異が出ることが、不合理な差別に該当するか。

② 同じ一人親であるにもかかわらず、障害のない一人親には、児童扶養手当が支給され、障害のある一人親には、児童扶養手当が支給されない[(2)]ことが不合理な差別に該当するか。

―― 本判決の要旨

本判決は、堀木訴訟最高裁判決をそのまま踏襲して、児童扶養手当は、稼得能力の喪失・低下に対する保障である点において、障害基礎年金とその目的を同一にするとし、原告の請求を認めなかった。

本判決の詳細については、4を参照されたい。

(2) 正確には、障害基礎年金を受給している一人親の場合に、児童扶養手当が支給されない。障害がある場合でも、障害基礎年金を受給していなければ、児童扶養手当が支給されうる。

3　支援の輪の広がり：原告の生活実態をいかに裁判所に伝えるか

本件における原告は、障害をもつ子ども2人を含む4名の就学児童（児童扶養手当支給停止処分当時）を養育するシングルマザーであり、かつ自らも難病を抱えながら子どもたちを育てている。原告は、身体障害者等級第1級と認定されている。また、化学物質過敏症も併発し、突然過呼吸となることもあり、生活は非常に困難な状況である。生活保護月額約30万円を受給しているものの、子どもの学費（高校・専門学校）・教材費、交通費、食べざかりの子らの食費を考えれば、とても足りない。原告は、障害により自ら自由に外出もままならず働けないため、生活は苦しく、クーラーもなく、食事も子どもを優先し、自分は食費の支出を抑えるために1日1食で過ごしている。介護、援助してくれる親、きょうだい等もいない中、ひとりで子どもを養育することに加え、障害がある原告の場合は、さらに深刻な状況にあるといえる。

このような原告の生活実態は、意見陳述や陳述書で明らかにしたものの、一審裁判体が、弁護団が法廷で原告の本人尋問を求めたにもかかわらず必要なしとして原告の生の声を聞こうとしない態度に終始し、原告の本人尋問が行われないまま結審したことは非常に問題であった。

本件は、マスコミからも注目され、新聞、テレビ等で大きく報道された。報道に接した市民の方々から、原告にお金だけでなく布団など現物の寄付を申し出ていただいた。もっとも、原告は、生活保護を受給している関係で、寄付を直接受けることはできないので、弁護団が管理している。

支援者が自主的に支援の会を立ち上げて、署名活動、法廷傍聴を行うなどして支援の輪は広がっている。現在、障害のある一人親の児童扶養手当併給調整違憲裁判の公正な審理を求める要請書を大阪高裁に提出すべく、支援団体が署名活動を行っており、5000筆を超える署名が集まっている（2022年1月9日現在）。

ただし問題もあった。一審において弁護団の訴訟戦術として、障害のある親が一人親である場合と障害のある親に配偶者がいる場合との不均衡という点に問題を強調した結果、かえって、一人親が差別されている問題に運動が矮小化してしまったことである。このため、障害がない親が子どもを養育する場合には児童扶養手当が支給されるのに対し、障害のある親が子どもを養育する場合には児童扶養手当が支給されないという障害者差別の問題が根本に存在することが見えづらくなってしまったのである。

また、2010(平成22)年の児童扶養手当の改正によって、筆者らの訴訟での主張どおり、一人親の場合にも配偶者がいる場合同様の方法で併給調整が行われることになり、将来的には問題が解決したため、支援活動にブレーキがかかる状態となっていることも検討課題である。今後は、一人親の問題だけでなく障害者差別の問題であることを明確に位置づけ、支援の輪を広げていく必要がある。

この点も、本件の問題の本質が、一人親の問題だけではなく、障害者差別の問題であることを位置づける必要がある。

4　本判決の問題点と弁護団の反省

—— 当事者の主張

ア　原告の主張

原告は、堀木訴訟最高裁判決のあと、1985(昭和60)年に行われた社会保障制度の大改革により、児童扶養手当は年金制度から切り離され、独自の制度として展開されることになり、児童扶養手当の趣旨・目的は、一人親として子どもの養育を行うことによる経済的負担(支出増)に対する補填として児童の養育を保障する制度となったのであり、この点で、稼得能力の喪失・低下に対応する障害基礎年金をはじめとする年金とは、その性格を異にするものになったと主張した。

また、2014(平成26)年に法が改正され、障害基礎年金と児童扶養手当との併給を禁止する規定が改めら

弁論のため法廷に向かう原告および弁護団（支援者撮影）

れ、障害基礎年金の受給者がいるふたり親世帯にも児童扶養手当の支給が認められることになった法13条の2第2項1号の趣旨からすれば、障害基礎年金を受給している一人親世帯にも児童扶養手当を支給することを法は求めていること、憲法14条の規定、そのほか自由権規約・社会権規約・子どもの権利条約・障害者権利条約等の各種国際人権条約からすれば、上記①②などの差別が生じる本件併給調整規定は、法の認めない不合理な差別であり、法の委任の趣旨を逸脱すると主張した。

これらの原告の主張を支える根拠として、1985（昭和60）年当時の国会議事録、児童扶養手当改正時の国会議事録、厚労省の各種通達等を提出するとともに、児童扶養手当の趣旨目的、年金制度の趣旨目的等の変遷および施行令6条の4の規定の違憲性、法の委任の趣旨に反する規定であること等を立証するために龍谷大学法学部・木下秀雄教授の意見書を提出した（前述**2**〔115頁〕）。

イ　被告の主張

一方、被告の主張は次のようなものであった。併給調整は、稼得能力の喪失等に対する所得補償という同一の機能、目的を有する公的年金給付と児童扶養手当とを完全に重ねて支給するのは適当でないとの考えに基づくものである。児童扶養手当制度は、離婚等により独力で子の養育と生計の維持を行わなければならなくなった一人親に対する所得保障を行うため、そうした稼得能力の低下した母または父に給付を行うことを趣旨、目的とする法律であって、稼得能力の低下に対応するという意味で障害基礎年金と機能、目的を同じくするものである。

1985（昭和60）年改正により、児童扶養手当の制度は、母子福祉年金の補完的制度という位置づけから、母子世帯の生活の安定と自立の促進を通じて児童の健全育成を図ることを目的とする福祉制度に改められたが、所得保障を行うための制度であるとの趣旨・目的は、同改正後も現在に至るまで変更されていない。

一人親とふたり親世帯とでは、生活の安定と自立のために必要な費用が異なること、児童扶養手当と障害基礎年金の受給権者が異なること等があるのであるから、年金および児童扶養手当の支給について、これらの世帯を別異に取り扱うことには合理的な理由がある。

法13条の2第2項1号の文言からすれば、障害基礎年金の本体部分および子加算部分のいずれもが併給調整の対象に含まれると解するのが法の文言に整合的である——。

—— 判決要旨

本判決は、児童扶養手当と障害基礎年金の性格については、堀木訴訟最高裁判決を参照して、「児童扶養手当は、もともと国民年金法所定の母子福祉年金を補完する制度として設けられたものであり、児童の養育者に対する養育に伴う支出についての保障であることが明らかな児童手当法所定の児童手当とはその性格を異にし、受給者に対する所得保障である点において、障害基礎年金を含む公的年金と基本的に同一の性格を有するものと解するのが相当である」とした。そして、児童扶養手当も、障害基礎年金も共に、稼得能力が低下したことに対して、所得保障の趣旨で給付されるものであるから、児童扶養手当と障害基礎年金（本体部分）との間で併給調整を行うことに合理性がないとはいえないとした。

また、障害のある親に配偶者がいるかいないか（ふたり親か一人親か）で生じる差異については、ふたり親に児童扶養手当が支給されるのは、そもそも児童扶養手当の受給者と障害基礎年金の受給者が異なっているからであり、世帯の構成人数および受給者が異なるのであるから、両者を単純に比較して配偶者の有無による差別ないし不均衡があるとはいえないとした。

そして、憲法25条違反の主張については、原告が、生活保護費および障害基礎年金として1か月約30万円の給付がされることを勘案すれば、本件併給調整規定が著しく合理性を欠き明らかに裁量の逸脱・濫用とみられるような場合にはあたらないとした。

5　弁護団の振り返りと控訴審に向けて

―― 一審の振り返り

原告弁護団は、本判決が、1985（昭和60）年の社会保障制度大改革を経た児童扶養手当と公的年金制度の仕組みの違いをまったく考慮せずに、堀木訴訟最高裁判決を踏襲したこと、原告が月額30万円の公的給付を受けているから問題がないとでもいうかのような本判決に大いに憤った。

それと同時に、原審におけるいくつかの反省点も確認した。主な反省点は、次のとおりであった。

① 原告、ひいては、障害をもちながら子育てをしている一人親世帯の実態を浮き彫りにするような事実主張をしてこなかったのではないか。この点については、本判決が、原告が30万円の公的給付を受けていることを理由に憲法25条違反を受け流したことに対する怒りである。

② 1985（昭和60）年改正を経た児童扶養手当の趣旨目的の変更に、重きを置き、本件と堀木訴訟最高裁判決の違いを詳細に主張していなかったのではないか。法の文言・規定の仕方等に着目した主張・立証が不十分であったのではないか。この点については、本判決が、1985（昭和60）年改正を経た児童扶養手当の趣旨・目的について、専ら政府の国会答弁に依拠して判断したことから生まれたものである。

③ 一人親間の差別――すなわち、障害のない一人親は児童扶養手当をもらえるのに比べて、障害のない一人親は児童扶養手当がもらえな

い――について、もう少し強調すべきであったのではないか。

④ 堀木訴訟当時から、本件訴訟当時に至る国際人権法の目覚ましい発展について、もっと主張できるのではないか。この点については、堀木訴訟当時に、日本が、各種人権条約を批准していなかった点を踏まえた主張の展開の可能性を考えたものである。

原告弁護団は、この点を踏まえて、控訴理由書は、本件判決と堀木訴訟最高裁判決との違いを強調し、堀木訴訟最高裁判決と本件訴訟とでは、判断枠組みが異なると主張した（堀木訴訟最高裁判決との違いは、次頁の2つの表のとおりである）。

堀木訴訟最高裁判決を丁寧に読み解きながら、堀木訴訟最高裁判決が、障害福祉年金と児童扶養手当を比較検討する際に用いた条文や支給金額・支給方法等を指摘して、本件との違いを強調すると同時に、1985（昭和60）の厚生白書等を証拠として提出して、原告の主張の補強に努めた。

原告弁護団は、そのほかにも、障害者の生活実態および一人親の生活実態を国が行った様々な実態調査、統計を証拠として提出した。これは、そもそも立法事実に照らして、障害のある一人親の場合に併給を禁止していることの不当性および障害をもつ親でも配偶者がいる場合には、併給調整がなされた結果、児童扶養手当の支給が認められることの不当性を立証するためである。国の行った実態調査の結果では、障害があること、一人親であることだけでなく、さらに女性であることから男性と比して収入に大きな格差があり、障害のある一人親には、さらに社会的に女性の地位が低

堀木訴訟当時と本判決時とにおける年金制度等の違い

	堀木訴訟提訴時	本判決提訴時
年金の名称等	障害福祉年金 （子加算制度なし）	障害基礎年金 （子加算制度あり）
	母子福祉年金	遺族基礎年金
財源	無拠出制	拠出制
国際人権条約	未批准	批准
児童扶養手当の目的（法1条）	国が、父と生計を同じくしていない児童について児童扶養手当を支給することにより、児童の福祉の増進を図ることを目的とする	父または母と生計を同じくしていない児童が育成される家庭の生活の安定と自立の促進に寄与するため、当該児童について児童扶養手当を支給し、もって児童の福祉の増進を図ることを目的とする

堀木訴訟と本件訴訟との比較

	堀木訴訟	本件
原告（控訴人）	障害福祉年金を受給するシングルマザー	障害基礎年金を受給するシングルマザー
児童扶養手当の受給資格	受給資格なし	受給資格あり
訴訟類型	児童扶養手当申請却下処分の取消し 児童扶養手当受給資格認定の義務づけ	児童扶養手当支給停止処分の取消し
併給禁止規定の制定主体	国会 児童扶養手当法（4条）	行政機関 法施行令（6条の4）

いことが、生活苦に拍車をかけていることが明らかになっている。このような立法事実に照らして、併給調整において、障害をもつ親が一人親か配偶者がいるかで、併給調整の取扱いに差を設けることは、委任立法の問題として立法裁量の範囲を逸脱していることを明らかにしたい。

また、控訴審では、原審においてなされなかった原告本人尋問を実現したい。前述した立法事実が、原告の場合どうなのかその生々しい生活実態が明らかになって、前述の立法事実が鮮明となるはずである。原告の生活実態を詳細に主張するため社会福祉の専門家である佛教大学社会福祉学部の田中智子教授が行った原告の生活実態調査に基づく意見書を提出した。

さらには、国際人権の発展や憲法学的立場からの主張の補強（学者の意見書の提出）にも努める予定である。

—— 控訴審に向けて

本件は、障害者であること、一人親であること、そして女性であることから、非障害者、ふたり親、男性に比べて、三重苦といえる社会的制約を負っている控訴人が、まさに人として尊厳をもって生きていくことを問うている人権訴訟である。その控訴人がどうしても納得がいかないとする訴えに対して、原審は、控訴人の置かれた生活実態をまったくといっていいほど検討しないまま、法律状況や社会保障制度がまったく異なる堀木訴訟最高裁判決をあたかもそのまま当てはめたかのような形をとって、立法ないしその委任を受けた行政の裁量を広く認め、これを退けたのである。

障害基礎年金も児童扶養手当も所得保障であり、また、障害基礎年金には子加算が認められているのだから、障害のある一人親にはそもそも併給の必要性がないというのが原判決の実質的な理由とするところである。他方、この障害者に配偶者がいた場合には、児童扶養手当が支給されるが、世帯の構成人数および受給権者が異なるのであるから、両者を単純に比較して配偶者の有無による差別ないし不均衡があるということはできないと原判決は判示する。

しかしながら、控訴人が問題としているのは、一人親世帯とふたり親世帯で、併給調整において異なる基準を用いて児童扶養手当支給の可否を判断していることである。一人親世帯とふたり親世帯でこのようなダブルスタンダードを採って取扱いを異にすることに合理性があるのか否かが本裁判では問われているのである。その判断の前提として、一人親世帯とふたり親世帯の生活実態が考察されなければならない。なぜならば、取扱いを異にしなければならない生活実態（立法事実）が認められて初めて、両者を異なって取り扱う合理的理由が認められるからである。

この点は、いみじくも被告自身、原審において「原告が比較する2つの世帯は、世帯の構成人数が異なり、その生活の実情に応じた差異があることをも考慮すれば、本件併給調整規定の適用に係る別異取扱いは、合理的な理由に基づくものというべきである」として、「生活の実情に応じた差異」を考慮することを主張していた。にもかかわらず、原審は、原告の本人尋問を不要として認めなかったし、原判決には、原告のような障害をもつ一人親世帯とふたり親世帯の「生活の実情」を検討した形跡もない。

そもそも1990（平成2）年の児童扶養手当法の改正で、ダブルスタンダードを改め、一人親世帯についてもふたり親世帯と同様の併給の仕方に変更する改正があったのは、立法府および行政府が、両者で取扱いに差を設けることの合理性がないことを認めたからにほかならない。

堀木訴訟最高裁判決を通り一遍になぞり、行政側の主張を無条件に追認するような判決ではなく、控訴審では、障害者、一人親、そして女性が置かれている社会的立場正面から見据えた血の通った判決を期待したい。

6 憲法訴訟の難しさとやりがい

憲法訴訟は、何を争点と設定するかによって、主張構造が大きく変わる。それによって、裁判の流れが変わってしまうこともある。**法律家の観点からみた争点の置き方と当事者の思いとには、ときにズレが生じることもある**。それをどのように調整するかは非常に悩ましい。しかし、**裁判は、当事者のためにするものであり、あくまで当事者の気持ちに寄り添い、思いを酌み取りながら進めていく必要があり、そうすることで、新たな光が見えてくることもある**。憲法訴訟の難しい点のひとつが、誰のどの権利に光を当てるのかであろう。特に、平等が問題になっているときには、誰との比較で不平等を主張するのかは、最もよく考えなければならず、それによって、差別の構造がはっきりと見えてくることがある。

また、本件訴訟提起後に法律が改正されたように[(3)]、憲法訴訟は、社会に大きな影響を与える。そのことも、憲法訴訟の大きなやりがいのひとつである。

依頼者本人の悩みに寄り添い、そこから社会の歪みと

(3) 2022（令和4）年の改正には、本件訴訟の提起の影響だけではなく、長年にわたる先人の活動があったことは言うまでもない。

向き合い、それを平易かつわかりやすい言葉で訴え、裁判所を説得していく——。大変ではあるが、ほかの訴訟にはないやりがいでもある。

「結婚の自由をすべての人に」訴訟

同性間の婚姻を認めない現行法の違憲性

札幌地判令和3年3月17日、大阪地判令和4年6月20日

三輪晃義

大阪地裁に入廷する原告と弁護団（毎日新聞社／アフロ）

1　はじめに

――「結婚の自由をすべての人に」に込められた思い

2019（平成31）年2月14日、13組の同性カップルが、法律上同性の者との婚姻を認めていない民法および戸籍法の規定が憲法に違反しており、国は法律上同性の者との婚姻を認める立法を怠っていることが国家賠償法上違法であるとして、国に対して慰謝料の支払いを求める訴訟を札幌地裁、東京地裁、名古屋地裁、大阪地裁に提起した。その後、同年9月には同様の訴訟が

提起され、現在全国5つの裁判所で審理が続けられている。筆者は、大阪地裁に提訴された「結婚の自由をすべての人に」訴訟の代理人である。

一斉提訴されたこの事件を筆者らは「結婚の自由をすべての人に」訴訟と名付けた。この事件はいわゆる同性婚を扱うものであるから、「同性婚訴訟」と名付けることも考えられるが、筆者らはあえてそのように名付けることをしなかった。なぜなら、この訴訟は、異性間で認められている現行の婚姻制度とは別に同性婚制度という特別な制度の構築を求めるものではなく、**同性カップルにも異性カップルと同様に結婚するかどうか、いつ誰と結婚するかを決定する自由**の実現を求めるものだからである。もしも、現行の婚姻制度から切り離された、同性カップルにのみ認められる婚姻に類似した何らかの制度が設けられた場合、それは同性カップルが婚姻制度にアクセスすることをあくまでも拒否することを意味しており、同性愛者を婚姻制度から排除された二級市民扱いすることとなるから、そのような制度構築は認められないというメッセージが込められている。

このメッセージは、同性婚を認めない州法は違憲であるとした米連邦最高裁オバーゲフェル対ホッジス判決[(1)]が、同性カップルを婚姻制度から排除することは彼らの尊厳を毀損すると述べたその姿勢にも通じるところがある。後述する札幌地裁判決は、憲法14条論として踏み込んだ判断を示したものであるが、他方で「婚姻の自由」を否定していることからすれば、このメッセージを十分に汲み取ってくれてはいない。代理人と

(1) Obergefell v. Hodges, 135 S.Ct. 2584 (2015).

して、このメッセージを裁判所に伝え、一歩前に出た判断を示してもらうべく、引き続き、取り組んでいかなければならない。

本稿では便宜上「同性婚」という言葉を用いることがあるが、「結婚の自由をすべての人に」訴訟が同性カップル向けの特別な制度を求めるものでないことには今一度ご留意いただきたい。また、同性同士の婚姻が認められていないことで権利を侵害されているのは同性愛者に限られないことも見落としてはならないポイントである。同性も異性も恋愛の対象とするバイセクシュアル（両性愛者）も同性の相手とカップルを形成した場合は婚姻制度へのアクセスができない。また、性同一性障害者の性別の取扱いの特例に関する法律[(2)]によって性別の取扱いを変更していないトランスジェンダーも、法律上同性の者とカップルを形成することがある。本稿では便宜上「同性愛者」とか「同性カップル」という言葉を用いることがあるが、同性愛以外のセクシュアリティを有する者を排除する意図がないことにもご留意いただきたい。

(2) 性同一性障害の診断を2名以上の医師から受け、一定の要件を充たす者については、審判を経ることにより、男性は女性に、女性は男性に変わったものとみなされる。

―― 日本法における同性婚

日本では、同性カップルが婚姻届を提出しても不適法として受理されない。当然のことと思われるかもしれないが、その法的根拠ははっきりしない。

民法739条1項は「婚姻は、戸籍法（昭和22年法律第224号）の定めるところにより届け出ることによって、その効力を生ずる。」と定め、民法731条から736条には婚姻障害事由が列挙されているが、相手が異性であることを求める規定も、相手が同性である場合に婚姻できないとする規定も存在しない。これらの規定を素直に読めば同性同士の婚姻は排除されていないとも考えられる。

しかし、民法や戸籍法が「夫婦」という文言を使っており、夫婦とは男である夫と女である妻を意味すると解されるので、法律上同性の者との婚姻は認められていないというのが政府の見解(3)である。なお、憲法24条1項が「婚姻は、両性の合意のみに基いて成立し、」と規定していることから、婚姻は両性すなわち異性間でのみ認められ同性間の婚姻は禁止されているという意見も散見されるが、憲法24条1項の制定経緯に照らして同性婚を禁止していたと解する余地はないし、政府見解でも同性間の婚姻を認めることが憲法24条1項違反との解釈は示されていないし、学説においても支持されていない。

(3) 第196回国会における逢坂誠二衆議院議員の質問第257号に対する政府答弁。

様式1（第3条関係）

パートナーシップ宣誓書

私たち　（氏名）　と　（氏名）　は、

「世田谷区パートナーシップの宣誓の取扱いに関する要綱」に基づき、

互いをその人生のパートナーとすることを宣誓し、署名いたします。

〇〇　〇〇年〇〇月〇〇日

住所　（宣誓者1住所）

氏名　（宣誓者1氏名）

住所　（宣誓者1住所）

氏名　（宣誓者1氏名）

写真1：世田谷区パートナーシップ宣誓書
（出典：世田谷区HP）

このように、**同性カップルは婚姻へのアクセスの途が完全に閉ざされている**というのが現状である。その一方で、地方自治体では同性カップルが利用できるパートナーシップ制度の導入が広がっている（2022年4月1日現在で全国211自治体、同年3月31日現在で交付件数2832組)[4]。パートナーシップ制度はそれぞれの自治体で要件や内容が異なるので詳しく論じることはできないが、現時点で主流となっているのは、同性カップルが提出したパートナーシップ宣誓書（**写真1**）を自治体が受領したことの証明書を発行するというものである。パートナーシップ制度を利用することによって、公営住宅への入居や公立病院での取扱い等の点で同性カップルの不便は一定解消されているようだが、婚姻としての法的効果は生じず、およそ婚姻の代替手段とはなりえない。

(4) 渋谷区と特定非営利活動法人虹色ダイバーシティによる全国パートナーシップ制度共同調査。

—— 同性婚がなぜ必要か

婚姻は、カーボン紙の複写に喩えられることがある。婚姻届に署名押印して提出するだけで、あたかもカーボン紙で複写したように様々な法的効果が当然に発生するからである。後述の札幌地裁令和3年3月17日判決は婚姻の効果について「婚姻とは、婚姻当事者及びその家族の身分関係を形成し、戸籍によってその身分関係が公証され、その身分に応じた種々の権利義務を伴う法的地位が付与されるという、身分関係と結び付いた複合的な法的効果を同時又は異時に生じさせる法律行為であると解することができる」と述べる。

婚姻によって直接生じる法的効果は、たとえば、相続権（民法890条・900条）、同居・協力・扶助義務（同752条）、財産分与請求権（同768条）、共同親権（同818条3項）などがある。婚姻したことによる間接的な法的効果としては、たとえば、「日本人の配偶者等」の在留資格の取得（出入国管理及び難民認定法2条の2第2項別表第二)、税法上の優遇(所得税法73条、地方税法34条1項2号、相続税法19条の2など)、遺族年金受給権(厚生年金保険法3条2項・59条1項)、犯罪被害者給付制度における遺族給付金請求権(犯罪被害者等給付金の支給等による犯罪被害者等の支援に関する法律4条1号・5条1項1号)、保護命令による保護を受ける権利(配偶者からの暴力の防止及び被害者の保護等に関する法律28条の2)や公営住宅への入居権など極めて広範にわたる。

同性カップルは、婚姻ができないため**これらの法的効果の一切を受けることができない。**

また、婚姻によって生じるのは上記のような法的効果だけではない。社会的承認という象徴的な効果を生じさせることも見落としてはならない。日本では、婚姻したカップルが「正式な」カップルであると認識され、社会的に承認を受けるべき関係性とされている。おそらく、多くの異性カップルは法的効果を受けることよりも社会的承認を得ることを意識して婚姻するのではなかろうか(少なくとも、婚姻によって得られる雑多な法的利益を把握したうえで、その利益を欲して婚姻する例は極めて稀ではないだろうか)。その一方で、同性カップルは婚姻できないため「正式な」カップルとして社会から承認を受けることができない。このように、**同性カップルは社会に存在しないものと取り扱われ、同性愛者らの尊厳は踏みにじられ続けている。**

同性カップルが婚姻できないことによる不便を解消し、同性愛者らの尊厳を回復するためには直ちに同性間の婚姻を認めることが必要なのである。

2　提訴に向けた地ならし

―― 2015（平成27）年7月7日の同性婚人権救済申立て

2015（平成27）年7月7日、同性間の婚姻が認められないことが人権侵害にあたると主張して、同性同士の婚姻を希望する同性愛者ら455名が日本弁護士連合会（以下「日弁連」という）に対して人権救済申立て（以下「同性婚人権救済申立て」という）を行った。筆者はこの申立ての代理人である。

筆者は、司法修習生の頃から「LGBT支援法律家ネットワーク」（LGBTネット）に参加していた。2015（平成27）年1月にLGBTネットのあるメンバーから、同性婚の人権救済申立てをしようという提案がなされた。日本ではトランスジェンダーが司法を通じて権利を獲得する例が見られたが[5]、同性愛に関する問題が訴訟のテーブルに乗せられることは稀であった。LGBTを取り巻く環境は大きく変わり始めており、事件の担い手であるLGBTネットのメンバーも増えてきたことから、法律家の側から当事者にアクションを提案し働きかけるべき時であるという提案を受けて、筆者を含む30名余のメンバーで弁護団を結成することとなった。

(5)　筆者も代理人となっていた「GID法律上も父になりたい裁判」最高裁決定（最決平成25年12月10日民集67巻9号1847頁）参照。

日弁連は「弁護士は、基本的人権を擁護し、社会正義を実現することを使命とする。」と定める弁護士法1条に基づき、人権侵害の被害者からの人権救済申立てを受け付けて調査し、人権侵害またはそのおそれがあると認めるときには人権侵害をする者に対して警告を与えたり意見を表明したりする制度を設けており、同性婚人権救済申立てではこの制度を利用した。

なぜ訴訟ではなく人権救済申立てを選択したのかというと、第1に、将来の訴訟に向けて法的主張をブラッシュアップする必要があったからである。当時、同性同士の婚姻を認めない現行法の違憲性は広く論じられておらず、同性婚人権救済申立てをきっかけに同性婚を求める当事者や日弁連や専門家や世論と対話して、より当事者の思いを反映させた説得的な主張を作り上げたいという考えがあった。第2に、同性婚人権救済申立ての準備を開始した2015（平成27）年初頭は、まだ地方自治体でのパートナーシップ制度も導入されておらず、裁判所に違憲判決を書いてもらうためには社会で同性婚に関する理解や議論をもっと広げなければならないという問題意識があったからである。たとえば、非嫡出子の法定相続分を嫡出子の2分の1とする民法の規定の合憲性が争われた最決平成25年9月4日（民集67巻6号1320頁）では、同規定が憲法14条1項に違反する根拠として「婚姻、家族の形態が著しく多様化しており、これに伴い、婚姻、家族の在り方に対する国民の意識の多様化が大きく進んでいること」が挙げられており、社会状況や社会意識を踏まえて合憲性判断が行われているのが現状である。

今から振り返っても、この「作戦」は正しかったと考える。まず、同性婚人権救済申立てでは弁護団から申立人全員に陳述書の作成を依頼し、多数の陳述書を日弁連に提出した。筆者もすべての陳述書を読み、当事者の切実な思いを理解することができた。**特に印象に残っているのは、社会から存在しないものとされていることに対する辛さを語る申立人が多いことであった。**同性同士の婚姻が認められていないことによる不利益を考える際に、弁護士はどうしても婚姻の法的効果を受けられないという法的な不利益だけに注目してしまうが、**社会的承認を得られず、これにより当事者の尊厳が大きく毀損されているということこそが問題の核心であることを見落としてはならない**ということに気付かされ、「結婚の自由をすべての人に」訴訟にも反映させている。また、弁護団が研究者をお招きしてシンポジウムを開催したり、逆に学者研究会に弁護団員を呼んでいただいたりして法律構成に対する示唆を受けることができた。ちょうど同性婚人権救済申立てを行う直前の 2015（平成 27）年 6 月 26 日に米連邦最高裁が同性間の婚姻を禁止する州法を違憲とする判断をし、全州で同性カップルの婚姻が認められるようになったが、この出来事と同性婚人権救済申立てとを関連づけてマスメディアで広く取り上げられたことも、同性婚に対する理解を社会に広げることにつながった。

—— 訴訟に向けた準備

同性婚人権救済申立弁護団は、日弁連から国に対して同性間の婚姻を認めない現行法が違憲であるという勧告を出してもらうことに注力しており、訴訟に向けた具体的な準備をしていたわけではなかった。しかし、日弁連の判断が出されないまま 2 年が経過してしまった。日弁連による人権救済申立ての判断が2年以上を要するというのは異例の事態であった。

社会的にも賛否が分かれるであろうテーマに対して日弁連は難しい判断を迫られているわけであるから、ある程度の時間を要することはやむを得ないという思いはあったが、その一方で、申立人の陳述書からは同性婚の実現が一刻を争う問題であることは明白であった。弁護団からは、補充の主張書面を提出したり、申立人のヒアリングを提案・実施したりして日弁連の背中を押し続けたが、なかなか判断は示されなかった。そこで、一刻も早く同性婚を実現するため、日弁連の判断を待たずに、訴訟に向けた準備を始めることとなった。

2017（平成29）年秋頃、同性婚人権救済申立弁護団のメンバーを中心として訴訟準備弁護団立上げの機運が高まり、2018年春頃から提訴に向けた具体的な準備を始めた。これ以降、定期的に弁護団会議を行い、提訴地、提訴時期、訴訟形態、法律構成、広報宣伝、支援体制、資金調達等につき議論を行った。2018（平成30）年10月には東京で弁護団員全員が集まって合宿を行い、訴状の方向性を最終確認するなどして提訴に向けた準備を続けていた。

なお、同性婚人権救済申立てについては、「結婚の自由をすべての人に」訴訟の提訴後である2019（令和元）年7月18日に「同性の当事者による婚姻に関する意見書」[6]が発表され、同性間の婚姻が認められないことについて憲法13条・14条に照らして重大な人権侵害であり、国は同性婚を認めてこれに関連する法令の改正を速やかに行うべきであるとの意見が表明された。

(6) https://www.nichibenren.or.jp/library/ja/opinion/report/data/2019/opinion_190718_2.pdf

「結婚の自由をすべての人に」訴訟でも日弁連の意見書を書証として提出し、同性間の婚姻を認める方向に社会が変化しているとの主張を行った。

3　提訴に向けた議論

―― 訴訟の位置づけ

提訴に向けた議論の中で、今になって振り返ってみて重要だったと思うのが、訴訟の位置づけであった。結論から言うと、筆者らは、**訴訟を同性婚実現という頂上につながる複数の登山ルートのうちのひとつと位置づけた。**

同性婚を実現するためには、立法による解決が必要である。理論上、現行法でも同性婚ができるという解釈は成り立ちうるものではあるが、最高裁がそのような解釈を示す可能性は極めて低いと考えられるから、同性カップルに婚姻へのアクセスを認めるためには何らかの立法行為が必要となる。そして、裁判所が同性婚の婚姻を認めていない現行法が違憲であるという判決を出せば、それによって国会は立法せざるを得なくなる。しかし、同性婚実現という山頂に到達するための登山ルートはこれだけではない。裁判所の違憲判決を受けなくても、国会が同性婚の実現を求める世論や民意を汲みとって自発的に立法をすることも考えられる。そこで、弁護団では、**裁判で違憲判決を勝ち取ることだけを目指すのではなく、同性婚の必要性を社会に訴えかけたり国会議員に直接アプローチしたりするという方法**

も並行して行う必要があるということを確認した。

そして、この２つのルートはお互い独立しているのではなく、密接に関連している。訴訟で画期的な判決を勝ち取ることができれば、社会で同性婚に関する議論が広まり、国会も同性婚を認めない現行法の問題に気付かないふりを続けられなくなる。また、社会で同性婚に対する理解が進めば、裁判所は違憲審査の際に「社会の状況」として考慮せざるを得なくなる。**訴訟と社会啓発・ロビー活動は車の両輪の関係にある**ということである。

とはいえ、弁護士の本分は訴訟遂行であり、専門外の社会啓発やロビー活動を訴訟と並行して担当するのでは弁護団の体力がもたなくなることは明らかであった。そこで、弁護団は訴訟に専念することとし、社会啓発やロビー活動を担う別組織を立ち上げて、作業分担することにした。そのような経緯で、2019（平成31）年１月に設立したのが「一般社団法人 Marriage For All Japan －結婚の自由をすべての人に」（以下「マリフォー」という。2021（令和3）年９月に公益社団法人化）である。マリフォーについては後述する。

―― 訴訟形態：立法不作為による国家賠償請求

提訴に向けて頭を悩ませたのが、どのような訴訟形態とするかという問題であった。

戸籍法122条は、「戸籍事件……について、市町村長の処分を不当とする者は、家庭裁判所に不服の申立てをすることができる。」と規定している。この制度を利用して、同性間の婚姻届を受理しなかったという市町村長の処分が不当であると主張して、家庭裁判所に不服申立てをするということが考えられる。しかし、この不服申立ては家事審判事項であり、非公開の手続となるため、訴訟を通じて社会に同性婚の必要性を訴えかけることができない。したがって、この方法は選択しないことになった。

また、婚姻届の不受理それ自体が違法であるとして、国家賠償請求をすることも検討した。しかし、戸籍に関する市町村長の審査権限は形式的審査権限にとどまり実質的審査権限はないと解されているため、同性カップルの婚姻届を受理しなかったことの違法性を問題とした場合、それが市町村長に認められた形式的審査権限の範囲内であるのか、形式的審査権限の範囲を超えるのかという点が争点になることが予想された。このようなテクニカルな問題が争点となると社会にとって非常にわかりにくい訴訟となってしまうし、何よりも、そのようなテクニカルな争点に問題を収斂させて憲法判断を回避する途を、国や裁判所に与えかねない。したがって、この方法も選択肢から外された。

次に、同性カップルが夫婦としての地位にあること等の確認を求める訴訟も検討した。これは、お互いを相手方とする民事訴訟と、国や地方自治体を相手方とする当事者訴訟とが考えられる。しかし、この場合は訴訟要件である「確認の利益」があるのかどうかという点が争点になることが予想され、やはり社会にとって非常にわかりにくい訴訟となり、上記と同様に国や裁判所に逃げ道を与える可能性があった。したがって、この方法も選択肢から外すこととなった。

そして、弁護団が最終的に選択したのが、立法不作為による国家賠償請求であった。具体的には、同性間の婚姻を認める立法を怠った国の立法不作為によって、望む相手との婚姻を妨げられているのであるから、それによって被った精神的損害につき損害賠償を求める、というものである。

一般的に、立法不作為による国家賠償請求について、最高裁は再婚禁止期間違憲訴訟事件判決（最大判平成27年12月16日民集69巻8号2586頁）の中で、「法律の規定が憲法上保障され又は保護されている権利利益を合理的な理由なく制約するものとして憲法の規定に違反するものであることが明白であるにもかかわらず、国会が正当な理由なく長期にわたってその改廃等の立法措置を怠る場合などにおいては、国会議員の立法過程における行動が上記職務上の法的義務に違反したものとして、例外的に、その立法不作為は、国家賠償法上1条1項の規定の適用上違法の評価を受けることがあるというべきである」としており、国家賠償請求が認容されるためのハードルは非常に高い。しかし、筆者らが最終的なゴールとするのは同性婚の法制化であり、そのためには同性間の婚姻を認めない現行法が違憲であるとの司法判断を勝ち取らなければならないから、現行法の違憲性を真正面から裁判所に問うためには、立法不作為による国家賠償請求を選択し、司法府の判断を得るべきであるとの結論に達した。

ところで、国家賠償請求を選択した上記の説明は法律家や法学部生をはじめとするいわゆる法学既修者にとっては理解可能だと思われるが、そうでない者にとっては極めて難解な理屈である。一見すると、原告が金銭を得るために提訴したと捉えられる危険性もあった（実際に、提訴直後にはSNS上で「金目当ての裁判」との批判を受けた）。弁護団は、この点については様々な場面で繰り返し説明し、憲法判断を得るためのやむを得ない選択であると訴え続けた。そのせいもあって、最近では「金目当ての裁判」との批判を受けることは少なくなっている。**訴訟形態の選択によって原告が批判に晒される可能性があり、弁護団が盾になって守る必要がある**ということは指摘しておきたい。

—— 法律構成

訴訟形態と並んで弁護団を悩ませたのは法律構成である。具体的に憲法のどの条文に違反するのかを特定する作業である。提訴に向けた議論で最も時間を割いたのはこの問題であった。

主な議論は、同性婚を認めない現行法の規定が憲法14条1項の平等原則に違反するという主張一本に絞るのか、それに加えて憲法24条1項・2項の「婚姻の自由」を侵害するという主張もするのかという点であった。

筆者は、婚姻制度から同性カップルが排除されているというのは典型的な差別的取扱いであるとの考えから、憲法14条1項違反のみを主張するのが明快かつシンプルで良いという立場であった。また、憲法24条は憲法学ではあまりメジャーな論点ではなく、参考となる文献も豊富ではなく、未知の領域に足を踏み入れることに対する躊躇も感じていた。しかし、弁護団で議論を重ねる中で、憲法24条で保障される「婚姻の自由」として同性カップルが婚姻制度にアクセスする権利を積極的に打ち出していくべきであるとの考え方に賛同するに至り、弁護団の方針としても両方の主張をすることとなった。

「結婚の自由をすべての人に」訴訟は現在係属中の事件ということもあり、残念ながらこれ以上の言及は控えざるを得ないが、法律構成に関する提訴前の議論を振り返ると非常に高度な議論が行われていたことは指摘しておきたい。

―― 提訴地、提訴時期

提訴地については、1つの裁判所（東京地裁）に提訴するのではなく複数の裁判所に提訴することとなった。複数の裁判所に提訴するとなればそれだけ各地で人員が必要になり、負担が大きくなることが予想されたが、複数の裁判所に提訴するメリットの方が大きいという判断である。これは、「数を打てば当たる」ということではない。**訴訟を通じて社会に同性婚の理解を広めるためには、東京だけでなく全国にくまなく同性婚を必要とする人が暮らしていることを知ってもらわなければならないし、それぞれの地元でメディアに取り上げてもらうことができるし、それぞれの地域に根差した市民活動の展開を期待した**からである。

弁護団員の所在地の都合で、当初は札幌、東京、名古屋、大阪の4地裁への提訴となったが、その後、さらに弁護団の人員拡充に成功し、福岡地裁への提訴も追加された。これによって、全国8つの高等裁判所管轄圏のうち5つの地域で訴訟が係属することになった。

また、提訴時期については、訴状準備段階から2月中旬頃を目指していた。あえて2月14日のバレンタインデーに提訴することを狙っていたわけではないが、愛し合うカップルが尊厳を勝ち取るためのアクションを起こす日にふさわしいという意見もあり、2月14日に提訴することになった。

―― 支援体制

提訴にあたって、社会啓発やロビー活動を担う組織としてマリフォーを設立したのは前述のとおりである。

弁護団との役割分担という観点では、マリフォーを設立したことは大成功であった。訴訟遂行は弁護団、社会啓発やロビー活動はマリフォーという明確な線引きができたことによって、それぞれが自分の仕事に専念できている。

マリフォーは、2021（令和3）年9月に公益法人化したため、現在は特定の弁護団のみを支援する団体ではなくなっているが、設立当初は「結婚の自由をすべての人に」訴訟を全面的にバックアップする体制をとっており、提訴に向けたイベントや提訴当日の応援パーティの開催、資金援助、メディア対応等を担っていた。特に、提訴当日の夜に開催した応援パーティは大盛況で、訴訟を応援する100名以上の方にご参加いただき、国会議員からも応援のメッセージをいただいた。

マリフォーには弁護士だけでなく、PRやファンドレイズのプロフェッショナルが参加しており、さらに同性婚実現のために労を惜しまないメンバーが多数参加しており、精力的な活動を続けているのでぜひそちらにも注目いただきたい。(7)

(7) マリフォーの活動についてはhttps://www.marriageforall.jp/を参照されたい。

マリフォーHPのトップページ

―― 資金調達

政策形成型の公益訴訟で、訴訟に要する費用をどのように調達するかというのは常に頭の痛い問題である。「結婚の自由をすべての人に」訴訟では、同性カップルが婚姻制度から排除されていることに合理的理由がないことを裏付けるための婚姻制度の趣旨や現行民法の制定経過に関する資料、同性愛が社会でどのように認識され扱われてきたのかに関する資料、同性カップルを取り巻く社会がどのように変化してきているかに関する資料など、膨大な書証を提出する必要があり、様々な研究者に意見書作成を依頼することも想定されていた。また、筆者が担当する大阪地裁への提訴事件（以下「関西訴訟」という）では香川県の原告２名と弁護士１名が加わっているため、交通費だけでも相当な支出が見込まれる状況であった。

そこで、筆者らは２つのクラウドファンディング（インターネット上での寄付）によって資金を調達することにした。

１つ目の方法は、公益訴訟の資金調達を支援する「CALL4」（コールフォー）というサイトによるクラウドファンディングである。訴訟係属中は常時寄付を受け付けており、2022（令和4）年6月29日現在で446万円の寄付を集めている。この金額から手数料を差し引いた金額が直接弁護団に渡される。２つ目の方法は、マリフォーを主体とする期間限定のクラウドファンディングである。提訴日である2019（平成31）年2月14日から翌15日までの2日間で500万円の寄付をいただき、期間終了時には1000万円を超える金額となっていた。この金額からマリフォーの活動に要する金額を差し引いて、弁護団に渡された。公益訴訟では例を見ないほど高額の寄付をいただき、同性婚実現を求める熱量の高さを実感した。ご寄付のおかげで弁護団員からの持ち出しはなく、安心して訴訟に専念できていることには改めて感謝申し上げたい。

さて、次に問題となるのは、クラウドファンディングで調達した資金から弁護士に対する報酬を支出できるのかという点である。この点については様々な意見が出されたが、クラウドファンディングで弁護士報酬を集めることが弁護士職務基本規程上許されるのかどうか判断しきれなかったため、弁護士報酬には充てないこととなった。今後、クラウドファンディングを活用した公益訴訟が広がると思われるので、日弁連にはクラウドファンディングの取扱いについて検討し、弁護士が無償で公益訴訟を担わなくてもよい環境の整備に努めてもらいたい。

―― 広報宣伝

訴訟を通じて社会に同性婚の理解を広げるため、訴訟の内容等をわかりやすく伝える取組みを行ってきた。

提訴前には複数回にわたって記者レクを行い、よくある質問に対する回答を提示していた。たとえば、「同性婚を認めることは憲法24条1項に違反しないのか？」とか「パートナーシップ制度では足りないのか？」とか「なぜ国家賠償を求めているのか？」など、提訴時に正確な報道をしてもらうために必要な情報を弁護団から事前にレクチャーしていた。記者レクでは、よくある質問への解答だけでなく、報道に際して注意が必要な事柄についても説明していた。たとえば、同性婚の「合法化」という表現は正しくなく「法制化」という表現を用いるべきであること、政府は憲法が同性婚を禁止しているという解釈をとっていないことなどである。

このように、弁護団からマスメディアに対しては積極的に情報を提供してきたが、その一方で、同性愛者であることをオープンにしていない当事者も原告に含まれていることから、公開可能な個人情報の範囲を弁護団内で正確に共有することが求められる。

また、マスメディアに対する情報提供だけでなく、口頭弁論期日後には必ず弁護団から裁判報告の場を設けて、市民に対して訴訟の進捗状況や原告側の主張を丁寧に説明するようにしてきた。新型コロナウイルスの感染拡大が始まった2020（令和2）年以降も、オンラインに切り替えたりして感染予防に努めながら裁判報告を続けている。

報告集会を続けていて感じるのは、単なる情報発信の場ではなく、原告をエンパワーする場として重要な機能を果たしているということである。原告はSNS上で訴訟に対する否定的な発言を目にしたり、訴訟の準備で疲弊したりして大きな精神的負担があるが、口頭弁論期日後に支援者と直接会って交流することによって支援者がその負担の一部を引き受けてくれているのか、原告の精神的負担が軽減されているように感じる。報告集会の様子を参加者がSNSで発信してくれることも多く、報告集会は、訴訟を通じて社会に同性婚の理解を広げることにつながっている。

4　提訴後に意識していたこと

―― 各地で独自の主張を展開する

2019（平成31）年2月14日の一斉提訴時には法的主張を統一し、同じ内容の訴状を提出したが、それ以降は各地の弁護団で自由に主張を展開している。各地の裁判所の問題意識を踏まえて各地の弁護団内で議論し、リスク評価（裁判所に憲法判断回避の逃げ道を作らないか、裁判所に誤解を与えないか、原告のこれまでの主張と矛盾しないか、被告に「悪用」されないかなど）をしたうえで法律構成を行うので、自然と違いが生じてくる。たとえば、平等原則違反の主張に関して言うと、同性間の婚姻が認められていないことが「性的指向に基づく差別」なのか「性別に基づく差別」なのかという点については、現時点では各地で見解が分かれている。

なお、2019（令和元）年9月に提訴された福岡地裁の事件では、婚姻の自由の法的根拠を憲法24条1項だけでなく憲法13条にも置いている点で、他の地域と異なる法律構成で出発している。

このように、「結婚の自由をすべての人に」訴訟では、法律構成を全国で完全に統一せず各地で自由に組み立てる方針をとっている。この方針は、研究者に意見書の作成を依頼する際に、原告側の主張を伝える場面で若干の困難を生じさせるというデメリットはあるが、弁護団から色々なアイディアが出てくるというメリットの方が上回っていると考えている。

―― 裁判所の背中を押すための主張立証

「結婚の自由をすべての人に」訴訟での被告国側の主張は後述するが、端的にまとめると、同性婚を認める法制度を構築するか否かについては立法府に広範な裁量が認められるという主張と、婚姻の目的はひとりの男性とひとりの女性が子を産み育てながら共同生活を送るという関係を保護することにあるから同性婚を認めないことには合理的な理由があるという主張の2点に尽きる。家族制度については立法府に広範な立法裁量が認められるとの主張については一般論として理解できないではないが、その立法裁量の逸脱濫用にあたらない根拠として挙げられるのが「婚姻の目的はひとりの男性とひとりの女性が子を産み育てながら共同生活を送るという関係を保護すること」だけというのは、どう贔屓目に見ても説得的な主張だとは思えない。

そのため、筆者は、**国の主張に対する反論よりも、原告の主張をさらに強化し、勇気をもって違憲判決を出してもらうために裁判所の背中を押すこと**を常に意識している。

大阪地裁では、2021（令和3）年4月に裁判長が交代した後、口頭弁論期日後に必ず非公開の進行協議が開かれ、裁判所主導で争点整理が行われている。進行協議では、もっぱら裁判所が原告側に求釈明を行い、原告側はその問題意識を踏まえて違憲判断を促すメッセージを投げ返すような状態で、裁判所と原告側との対話の場になっている。これは、裁判所が国側の主張の是非よりも原告側の主張の説得力に注目していることの現れだと考えており、**裁判所の問題意識を正確に理解して、裁判所の背中を押すような主張立証を展開することが重要**だと考えている。

―― 書証について

関西弁護団では、書証として約600点を提出している。

そのうち大部分を占めるのは文献である。文献は、最近公表された判例評釈から明治時代の精神医学書まで、時期においてもジャンルにおいても広範にわたっている。また、研究者の意見書も多数提出しており、憲法学者、民法学者、社会学者等の専門家の意見が原告側の主張をより説得力のあるものにしてくれている。今後は、法制史学や精神医学の専門家にもアドバイスを受ける必要があるのではないかと弁護団で議論している。

以上については、一般的な公益訴訟と大きく異なる点はないと思われるが、「結婚の自由をすべての人に」訴訟に特徴的なのは、社会の変化に関する主張立証に力を注いでいることであろう。**同性カップルをめぐる社会状況は、1か月単位の短期間のうちに大きな変化がみられる**点に特徴がある。たとえば、地方自治体のパートナーシップ制度について見ると、2019（平成31）年2月14日の提訴当時は導入自治体が11しかなかったところ、2022（令和4）年4月1日現在では先述のとおり

211自治体にまで広がり、その人口カバー率は52.1%にも上っている。[8] 同性パートナーシップ制度には婚姻の法的効果がまったくないし、それが広がったとしても「二級市民」扱いは解消されず同性カップルの尊厳が毀損されている状況に変わりはないから、制度が広がることを手放しに評価することはできない。しかし、同性カップルをめぐる社会状況がダイナミックに変化していることを裁判所に認識させ、社会では同性婚の実現を受け入れるだけの態勢が整っていると理解させることを常に意識している。これは、違憲審査の考慮要素となる「社会状況」の評価に直結する事情であり、違憲判断への後押しになると考えている。

(8) 渋谷区と特定非営利活動法人虹色ダイバーシティによる全国パートナーシップ制度共同調査。

―― 尋問について

「結婚の自由をすべての人に」訴訟では、原告らが夫婦同然の関係を築いていること等の事実関係に争いはないが、本人尋問・証人尋問を行うことは重要である。日本では同性カップルは差別を恐れずに安心して暮らせる状況ではなく、自分たちがカップルであることを隠してひっそりと暮らしている。当然、同性カップルは可視化されておらず、裁判官が同性愛者や同性カップルに出会ったことがなく「想像上の存在」とされている可能性を否定できない。

そのため、裁判官の目の前で、同性婚が否定されている社会で同性愛者がこれまでどのような思いで生きてきたのか、現在どのような生きにくさを抱えているのか、将来にどのような不安を感じながら生きているのか等について、当事者が生の声で語ることは極めて重要である。大阪地裁では、原告らが皆「原告になって声を上げることができない多くの当事者のためにも一刻も早く差別を是正してもらいたい」と話していたことが印象的であった。

また、大阪地裁では、原告の父親の証人尋問も行った。原告だけでなく、その身近な関係にある者が、家族が同性愛者であると知った後の苦悩、実際に子のパートナーと交流することで生じた心境の変化、同性婚の実現を強く願う今の思いを語ることで、同性婚を社会がどのように受け入れていくのかというイメージを裁判所に持ってもらうことができたと思う。

なお、東京地裁では、原告本人尋問を「夾雑物」であるとして尋問の実施に否定的な対応がとられていたが、尋問の実施を求める多くの署名を提出し、2021(令和3)年4月に裁判長が交代したこと等によって対応が変化し、同年10月に無事尋問を実施することができた。

―― 弁護団会議の持ち方・弁護団内の情報共有について

提訴後も、月に一度オンラインで全国弁護団会議を開催し、それぞれの訴訟の進捗状況や主張立証に関する情報を共有している。それぞれの裁判所での裁判官の発言や求釈明を共有することは特に有意義で、原告の主張と裁判所の問題意識が乖離していないかを確認することができる。また、研究者に意見書の作成を依頼する際は、全国弁護団からチームを作って質問事項や依頼事項を整理し、面談等の調整を行っている。弁護団会計についても専門のチームを立ち上げており、費用の支出については全国弁護団会議で議論するなどして、いただいた寄付を有効に活用することに努めている。

全国弁護団内の情報共有は、Redmineというプロジェクト管理ソフトを利用している。プロジェクトごとに意見交換や情報共有をすることができ、たとえば、「○○教授意見書作成」というプロジェクトを立ち上げ、そのプロジェクトに関する意見交換や関係資料の交換を他のプロジェクトとは区別して管理することができる。メーリングリストも併用しているが、メーリングリストではプロジェクトごとに整理した情報を検索することが難しいので、基本的にRedmineに一元化されている。

また、各地で提出した書面等は、個人情報に関する部分を処理したうえで先述の「CALL4」で一般に公開しており、弁護団内だけでなく支援者や研究者に対する情報共有も行っている。

5　2021（令和3）年3月17日 札幌地裁判決

―― 概要

2021（令和3）年3月17日、札幌地裁は「結婚の自由をすべての人に」訴訟について全国に先駆けて判決を言い渡した。

争点のうち、同性間の婚姻を認めていない民法・戸籍法の規定（以下「本件規定」という）が婚姻の自由を保

札幌地裁での違憲判決を受けて喜ぶ弁護団と支援者（筆者撮影）

障する憲法24条1項・2項に違反するか否かという点について、札幌地裁は、婚姻をするかどうか、いつ誰と婚姻をするかについては、当事者間の自由かつ平等な意思決定にゆだねられるべきであるという「婚姻をするについての自由」は憲法24条1項の趣旨に照らして十分尊重に値するとしたうえで、憲法制定当時は同性愛が精神疾患とされており同性婚は当然に許されないものと理解されていたこと、憲法24条が「両性」「夫婦」など男女を想起させる文言を用いていることから、同条は異性婚について定めたものであって同性婚について定めたものではなく、同条1項の「婚姻」とは異性婚のことをいい、婚姻をするについての自由も異性婚について及ぶものであるという解釈を述べ、本件規定は憲法24条1項・2項に違反すると解することはできないとした。

次に、婚姻について同性愛者と異性愛者とで異なる取扱いをする本件規定が憲法14条1項に違反するか否かという点について、札幌地裁は、性的指向は自らの意思で選択・変更できない個人の性質であって、性別、人種などと同様のものであり、そのような事柄に基づく区別取扱いが合理的根拠を有するか否かの検討は、その立法事実の有無・内容、立法目的、制約される法的利益の内容などに照らして真にやむを得ない区別取扱いであるか否かという観点から慎重に判断されなければならないとした。そして、同性愛者が精神疾患であることを前提として同性婚を否定した科学的医学的根拠は失われていること、婚姻は子の有無、子をつくる意思・能力の有無にかかわらず、夫婦の共同生活自体の保護も重要な目的としており、同性愛者であっても婚姻している異性同士と同様に婚姻の本質を伴った共同生活を営むことができること、性的指向による区別取扱いを解消することを要請する国民意識が高まっていること、今後もそのような国民意識が高まり続けるであろうこと、同性婚を認めることに対する否定的な意見や価値観をもつ国民が少なからずいるものの、圧倒的多数派である異性愛者の理解または許容がなければ、同性カップルが婚姻によって生じる法的効果を享受する利益の一部であっても受けることができないとするのは同性愛者の保護にあまりにも欠けるなどとして、本件規定が、異性愛者に対しては婚姻を認め、同性愛者に対してはその法的効果の一部ですらも認めないとしていることは、その限度で合理的根拠を欠く差別取扱いにあたり、憲法14条1項に違反すると判断した。

最後に、憲法14条1項に違反する本件規定を国会が改廃しないことが国家賠償法1条1項の適用上違法であるか否かという点については、札幌地裁は、国民意識の多数が同性カップルに対する法的保護に肯定的になったのは比較的近時のことと推認できること、同性婚について国会で議論されるようになったのは2015（平成27）年に至ってからであること、これまで同性婚に関する制度がないことの合憲性についての司法判断が示されたことがなかったことなどから、国会が本件規定の違憲性を直ちに認識することは容易ではなかったとして、本件規定を改廃していないことは国家賠償法1条1項の適用上違法とはいえないとし、原告らの請求を棄却した。

—— 札幌地裁判決に対する評価

札幌地裁判決は、何よりも**同性婚を認めていない本件規定が憲法14条1項に違反することを明確に判示した点で画期的な判決**である。憲法24条の「婚姻の自由」が同性カップルには及ばないとされた点など原告側の主張が認められなかった部分や、違憲を解消するために婚姻制度へのアクセスを認める必要があると明確に判示しなかった点は不服が残るが、裁判所が勇気をもって違憲判決を出した点は高く評価したい。

また、同性婚を認めることに対する否定的な意見や価値観をもつ国民が存在することについて「圧倒的多数派である異性愛者の理解又は許容がなければ同性カップルが婚姻によって生じる法的効果を享受する利益の一部であっても受けることができないとするのは同性愛者の保護にあまりにも欠ける」と述べた部分は、少数者の人権を保障するという裁判所の役割に立ち返った部分であり、後続の裁判所にはぜひ参考にしてもらいたい。

札幌地裁判決の影響として見過ごせないのは、これまで差別を受け続け、目立たないようにひっそりと暮らしてきた当事者を勇気づけたことである。判決を受けて、「同性愛者の存在が初めて認められた」、「差別を受けてきたことが初めて公に認められた」、「生きていく勇気が出た」、「亡くなっていった同性愛者の友人にも見せてあげたかった」などのメッセージが寄せられた。弁護団では「結婚の自由をすべての人に」訴訟は同性愛者らの尊厳を回復する訴訟だと考えてきたが、札幌地裁判決が本件規定の違憲性を明確に判示したことによって、**これまで蔑ろにされてきた同性愛者の尊厳の一部を取り戻すことができた**ように感じている。

なお、札幌地裁判決の当日、加藤勝信官房長官（当時）の記者会見で、記者からの質問に対して加藤官房長官は「婚姻に関する民法の規定が憲法に違反するものとは考えていない」と述べ、札幌地裁判決の違憲判断を受け入れない姿勢を示した。札幌弁護団は、やはり国家賠償法上違法であるとの判断を勝ち取らなければ速やかな立法は期待できないと考えて控訴し、2022（令和4）年8月現在札幌高裁で審理が行われている。

6　2022（令和4）年6月20日 大阪地裁判決

―― 概要

2022（令和4）年6月20日、大阪地裁で「結婚の自由をすべての人に」訴訟で2件目の判決が言い渡された。大阪地裁は、札幌地裁とは異なり、違憲判断をしなかった。

憲法24条1項違反の主張については、同項の「両性」という言葉が男女を意味していることや、憲法が制定された1947（昭和22）年当時、婚姻は男女間のものであることが当然の前提となっていたことを理由に、憲法24条1項の保障は同性カップルに及ばないと判断した。この争点に関し、大阪地裁判決に特徴的な点として「憲法24条1項が異性間の婚姻のみを定めているからといって、同性間の婚姻又はこれに準ずる制度を構築することを禁止する趣旨であるとまで解するべきではない」と指摘した点が挙げられる。憲法24条1項が同性婚を禁止していないという見解には前述のとおり異論は見当たらないが、裁判所がその見解を初めて明言した点で意味がある。

そして、憲法24条2項に基づいて立法裁量論を展開する。その中で出てくるのが「公認に係る利益」である。大阪地裁は、婚姻により享受する利益には、経済的利益だけでなく、社会の中でカップルとして公に認知されて共同生活を営むことができることについての利益も含まれるとして「公認に係る利益」という考え方を導き出した。これは、大阪地裁が考え出した独自の権利概念であると思われ、今回の判決の特徴のひとつといえる。それを踏まえて、立法裁量の限界を規定する憲法24条2項に違反しないかどうかが検討された。判決では、同性カップルに公認に係る利益を実現する方法は、現行の婚姻制度の対象に同性カップルを含める方法に限られず、婚姻類似の法的承認の制度（登録パートナーシップ制度）の方法でも可能であり、いろいろな選択肢のうちどの制度が適切であるかは民主的過程において決められるべきものであるとして、その議論が尽くされていない現段階で立法裁量違反があるとはいえないと判断した。

また、憲法14条1項違反の主張についても、①同性カップルをどのように保護するかは議論の過程にあること、②同性カップルの不利益は契約や遺言によって相当程度解消されていること、④多くの自治体でパートナーシップ制度が導入されて差異が緩和されつつあること、⑤婚姻類似の制度によってさらなる差異の緩和が可能であることから、現行法は憲法14条1項に違反しないと判断した。

―― 大阪地裁判決に対する評価

筆者は、大阪地裁判決は同性カップルが置かれている過酷な状況をあまりに軽く評価し、その一方で、契約・遺言・パートナーシップ制度など婚姻の代替となり得ない制度の効果を過大に評価しており、実態を無視した誤った判断だと考えている。

また、原告側は、婚姻制度とは別の婚姻に類似する制度を設けることは差別を助長することになると主張し、あくまでも婚姻制度へのアクセスを求めていた。これに対し、大阪地裁判決は、婚姻以外の選択肢に言及したうえで「差別や偏見の真の意味での解消は、むしろ民主的過程における自由な議論を経た上で制度が構築されることによって実現される」と述べた。大阪地裁は、婚姻制度とは異なる別制度を構築すること自体が本質的な不平等をもたらすことを看過している。

今後の控訴審では、大阪地裁判決の誤りを厳しく指摘していくつもりである。

7　一刻を争う同性婚の実現

2021（令和3）年1月、東京地裁の原告1名が亡くなった。彼は同じく東京地裁の原告となっているパートナーと15年以上にわたって同居し、夫婦同然の生活を営んでいた。裁判所の意見陳述では「最期の時は、お互いに夫夫となったパートナーの手を握って、『ありがとう。幸せだった。』と感謝をして天国に向かいたいのです。」「同性同士の婚姻が認められることは、私が若いころに持っていた、自分自身に対する否定的な気持ちを、これからの世代の人たちが感じなくてもよい社会にすることなのです。」と語っていた。彼は、ついに同性同士が婚姻できる社会を知らないまま逝ってしまった。

同性同士が婚姻できる社会を知らず、尊厳を踏みにじられた人生しか生きられないまま、毎日、同性愛者らがこの世を去っていっている現状を筆者はとうてい受け入れることができない。また、同性同士が結婚できない社会に、毎日、同性を好きになる子どもがたくさん生まれ、その子たちが生涯にわたって尊厳を踏みにじられることも、とうてい受け入れることができない。

どのような性のあり方で生まれた人であっても、その人らしく自由で平等な人生を全うできる社会を実現させるために、今後も「結婚の自由をすべての人に」訴訟で完全勝利を目指していきたい。

孔子廟違憲判決と政教分離のゆくえ

神道指令の相対化とポストモダンの影響と

最大判令和3年2月24日

徳永信一

大法廷判決を報告する記者会見でマイクをとる原告・金城照子氏（筆者撮影）

1　はじめに

―― 事案の概要

2013（平成25）年、那覇市が管理する都市公園である松山公園内に儒教の祖である孔子等を祀った久米至聖廟（以下「本件孔子廟」という）が設置された。本件孔子廟は、17世紀に建てられたものであったが、戦災で焼失し、那覇市内に再建されたものであった。那覇市は、本件孔子廟の所有者である一般社団法人久米崇聖会からの要請に応じ、本件孔子廟を松山公園内に設置する許可を付与したうえ、年576万円となる公園の敷地の使用料を全額免除していた。

かかる事態に対し、那覇市の住民である金城照子氏が、那覇市による全額免除の措置が憲法の政教分離原則に違反して無効であるとして声を上げ、住民訴訟として訴えたのが本件訴訟である。訴えの具体的な内容は、地方自治法242条の2第1項3号に基づき、住民である金城照子氏が原告となり、那覇市市長を被告とし、公園使用料を請求しないことが違法に財産の管理を怠るものであることの確認を求めるものであった。[1]

(1) 実際に違法確認の対象とされていたのは2014（平成26）年4月1日から同年7月24日までの間の公園使用料にあたる181万7063円であった。

本件孔子廟は、大成殿、明倫堂（論語等を学ぶための学習施設）、至誠門、中庭等によって構成された施設である。大成殿は孔子祭りがなされる本殿であり、孔子とその高名な弟子である四配（顔子、曾子、子思子、孟子）が祀られている。至誠門は年に一度、大成殿を舞台にして行われる釋奠祭禮（せきてんさいれい）の日に孔子の霊を迎えるために開かれる門である。

大成殿（筆者撮影）

至聖門（筆者撮影）

本殿内部の様子（筆者撮影）

釋奠祭禮とは、至誠門から中庭の御道を進み、大成殿へ上ってきた孔子の霊を迎え、香を焚き、酒と供物を並べて饗応し、祝文を奉読等した後に霊を送り返すものである。原告となった金城氏は、2013（平成25）年に挙行された釋奠祭禮を見た時、本殿において荘厳な雰囲気で霊を迎えて恭しく仕える様子を見て「これが宗教でなければ何が宗教か」とその宗教性を直感したという。

本件孔子廟は、もともと明の福建州から渡来して琉球王朝を支えてきた職能集団を祖とすると伝わる久米三十六姓（クニンダンチュ）と呼ばれる一族が17世紀に久米村に建てたものを起源とするが、先の大戦で焼失し、1975（昭和50）年に那覇市内の若狭という場所で再建されたものを、「遷座式」と「遷座御顔（うばん）」という儀式を経て、移設という形をとって新設されたものであった。本件孔子廟を所有して祭禮を主催している一般社団法人久米崇聖会は、本件孔子廟のほか、道教の施設である天尊廟や天后宮などを維持管理し、釋奠祭禮や道教の祭祀を執行している。定款上、正会員の資格は久米三十六姓の末裔に限定されており、女性会員は事実上認められていない。

―― 受任の経緯

本件訴訟の原告となった金城照子氏は、1928（昭和3）年生まれの那覇市民である。

本書が刊行された2022（令和4）年は沖縄が日本に返還された1972（昭和47）年からちょうど50周年にあたるが、当時、沖縄では返還後の米軍基地のあり方をめぐって反対派と賛成派とが厳しく対立していた。本件訴訟の原告となった金城照子氏は、子どもたちへの教育をそっちのけにして政治闘争に明け暮れているように見えた県教職員組合のあり方に疑問を感じ、子供たちの保護者や一般市民からなる「子どもを守る父母の会」を組織し、その事務局長として活躍してきた保守系市民活動家としての経歴をもっていた。

本件孔子廟が設置された2013（平成25）年当時の市長は、後に沖縄県知事となって「オール沖縄」のシンボル的存在となる翁長武志氏であった。かねて翁長氏の中国寄りの姿勢を警戒していたことに加え、那覇市民に対する十分な説明も議会での丁寧な議論もないままに那覇市の市民公園に中国とのゆかりが深い久米三十六姓が保持してきた儒教施設が設置され、そこで久米三十六姓の儀式として伝えられ、那覇市の一般市民にとってはなじみのなかった釋奠祭禮（孔子祭）という宗教的な儀式が那覇市の援助を受ける形でなされることに金城照子氏は驚きと違和感を感じていた。ある日、久米崇聖会が発行しているパンフレットに、本件孔子廟の正面に立つ２本の龍柱が５本爪のものであってそれが中国の皇帝にしか許されないものだ、と書かれているのを読み、金城氏の不安は刺激された。本件孔子廟の敷地として那覇市が管理する公園を無料で提供し、毎年、釋奠祭禮を実施させることは、沖縄が中国による支配を歓迎しているという誤ったメッセージを発することになるのではないか、という危惧が頭をもたげた。そのことは、同時に、現在も沖縄の政財界に影響力をもつ久米崇聖会を優遇し、彼らが奉じる儒教という宗教とその宗教儀式を、援助し、促進するものにほかならない──。そう考えた金城氏は、「住みよい那覇市をつくる会」を立ち上げ、本件孔子廟の撤去を求める市民運動を始めた。

およそ政教分離の問題は、ある事象を問題視する人が現れてはじめて社会的に顕在化する。従来のケースは、概ね「国家神道」の存続や復古的動向に異議を唱える革新系の反戦活動家やプロテスタント系キリスト教徒が中心であり、その対象は神社神道・皇室祭祀・戦没者慰霊が主たるものであった。ところが、**金城氏は、靖国神社による英霊祭祀を国旗国歌に対する儀式と同じく**

国家儀礼として位置づけるべきだと考える保守派の市民であり、そこが本件の最大の特色だったということができる。

筆者は、それまでにも沖縄を舞台とする保守派の主張を訴える訴訟を担当してきたが、金城氏およびその支援者らから訴訟代理人となることを依頼されたのは、そうした背景があってこそのことであったが、靖国神社における英霊祭祀については、金城氏と同じ考えであった。国家による戦争において尊い命を犠牲にして戦った戦没者に対し、その勇気と献身に対し、感謝と敬意をもって顕彰し、慰霊するのは後世を生きている者の当然の責務であるというのが筆者の信条である。将来の歴史的評価に委ねるべき当該戦争の善悪をあげつらう前に日本という国家の同一性がある限り、英霊に対する儀礼は全うしなければならないと考えている。その意味において靖国神社が行う英霊祭祀は普遍的な社会的国家的儀礼であり、公共性の高いものである。それが神道儀礼の形式をとるのは、明治維新以来の歴史的経緯を踏まえたものであり、特定の宗教の布教や奨励とはいえないだろう。靖国神社に対する玉串料の奉納を違憲だとした1997（平成9）年の愛媛県玉串訴訟最高裁判決の多数意見は靖国神社に対する戦後的偏見に基づくものであり、戦没者慰霊ないし追悼は宗教との関わりがあるとしても、政教分離に違反しないとした三好達裁判長、可部恒雄裁判官による少数反対意見が正しいと筆者は考えている。[(2)]

そもそも、政教分離原則は、立憲主義を奉じる民主主義国家にあっても決して普遍的なものではないし、決

(2) 三好裁判長および可部裁判官は、いずれも反対意見の中で、国のために殉じた戦没者に対する慰霊や追悼は普遍的儀礼であり、国、県またはその代表者が行うべき礼儀であり、道徳的には義務である、玉串料の支出も社会的儀礼の範囲内のものであり、宗教との関わりがあるとしても、その目的と効果に照らして社会的に許容できる相当な範囲を超えるものではないとした。

まった形があるわけでもない。アメリカ憲法の国教樹立禁止条項は、イギリス国教会を強いるイギリス王の迫害から逃れ、信仰の自由を求めて新天地に渡ったピルグリム・ファーザーズの歴史に由来するもので、積極的に宗教的自由を確保するための原則であり、あくまで特定の教会と国家との分離を意味する。フランス憲法の政教分離原則であるライシテ（非宗教）原則は、合理主義的啓蒙とカトリック教会からの独立という政治的文脈があった。ドイツ憲法も国教の樹立を禁じているが、宗教活動に国家の公認を要する公認宗教制を採用してカトリック教会を保護し、その教会税の徴収を認めている。イタリアも同様である。イギリス国教会を国教とするイギリスはもちろん、ノルウェー、スウェーデン、デンマークをはじめとする北欧諸国は、国王が司祭を務めるルター派プロテスタントを国教ないし準国教として扱いながら、宗教的寛容の精神をもって政教分離の実質を果たしてきたとされている。[3]

(3) イギリスにはイギリス国教会（カンタベリー教会）があり、王（女王）が最高権威者である。ノルウェーではノルウェー教会、デンマークではデンマーク教会、スウェーデンにはスウェーデン教会（いずれもルター派のプロテスタント）が、国家と深い関わりをもつ国教ないし準国教として扱われており、王（女王）が教会の長とされている。ちなみに、これらの国々では国旗に十字架のデザインが使用されている。

神社で七五三を祝い、祭で神輿を担ぎ、結婚式は教会で行い、葬式を仏式で行うことを厭わない日本の宗教的土壌は宗教間の習合と多重信仰を許容している。天皇は神道の最高権威者であり、即位の礼や大嘗祭といった儀礼は、国事行事もしくは皇室の公的活動として神式で行われている。かかる天皇を国民統合の象徴に戴く日本国憲法の解釈においても、厳格な分離を貫くことなく、信教の自由を全うすることは十分に可能であろう——。

そのような考えをもつ筆者が金城氏の裁判を受任して儒教祭祀の政教分離原則違反を問うものとして構成

したのは、儒教というものを日本国憲法における「宗教」として問うことに興味をもったからであった。

日本国憲法の政教分離規定は、ポツダム宣言受諾に基づく占領統治を行ったGHQによる神社（国家）神道を敵視した「神道指令」（神道と国家の分離）に基づくものであった[(4)]。日本の多重信仰的な文化的伝統や歴史的な宗教事情、そして「山川草木悉皆成仏」という日本独自のアミニズムの世界観を理解していたとは思えないGHQによる宗教文化干渉は、今日の文化多元主義の視点からみると西欧中心主義に基づく独善的で排他的な文化差別ともいえる側面があった。その残滓を取り除くには、今も憲法に伏在している「神道指令」を相対化して希釈する必要がある。儒教は、その格好の補助線となるように思われた。

―― 訴訟での争点

訴訟での争点は、言うまでもなく本件孔子廟の設置に係る公園使用料の全額免除が憲法20条1項後段、同条3項ないし憲法89条の政教分離規定に違反するかどうかである。

より具体的には本件孔子廟が宗教的施設かどうか、そこで挙行されている釋奠祭禮が宗教上の儀式かどうか、そして一般社団法人久米崇聖会が宗教上の団体かどうかであり、併せて、年間576万円もの公園使用料の全額免除という援助を、那覇市が主張する教育施設、観光施設、文化施設としての「公共性」との関係において「許容される範囲内」といえるかどうかという判断にある。

(4) GHQは日本の「軍国主義・超国家主義」を生み出した悪の源泉こそが「国家神道」であり、日本を戦争に導いた原因であるとみて危険視した。そのため1945（昭和20）年12月15日にGHQが日本政府に対して発した覚書「国家神道、神社神道ニ対スル政府ノ保証、支援、保全、監督並ニ弘布ノ廃止ニ関スル件」のことが神道指令と呼ばれる。それは、信教の自由の確立と軍国主義の排除、国家神道を廃止、神祇院の廃止を命じたものであるが、戦死者の公葬の禁止といった日本の文化的諸政策にまで及ぶものだった。

ちなみに、被告である那覇市長、そして補助参加してきた久米崇聖会はいずれも、「儒教は学問であって宗教ではない」と主張した。本件において、「宗教とは何か」「儒教とは何か」という根本問題をどう考えるかということが浮上してきたのは、その意味で論理必然であった。

—— 判決の経過

金城氏は2014（平成26）年6月に那覇市に対する住民監査請求を行い、これが退けられたあと、同年7月、地方自治法242条の2に基づき、設置許可の取消し（いわゆる2号請求）、公園使用料請求を怠る事実の違法確認（3号請求）、公園使用料請求の義務づけ（4号請求）を求めて那覇地裁に住民訴訟を提起した。

遺憾ながら、一審裁判体は金城氏本人の尋問まで審理を進めておきながら、住民監査請求と訴訟との同一性を欠くなどとして原告の訴えを却下し（那覇地判平成28年11月29日判例地方自治454号32頁）、本案の政教分離原則違反に関する判断に入らなかった。一審原告は直ちに控訴し、控訴審で3号請求および4号請求に対する破棄差戻しの判決を獲得することに成功した（福岡高那覇支判平成29年6月15日判例地方自治454号37頁）[(5)]。

さらに、被告那覇市長による損害賠償請求の相手方とされた翁長氏が逝去したため、差戻一審では、翁長氏に対する請求を義務づける4号請求を取り下げた。これによって差戻審では、公園使用料の請求を怠る事実の違法確認を求める3号請求だけが審理対象として残ることになった。差戻一審判決は、公園の無償貸与

(5) 一審判決は本件住民訴訟に先立つ監査請求には公園使用料の免除のことは明示的に取り上げられていないとした。監査前置主義に反するとして却下したのである。しかし、控訴審判決は、財務会計上の行為または怠る事実の同一性は、当該請求人の意思解釈の問題であり、監査請求書に記載された違法事由によっては分断されないとする最高裁判例（最判昭和62年2月20日民集41巻1号122頁）を引用し、監査請求書の記載だけでなく、副次的に監査請求に至る経緯・動機、委員会の判断、その前後の住民の行動も斟酌すべきだとし、当該監査請求においては請求人が監査請求において本来支払われるべき地代相当額を支払わないで無償で本件施設を使用していることを問題にしていることは明らかだとして一審判決を覆した。

が憲法20条1項後段、89条が定める政教分離原則に違反していたことを認め、被告那覇市長の責任を肯定した（那覇地判平成30年4月13日判例地方自治454号40頁）。

被告の那覇市長および補助参加人の久米崇聖会は控訴し、福岡高裁那覇支部は一審判決を変更し、公園使用料の全額免除は違憲だとしつつも、市長裁量による減額を認めるという妥協的な判決を下した（福岡高那覇支判平成31年4月18日判例地方自治454号26頁）。これについては一審原告の金城氏は上告受理申立てを行い[6]、一審被告の那覇市長および補助参加人の久米崇聖会は、上告を申し立てた。

(6) 原告は違憲判断を獲得している以上、最上級審で争うにあたって上告理由はなく、市長の裁量で使用料が減額できるとした点について上告受理申立てを行ったものである。

2021（令和3）年2月24日、最高裁大法廷は、同年1月20日に口頭弁論を開いたうえで本件に対する判決を下した。結果は、本件孔子廟の公園使用料を免除した那覇市の処分には、政教分離違反の違法があるとするものであった。

差戻審の一審判決を受けての記者会見の様子。右から2番目が筆者（支援者撮影）

2　政教分離原則に対する筆者の考え

―― 土台としての空知太神社事件判決

本件事案についての話を聞いたとき、まず浮かんだのは、空知太神社訴訟最高裁大法廷判決であった（最

大判平成22年1月20日民集64巻1号1頁)。

同判決は、市が連合町内会に対し市有地を無償で神社施設の敷地としての利用に供している行為が憲法89条、20条1項後段に違反するとしたものである。同判決が判断基準として適示している部分は次のとおりである。「国又は地方公共団体が国公有地を無償で宗教的施設の敷地としての用に供する行為は、一般的には、当該宗教的施設を設置する宗教団体等に対する便宜の供与として、憲法89条との抵触が問題となる行為であるといわなければならない。もっとも、国公有地が無償で宗教的施設の敷地としての用に供されているといっても、当該施設の性格や来歴、無償提供に至る経緯、利用の態様等には様々なものがあり得ることが容易に想定されるところである」。「そうすると、国公有地が無償で宗教的施設の敷地として用に供されている状態が、前記の見地から、信教の自由の保障の確保という制度の根本目的との関係で相当とされる限度を超えて憲法89条に違反するか否かを判断するに当たっては、当該宗教施設の性格、当該土地が無償で当該施設の敷地としての用に供されるに至った経緯、当該無償提供の態様、これらに対する一般人の評価等、諸般の事情を考慮し、社会通念に照らして総合的に判断すべきものと解するのが相当である」。

本件孔子廟が宗教施設としての性格を有しているかどうかは、儒教は宗教か学問か、という議論と密接に関連することになるが、金城氏が釋奠祭禮を見た時の直感のとおり、それが宗教的性格を有するものだとすれば、総合判断基準の中で考慮されるその他の考慮要素については、本件（孔子廟事件）と空知太神社事件とでは大きく異なる。すなわち、空知太神社事件と違って、本件における国公有地たる敷地の無料使用には市（那覇市）が直接的かつ積極的に関与しているのである。公園内における広範囲の敷地を排他的に使用し、かつ、年間576万円もの公園使用料の全額免除という無償提供の態様をもあわせ考えたとき、筆者には、このような無償提供が憲法89条に違反することはもはや疑いのないことのように思えた。

―― 目的効果基準と総合判断基準の距離と連関

空知太神社事件判決が示した総合判断基準と、津地鎮祭事件判決（最大判昭和52年7月13日民集31巻4号533頁）が示したいわゆる目的効果基準の異同については、学説上もいまだ見解の一致を見ないところである。津地鎮祭事件判決が用いた目的効果基準の特徴は、あえて憲法における「宗教」の定義を示さないことにある。それは宗教と政治との関わりを一定程度認め、宗教的中立性を侵害するに至ったものを違憲とするものであるが、一般人の宗教意識を土台に置いて宗教の定義や本質に立ち入らない外形的で機能的な基準である。そしてあえて「宗教」を定義しなかったという点は、空知太神社事件判決が採用した総合判断基準においても共通しており、同判決が津地鎮祭事件判決を引用していることに照らしても、それが目的効果基準と同じ考え方に拠っていることは疑いえない。**総合判断基準は、国公有地が宗教施設の敷地として無料で使用されている**

という違憲の疑いの濃い類型において目的効果基準をカスタマイズしたものだと解してよいと思われる。

空知太神社訴訟は、北海道の開拓者たちが設置した神社が対象であり、それが神道の宗教施設であることは当然の前提とされていたようである。しかし、筆者が思うに、提唱者もなく教義もなく、そして特定の救済ももたず年中行事と祭祀を中心とする神道は、民族的神話ないし歴史的文化の所産であり、教義体系をもつ仏教や儒教と習合してきたように本来的に排他的なものではない。むしろ特定の宗教として定義づけることは困難ではないかとも思われる。神道が宗教であることが自明だと解されているのは、政教分離原則の基となったGHQの「神道指令」そのものが天皇制と密接に結びついた神道をターゲットにするものだったからにほかならない。そういうこともあって、筆者の政教分離原則をみる目は、その厳格な適用にこだわることで、信教の自由を確保することよりも、不合理を含む伝統文化を破壊してしまう弊害の方が大きいのではないかと危惧している。言い換えれば、政教分離原則については、厳格な分離を要請すべきではなく緩やかな分離線が引かれていれば十分である、と考えているわけである。目的効果基準や総合判断基準が含意しているように、それは、その時々の一般人の宗教意識を基軸としつつ、文化的要因、歴史的要因をも総合的に判断して、政教の関わりあいのうち、行き過ぎたものを制約すれば足りるものだと考えている。

—— 金城氏の思いと訴訟の重点

原告である金城氏が求めていたことは、本件孔子廟を松山公園から撤去することであった。しかし、裁判を通じて、市民公園に設置されている本件孔子廟の撤去を実現することは、空知太神社事件判決の事案と比較してもハードルの高いものに思われた。なぜなら、空知太神社はそれが神道の宗教施設であることは誰も疑問に思わないし、公有地を無償で敷地使用してきたことは国家神道の残滓であったように見える。他方、本件孔子廟については、そもそも儒教は宗教ではないという講学上の通念もあるところ、那覇市はこれを建前として教育文化ないし観光事業という公共性と公益性を掲げて設置事業を行ってきた。政教の関わりが一定の限度を超えていることを論証するには、設置そのものではなく、本来年間576万円の使用料を支払わなくてもよいとする本件免除に焦点を当てることが必要だと思われた。

政教分離について厳格な分離を要請する立場に立てば、撤去を命じる判決もありうるところだが、その判決が与える久米崇聖会の宗教活動の自由への制約とのバランシング、というやっかいな問題に向き合わなければならないことになる（そして、この問題は、裁判所には荷が重すぎるように思われた）。そこで、設置許可処分の取消しを求めたものの、撤去そのものを求めることは控え、とりわけ、差戻一審からは、年間576万円にも上る公園使用料を全額免除して儒教の血縁組織たる宗教団体ともいうべき久米崇聖会に便宜供与しているという那覇市の措置が政教分離に違反するものであることの確認だけに、焦点を絞ることにした。

すなわち、公園から本件孔子廟を撤去させるというそもそもの金城氏の思いより、那覇市が特定の血縁集団である久米崇聖会という一般社団法人のために憲法に違反して便宜を図っているという事実を明らかにすることを優先させたのであった。あわせて、本件孔子廟が憲法にいう宗教の施設だということを明らかにすることは、政教分離における宗教とは何かという根源的な議論を通じて、「神道指令」の相対化による希釈も図れるのではないかという筆者の思惑もあった。金城氏とも、本件孔子廟の撤去は、それが宗教施設であることが判決において明らかになってから改めて検討することにした（まさか、その決着に7年を要するとは考えていなかったのであるが）。

―― 政教分離原則に関する判断基底としての一般人の宗教意識

日本国憲法において政教分離原則が果たすべき役割が、信教の自由の確保と複数の宗教の共存という立憲主義的なものであることは、津地鎮祭事件判決以来、最高裁判例が繰り返して述べてきたことである。しかしながら宗教の共存の枠組みのあり方は、前述したように、イギリスや北欧のように宗教的寛容の精神をもって果たすこともできよう。政教分離の徹底だけが正解ではないようである。神道が歴史的に果たしてきた多重信仰や習合もまた宗教的寛容のあり方をめぐる宗教的共存のひとつの方法として積極的に評価すべきではなかろうか。

思うに、戦後しばらくの間は、西欧近代合理主義への憧憬と敗戦による精神的劣等感もあり、社会を理性に基づいて合理的に設計することが尊ばれ、政治の世界に不合理な宗教を持ち込むことは前近代的なことだという考えが政教分離原則の理解においても主流だったように思われる。旧ソ連や中国のような唯物論に基づく共産主義においては、宗教は「精神の阿片」だと否定的に捉えられ、無神論の信奉が憲法で称揚されてきたのはその例である。しかし、1980年代になって構造主義が流行し、共産主義を目指すソ連、東欧が崩壊し、西欧中心主義が文化的偏見として批判されるようになると、文化多元主義が横溢し、民族宗教と結びついた伝統文化を野蛮なものとして蔑視する風潮は一気に萎んでいった。人類の歴史はひとつの方向に向かって同じ発展段階の階梯を登るものではないという意識が一般化していった。宗教や文化に対するポストモダンな見方はこれからも一般人の宗教意識を変容させていくことになるだろう。

さらに、GHQの神道観そのままに〈天皇制と結びついた国家神道がファナティックな軍国主義と結びついて日本を暴走させた〉とする歴史観が政教分離原則の理由づけとして使われてきたこともあった。私たちは国家神道を象徴として、あらゆる日本的な伝統や文化についても反省を強いられたのである。しかし、南京大虐殺や従軍慰安婦問題といった日本軍を悪玉とする戦後的な歴史観が合理的検証のもとに見直されるに従ってこうした日本軍悪玉論も相対化されてきたように思われる。もっとも政教分離原則の徹底を強調する人たちの中では今も戦争に至った軍国主義と結びついた国家神道に対する反省を声高に叫ぶ人が少なくない。以前の政教分離裁判においては、主としてキリスト教プロテスタントに属する原告が、年中行事や伝統文化や習俗の中に潜む国家神道の残滓を見つけ出し、その宗教性を問題視して糾弾する類のものも多かった。それらの多くは戦前の天皇制や国家神道による信教の自由の抑圧があったことが語られ、裁判所が感得する一般人の宗教意識なるものは少なからずこれに引きずられてきた憾みがある。

しかし、一般人の宗教意識というものは歴史観や文化観と同様、時代とともにどんどん変わっていくものである。筆者が言いたいことは、**政教分離という原則も「一般人の宗教意識」というモメントを内在させている以上、固定的なものではありえず、今後もどんどん変わりうる**ということである。

3　政教分離を議論する土俵づくり

―― 儒教は学問か、それとも宗教か

訴訟が始まると、本案について那覇市側と久米崇聖会が強く主張したのは「**儒教は学問であって宗教ではない**」というものであった。曰く、「儒教は国家統治の経世済民思想や帝王学的なものであって、学問的に日本に受容されたものである」と。こうして浮上した問題は、《宗教とは何か》と《儒教とは何か》という２つの根

源的な問いであった。

前述したように最高裁判例は憲法上の「宗教」の定義をしていない。それゆえ、「儒教は宗教ではない」という命題に出くわしたときには、何を基準に宗教性を論じるのかについて当惑することになる。そこで勢い、津地鎮祭事件の控訴審判決（名古屋高判昭和46年5月14日民集31巻4号616頁）が示した広義の定義、すなわち**「憲法でいう宗教とは、『超自然的、超人間的本質（すなわち絶対者、造物主、至高の存在等、なかんずく神、仏、霊等）の存在を確信し、畏敬崇拝する心情と行為』をい〔う〕」**というものを土俵にして論争することになった。[7]

(7)「超自然的、超人間的本質」とは、その捉え方如何では、およそ形而上の存在すべてを含みうる。たとえば、歴史の唯物論的発展法則の実在を信じるマルクス主義イデオロギーも宗教に含まれうる。

原告はこの定義を用いて、被告の「儒教は学問であって宗教ではない」という主張に対して、**「儒教は学問でもあり、宗教でもある」**と組み替える戦略をとった。要するに、宗教と学問の分離線は探究せず、あくまでも儒教の「宗教」性を問題にしたわけである。キリスト教にはギリシャ哲学を承継したスコラ哲学があり、仏教にも「空」の哲理や唯識の思想がある。これらは立派な学問である。確かに儒教には論語や孟子があって経世済民の学問的側面がある。しかし、そのことは、儒教が魂魄、鬼神、天帝といった超自然的存在の実在を信じる宗教的な性格を有することと何ら矛盾するものではない。

そして本件で問題としているのは儒教の学問的側面ではなく、釋奠祭禮という宗教的色彩の濃厚な儀礼と、これを行うことを主たる目的とする孔子廟という施設の宗教性なのである。いわば儒教がもつ宗教的側面の表れとしての釋奠祭禮を政教分離の問題として取り上げたのであった。

―― 儒教とは何か

多くの日本人にとって儒教といえば、孔子とその高弟らの言行を記録した論語であり、主として経世済民や道徳として徳目（仁・義・礼・智・信）を説いた学問として受け入れられてきた。久米崇聖会と那覇市側も、儒教は宗教ではなく学問であると強弁し、その根拠として宗教学上の通説なるものを挙げるが、その通説なるものは50年以上も前のものであった。

裁判では儒教学の泰斗・加地伸行大阪大学名誉教授の意見書と著書に依拠し[(8)]、儒教が宗教的性格を濃厚に有するものであることを論証した。

そもそも「需」は死霊と交信するシャーマンであり、その祖霊祭祀は先祖の霊魂を招いて再生する招魂再生の儀式であった。加地名誉教授は、その意見書の中で儒教の世界観について語り、「**儒教は魂魄（こんぱく）という霊的存在を中心に置くものであり、仏教の世界観である輪廻転生と厳しく対峙してきた**」としている。朱子学は、人は死ぬと、それまで一体となっていた魂魄が分かれ、魂は天井に上り、魄は地下に沈潜するのであり、それが一体となって輪廻転生することはありえないとして仏教を批判してきたのであった[(9)]。

京都大学大学院の小倉紀蔵教授は、儒教の代表的宗派である朱子学について「朱子学的世界観を理解するために、鬼神ほど重要なものはないように思える」としたうえで、儒教が政治思想であるとともに、血の連続性および超越的存在（天）との合一感を基本にした

(8) 加地伸行『儒教とは何か』（中公新書・2011年）、同『孝研究－儒教基礎論（加地伸行著作集Ⅲ）』（研文出版・2010年）、同『沈黙の宗教－儒教』（ちくま学芸文庫・2011年）。

(9) 三浦國雄『「朱子語類」抄』（講談社学術文庫・2008年）。

宗教思想であると説いている。[10]

お茶の水大学大学院の高島元洋教授はNHK放送大学講座において、「子は、怪力乱心を語らず」や「未だ人に事うること能わず、焉んぞ能く鬼に事えん」などの孔子の言葉をもって、孔子が「鬼神」の存在を認めない無神論者であり、「天道」「天命」の判断を求めない合理主義者であったという巷間流布した俗説を《ありえない》として、孔子が「鬼神」や「天」に言及する言説を多数挙げている。[11]

日本においては、儒教の宗教的側面は、仏教の宗教儀式の中に吸収され、遺骨を納める墓、位牌、法事、盆といった本来は儒教的な祖霊崇拝に関係する慣習や儀礼等まで仏教のものとして受け入れられてきた。本来、祖霊崇拝に関連するこれらの慣習等は輪廻転生を前提とする仏教の世界観とは相いれないはずであった(事実、輪廻転生を信じるインド文化圏では墓も位牌も盆もない)。もともと日本に伝来した仏教が中国において儒教と習合したものであったこと、儒教の血の連続に基づく宗教性は江戸時代の寺請制度によって仏教に吸収されていったという歴史的経過があったことも指摘されている。加地名誉教授が儒教を「沈黙の宗教」と呼ぶのはそのためである。[12]

儒教は宗教か否か。これは、この訴訟において両当事者が最も熱量を注いだ論点だった。判決では「儒教が宗教かどうかはさておき」として本件孔子廟の施設と釋奠祭禮の宗教性についてのみ取り扱われることになったが、儒教の宗教性そのものに関する議論が判決を左右したことは疑いえないことである。そのことは

(10) 小倉紀蔵『入門 朱子学と陽明学』(ちくま新書・2012年) 35頁以下。

(11) 竹村牧男＝高橋元洋『仏教と儒教－日本人の心を形成してきたもの』(放送大学教育振興会・2013年) 143頁以下。

(12) 中村雄二郎『日本文化における悪と罪』(新潮社・1998年) 93頁以下。

最高裁判決においてひとり反対意見を書いた林景一裁判官がオーソドックスな儒教観に立って次のように述べていることからもわかる。すなわち、「かつて、論語は、中国及び我が国をはじめとする東アジア諸国に浸透しており、知識人や指導的階層はもとより、広く庶民に至るまで、基本的な素養、教養であると考えられており、論語を含む四書五経は、立身出世のための必須科目とみなされ、わけても論語は決定的に重要と考えられていたことは周知の事実であり、孔子ないしその思想の権威を示す象徴としての大成殿と一体的施設として孔子廟を構成していたようである」というのである。そして釋奠祭禮については、「本件施設で行われている釋奠祭禮は、そのために、祖先が渡来人の思想的、実務的基盤として重視した儒学・論語文化そのものの外部への普及のための努力をしながら、集団内部においては、儒学・論語の始祖というべき孔子に対する畏敬の念を示す伝統を共有し、そのための伝統行事を催行し、承継していくこととしているものであると説明することができよう。とすれば、これは信仰に基づく宗教行為というよりも、代々引き継がれた伝統ないし習俗の継承であって、宗教性は仮に残存していたとしても、もはや希薄であるとみる余地が十分にあると考える」としている。孔子の霊を饗応するという宗教的な要素をもつ釋奠祭禮が信仰に基づく宗教行為なのか伝統ないし習俗の承継なのかは、釋奠祭禮そのもののありようだけでなく、その歴史性や公共性、主催者の性格およびその意義づけによって変わりうるものということになる。

エイサー（筆者撮影）

―― 孔子祭りは習俗なのか

那覇市側と久米崇聖会は、本件孔子廟での釋奠祭禮は世俗的な習俗であり、公園使用料の免除は観光振興と歴史文化の保護という公共的な目的によるものだと主張した。そもそも釋奠祭禮が沖縄では芸能や伝統行事として親しまれているエイサーやハーリーと同じだという主張には無理があった。エイサーは本土の盆踊りにあたる伝統芸能のひとつであり、主に各地域の青年会がそれぞれの型をもち、旧盆の夜に地域内を練り歩くという。今ではすっかり世俗化し、結婚式などのお祝いの場で披露されることも多く、宗教性は希薄化している。ハーリーも元来は航行の安全を祈願するという宗教的な起源があったが、今ではそうした宗教的起源とは関係なく、サバニと呼ばれる伝統漁船で競走する行事として認識されている。釋奠祭禮は久米三十六姓という血縁で閉ざされた一族の内部によって伝承され、ほとんどの沖縄県民においてなじみのないものであった。

加えて原告側は、宗教か習俗かの論争に関し、原告側は、儒教と孔子祭の捉え方に関してキリスト教圏でかつて歴史的に議論された「典礼問題」を持ち出し、釋奠祭禮の宗教性を明らかにしようと考えた。

マテオ・リッチ（public domain）

明朝末期の宮廷で活躍し、キリスト教の布教を成功させたイエズス会のマテオ・リッチは、中国の伝統文化を尊重し、中国人信徒たちが行う祖霊崇拝や孔子祭といった宗教的儀礼（典礼）を容認したことにあった。清朝になってから中国にやってきた後発のフランチェスコ会やドミニコ会の宣教師らは、イエズス会がキリスト教の布教を独占している状況に出会い、イエズス会の布教方法を、偶像崇拝を容認するものだとしてローマ教皇庁に告発し、熾烈な論争に発展した。これが「典礼問題」である。1715年、ローマ教皇クレメンス11世は、孔子祭を中国の習俗だとするイエズス会の主張を退け、これを偶像崇拝だとして信徒の参列を禁じる回勅を発した。しかしながら、中国国内においてこれに従っていなかったイエズス会はその後面従腹背を理由に破門されることになった。イエズス会に恩義を感じていた康熙帝は、教皇庁に反発し、同会以外のキリスト教の布教を禁じるという措置を繰り出した。康熙帝が没すると次の擁正帝は、キリスト教を全面的に禁止するという歴史的エピソードがついてくる。[13]

(13) 岡本さえ『イエズス会と中国知識人』（山川出版社・2008年）、矢沢利彦『中国とキリスト教―典礼問題』（近藤出版社・1972年）。

原告側が「典礼問題」を持ち出した狙いは、政教分離裁判でしばしば提示されてきたキリスト教徒（とりわけプロテスタント諸派）の、宗教に対する純粋ではあるが排他的な視点からみれば、儒教の孔子祭も伝統的な習俗ではなく異教徒による宗教儀式に見えるということを示すことにあった。

―― 国内の孔子廟と釋奠祭禮

久米崇聖会は、国内で孔子を祀る孔子廟における孔子祭の事例を調査し、その習俗性ないし非宗教性を主張した。東京都文京区の湯島聖堂、佐賀県多久市の多久聖廟、栃木県足利市の足利学校である。いずれにおいても、孔子祭が行われているが、政教分離に違反するという声は聞こえてこない、というのである。

いずれの施設にも共通するのは、由緒ある学問所としてのルーツをもっており、国から文化財保護法による保護の対象とされていることである。湯島聖堂と足利学校は史跡指定を受けており、多久聖廟は重要文化財の指定を受けている。多久聖廟における釋菜(せきさい)と呼ばれる孔子祭は、佐賀県の重要民俗文化財に指定されており、足利学校の孔子祭（釋奠）は足利市の重要無形文化財に指定されている。さらに、それらの所有・管理・運営の主体をみると、湯島聖堂の所有者は国であり、公益財団法人が管理しており、多久聖廟は多久市が所有し、公益財団法人が管理している。足利学校は足利市が所有し、同市の教育委員会が管理運営している。こうした施設、祭禮、主体の公益性ないし公共性がその世俗性を強調し、宗教性を希薄化させているように思われた。

他方、本件孔子廟やそこでの釋奠祭禮には、文化財保護法に基づく文化財としての指定はなく、歴史的または文化的な価値に乏しい。そして、その所有・管理・

運営を担っているのが一般社団法人であって公益法人や市町村ではないということが、湯島聖堂等の文化財との際立った違いであった。

—— 一般人の宗教意識

目的効果基準においても総合判断基準においても、一般人の宗教意識ないし評価は重要な判断要素になる。当事者の主張は、そこに向けて収斂していくといってもよい。本件では原告側は、孔子祭の動画と実際を見た金城氏の「これが宗教でなければ何が宗教なのか」とする直感、そして本殿前で跪拝する信者の姿や灰が封入された学業成就の御札が販売されていたことを捉え、「菅原道真を神として祀る天満宮と同じではないのか」とする金城氏の法廷供述をもって一般人の宗教意識を立証した。宗教施設に市民公園を使用させること自体が便宜供与であり、特定の宗教団体に特権を付与することになるというものだった。

判例でも引用されている「学業成就」のお札。「天満宮と同じ」という金城氏の直感の重要な基礎となったもの。

ところで湯島聖堂や多久聖廟といった地方公共団体が公金を支出したり、その行事に深く関わったりしているものが複数存在するところ、それらについて政教分離原則に違反するといった声が上がってこないことをどう考えるべきだろうか。筆者は、何よりもこれらの管理運営主体と運営方法が公共的性格をもったものであることが重要であると考える。宗教的な要素をもつ儀式であることには変わりはないが一般に開かれ公共的性格をもつようになったことで特定の宗教への便宜供与であるという意識が希薄化されているのだと考えている。これに比して会員資格を久米三十六姓の末裔に限定するという血縁による閉鎖性をもった団体が管理者であり主催者であり、会員以外の者が祭官になることができないというところが大きく影響したと思われる。公共性もしくは公益性は宗教性を希薄化し、行為に世俗的性格を付与するするという関係を読み取ることができるのである。

—— 差戻一審判決

2018（平成30）年4月13日、差戻し後の那覇地裁第1民事部の判決（民集75巻2号273頁）は、本件設置許可等の憲法適合性について空知太神社事件判決の基準を示したうえで、釋奠祭禮の宗教性について次のように判示した。

> 本件孔子廟において年1回開催されている釋奠祭禮は、供物を並べて孔子の霊を迎え、上香や献禮、祝文奉読等をした後にこれを送り返すというものであり、儒教一般の宗教該当性の結論いかんにかかわらず、神格化された孔子を四配を崇め奉るという宗教的意義を有する儀式にほかならない。

この判断にあたって判決は、久米崇聖会が「久米三十六姓の末裔以外の者が釋奠祭禮を直接実施すると、祭祀事業の形骸化、観光ショー化、世俗化の恐れがあるとして、祭官である祭主や執事を務めることができるのは、久米三十六姓の末裔である補助参加人〔＝久米崇聖会〕の会員のみとしていることを踏まえると（……）、釋奠祭禮が宗教的な意義の希薄な、単なる世俗的行事にすぎないということはできない」とした。

本件孔子廟については、「本件施設の前身である戦前の至誠廟や明倫堂は、国や沖縄県によって社寺に類する施設としての扱いを受けており（……）、また、戦後に再建された旧至誠廟から本件施設への移転に当たっては、補助参加人により、遷座御願や遷座式が行われているのであり、……本件施設は、社寺に類する信仰や参拝の対象としての性格を引き継ぐ施設であるということができる」として、「儒教一般についての宗教該当性の結論いかんにかかわらず、宗教的性格を色濃く有する施設であるというほかない」とした。

久米崇聖会の宗教団体性については、「宗教的性格を色濃く有する……本件施設の運営管理及び釋奠祭禮の挙行を補助参加人〔＝久米崇聖会〕の『事業の核』として位置付けていて……本件施設等において宗教的行事を行うことを主たる目的とする団体であると評価すべきであり、憲法89条の『宗教上の組織若しくは団体』及び憲法20条1項後段の『宗教団体』に該当するというべきである」とした。

被告の那覇市と久米崇聖会が力を入れて主張した日本国内に存在する他の孔子廟（湯島聖堂、多久聖廟、足利学校等）に関する主張、すなわち、「地方公共団体が公金を支出したり、その行事に深くかかわったりしているものが複数存在するところ、それらについて政教分離原則に違反するものとは考えられておらず、本件施設も、他の孔子廟と同様に、政教分離原則に違反するものとはいえない」という主張については、「現状において、他の孔子廟について、憲法20条1項後段、3項、89条との抵触が問題とされていない理由については、歴史的背景や、宗教的性格の有無及び程度、管理運営主体の違いを始めとして、様々なものが考えられるから、そのこと自体は、本件施設に係る本件免除の違憲性を否定する事情となるものではない」として一蹴した。

そのうえで、使用料の免除による無償提供状態が、久米崇聖会による本件施設を利用した宗教的活動を容易にする強い効果をもつうえ、一般人の目からみても、那覇市が特定の宗教に対して特別の便益を提供し、援助していると評価されてもやむを得ないとして憲法89条、20条1項の政教分離違反があるとし、かつ、憲法20条3項違反も認めたものである。

—— 控訴審での久米崇聖会等の主張立証

控訴審では一審被告側は、原判決は本件孔子廟や釋奠祭禮の外形的側面を過大視してその実質を十分に検討することなく、「儒教」が「特定の宗教」であるか否かについて判断を示していないなどとして改めて「儒教」の非宗教的性格、久米崇聖会の非宗教団体性、一般人の評価等について争ってきた。そのうえで、それぞれの争点について研究者や専門家の意見書を提出してきた。

第1に高良倉吉琉球大学名誉教授の意見書（琉球・沖縄における儒学・儒教等の評価について）。第2および第3に中琉交流史等の観点からの上里賢一琉球大学名誉教授一および琉球大学教授の意見書（沖縄、特に本件施設における儒学・儒教、釋奠祭禮、本件施設等についての中琉関係史等の観点を踏まえた事実等）。第4に民俗学の観点からの研究者稲福政斉の意見書。そして第5に只野雅人一橋大学大学院教授の意見書（憲法学の観点から本件免除は政教分離違反とはならないこと）の5本の意見書が提出された。

率直に言って、いずれの意見書も本件訴訟の争点との関係が明確ではなかった。いずれも久米崇聖会が本件孔子廟で実施している釋奠祭禮の非宗教性ないしその希薄性をいうものであり、または、そのことを前提とした一般人の評価や政教分離に関する意見書であったが、原判決の明快な論理と結論を揺るがすような力をもつもののようには思えなかった。原告側はあえて対抗的な意見書のとりつけをしなかった。

もっとも政教分離をめぐる「宗教」は、信仰の自由における「宗教」とは異なり、「何らかの固有の教義体系を備えた組織的背景をもつもの」だとする説が主張されており[14]、これについては主張を手当てしておく必要を感じた。神道と違って儒教は固有の教義体系（四書五教等）を備えたものであることは自明であるが、組織的背景については次のように論じた。

(14) 佐藤幸治『日本国憲法論〔第2版〕』（成文堂・2020年）262頁。

—— 久米崇聖会の宗教団体性

儒教にはキリスト教や仏教のような信徒組織がないといわれる。それは儒教そのものが血の連続性に基づく“孝”の宗教であることに基づいており、血縁一族ごとに閉じており横の広がりがないのである。儒教の先祖崇拝の祭祀を支えているのは宗族と呼ばれる血縁に基づく父系同族集団である。沖縄の最大の宗族（門柱）は数百人の規模だとされている。前述したように、久米崇聖会は定款をもって明代に琉球に渡来したという由来をもつ久米三十六姓の末裔からなる血縁集団としての性格を堅持しており、それゆえ公益法人となる道を断たれていたのであるが、久米崇聖会とすれば、血縁集団としてのアイデンティティは、捨てることができない重大なものであった。そのことは血の連続性に基づく宗教としての儒教の特徴そのものと重なる。言うまでもないが、一般社団法人としての法人格を備えた相応の規模を有する団体である以上、久米崇聖会が組織的背景を有していることも自明であった。

意見書の中には久米崇聖会の会員の宗教は無宗教であったり仏教であったりキリスト教であったりとして、信仰に基づく信徒組織としての意義は甚だ希薄だというものもあった。しかしながら、それをいうのであれば空知太神社事件判決において宗教団体とされた氏子集団もまた同じであった。氏子集団の会員は家に帰れば全員仏教徒であったとされる(15)。家の宗教、地域の宗教、個人の宗教が異なるのは日本的な多重信仰の特徴でもある。キリスト教やイスラム教といった一神教の宗教とは、信仰というもののあり方が根本的に異なっているのである。

(15) これは神社神道の特徴といえるかもしれない。祇園祭でも天神祭りでも地域の祭りや共同体の祭祀に参加する者は、家に帰れば仏教徒だったりキリスト教徒だったりすることが普通である。神道は共同体の祭祀であって個人の内心の信仰に関わる宗教ではないという神道非宗教論もまったく根拠のないものではないのである。

―― 差戻控訴審判決

2019（平成31）年4月18日に下された福岡高裁那覇支部の判決（民集75巻2号307頁）は、政教分離違反を認める違憲判決ではあったが、主文を次のように変更した。「控訴人が、補助参加人に対し、2014（平成26）年4月1日から同年7月24日まで間の松山公園の使用料を請求しないことが違法であることを確認する」。
――正直、奇妙な判決であった。

同判決は、本件孔子廟施設の宗教的性格についても、そこでの釋奠祭禮の濃厚な宗教的性格についても、久米崇聖会の宗教団体性についても、一般人の宗教的意識ないし評価についても一審判決をそのまま踏襲した。

しかしながら、控訴審判決は、「那覇市公園条例上及び同条例施行規則上、那覇市長が特に必要と認める場合には使用料の一部を免除することができる旨規定されており、控訴人〔＝那覇市長〕には、施設の設置許可を受けた者に対して公園使用料の一部免除をするか否かについての裁量が認められている」ことを理由に那覇市長が公園使用料の全部を徴収しないことが直ちには那覇市長の財産管理上の裁量を逸脱または濫用するものであるとはいえないとしたのである。

那覇市側と久米崇聖会は政教分離違反という憲法判断を争って上告し、原告側は公園使用料の全部を徴収しないことが財産管理上の裁量の逸脱または濫用にあたらないとした部分の法律判断の違法を争って上告受理申立てを行った。那覇市長は、今後発生する公園使用料を減額することができるが、一審判決が徴収すべきだとした公園使用料はすでに発生した債権であり、これを減額する裁量権限を那覇市長はもたない。高裁判決の論理は無理筋であった。

4　最高裁判決、第２次訴訟と残った課題

―― 大法廷回付

2020（令和2）年7月、最高裁第三小法廷の書記官から、当方の上告受理申立てが受理され、久米崇聖会からの上告事件と併合して大法廷に回付されることになったという連絡がきた。大法廷回付――。違憲判決なのか、あるいは判例変更に伴う合憲判決なのか。周囲には、後者を予想する向きもあったが、筆者らは違憲判決を確信していた。(16) 合憲判決ならば当方の上告受理申立てが受理される理由はないからだ。

しばらくして、当事者双方に憲法20条3項に係る主張反論についての督促があった。双方主張を尽くしたあと、2021（令和3）年1月20日、口頭弁論指定の通知が来た。1月20日の口頭弁論。大法廷の開廷は、正面奥の扉が開き、裁判長を先頭に15人の裁判官が次々に現れ順に着席していく様は厳かに感じた。(17)

(16)　大法廷回付については、裁判所法10条および最高裁判所裁判事務処理規則9条参照。

(17)　上告人の久米崇聖会と那覇市長の代理人から各30分の弁論のあと、当方の弁論を行った。まず、筆者が儒教の宗教性を論じ、岩原義則弁護士が空地太神社事件判決の適用を論じ、最後に、上原千可子代理人が、コロナ感染の懸念から出廷できなかった金城氏の手紙を朗読した。あわせて30分。口頭弁論の最後に判決期日は追って指定され、後日、2月24日指定の連絡があった。

―― 最高裁大法廷判決

2021（令和3）年2月24日に下された最高大法廷裁判決（民集75巻2号29頁）は、控訴審判決を変更して原告の全面勝訴を告げるものであった。結論も理由づけも差戻一審判決とほぼ同じであったが、適用条文は憲法20条3項だけとし、89条、20条1項についてはあえて判断するまでもないとした。

89条、20条1項に言及がなかった点については、久米崇聖会を宗教団体と認定することを躊躇したのではないかとの見方もあがったが、どうだろうか。

判決は、久米崇聖会につき、久米三十六姓の歴史研究等をもその目的としているものの、宗教性を有する本件孔子廟の公開や釋奠祭禮の挙行を定款上の目的または事業として揚げており、実際に、多くの参拝者を受け入れ、釋奠祭禮を挙行している。そうすると、本件免除は、久米崇聖会に本件孔子廟を利用した宗教的活動を行うことを容易にするものであるということができる、と認定して政教分離違反を認めており、事実上宗教団体性を認めているともいえると思われる。

結局のところ、最高裁は本件免除という那覇市の行政処分の違憲性が訴訟の対象となっているという訴訟の実態に照らし、それが那覇市による特定の宗教の活動を容易にする宗教活動であるという論理をとってこれを明確にし、そのような処分が問題とされたわけではない空知太神社事件判決がとった憲法89条違反ないし20条1項後段違反という判断を行わなかったものと思われる。

その他、判決は、本件免除が行われた経緯についても、一審判決と同じく、那覇市が本件孔子廟の観光資源に着目し、またはかつて琉球王国の繁栄を支えた久米三十六姓が居住し、当初の孔子廟があった久米地域に本件孔子廟があること等による歴史的価値が認められるとして、公園使用料を免除することにしたものであるとした。そして、土地利用計画を検討する委員会において本件孔子廟の宗教性を問題視する意見があったことなどや、法令上の文化財としての取扱いを受けている事情もうかがわれないことを指摘して本件孔子廟の観光資源等としての意義や歴史的価値をもって、本件免除によって国公有地を無償で提供することの必要性および合理性を裏付けることはできないとした。これも概ね一審判決が認定したとおりである。

また、日本国内に存在する他の孔子廟（湯島聖堂、多久聖廟、足利学校等）においても地方公共団体が行事に深く関わって、釋奠祭禮と同様の儀式がなされているという点についても、差戻一審判決と同一の理由をもって退けている。

―― 最高裁判決の影響と第2次訴訟

最高裁判決は、3例目の政教分離の違憲判決として翌日の各紙に大々的に取り上げられた。東北大学の佐々木弘通教授（憲法）は、判決について「施設の設置許可自体も違憲だとほのめかしており、高く評価する。宗教が、政治や金など別の目的のための手段として利用されてはならないと肝に銘じるべきだ」と指摘し、他の施設は「各施設の実情に合わせて判断するため、ほぼ影響はない」との見方を示した。湯島聖堂や足利学校なども「判決の影響は心配していない」などとしており、本件孔子廟に係る高裁判決は特殊な事例であると受け止められているようである。

しかし、筆者は本件に関する最高裁判決は政教分離というものの一般的なイメージをひっくり返す潜在的なインパクトをもっているのではないかと思っている。

それはどういうことか。

最高裁判決の結果、久米崇聖会は、過去に遡り、3500万円ほどの公園使用料を那覇市に支払ったが、それ以外の使用態様はまったく従前のままである。久米崇聖会は毎年576万円という公園使用料は支払うもののその対価として那覇市の表玄関にある都市公園に宗教的施設を設置して釋奠祭禮という宗教儀式を継続して行うという特権的地位を手にいれたのである。

筆者は再び金城氏を代理して2020（令和2）年に第2次孔子廟訴訟を提起した。今度こそは「那覇市長が久米崇聖会に対し、本件孔子廟の撤去を求めないことが違憲違法であることの確認を求める。」という政教分離違反による設置許可の無効を前提とした、地方自治法244条の2第1項3号の怠る違法な事実の確認請求である。

今度は適正な公園使用料さえ支払えば、宗教的性格が明らかになった本件孔子廟を設置して都市公園を独占的かつ排他的に使用し、そこで宗教的儀式である釋奠祭禮を行い続けることが認められてよいのかという問いかけである。政策目的に一応の公益性があれば、特定の宗教団体にかかる一定の便宜を図ることも認められるのかという疑問である。

2022（令和4）年3月23日、那覇地裁第1民事部は、適正な公園使用料を払っている以上、本件孔子廟による公園使用は合憲であるという判決を下した。同事件では、最高裁判決の解釈をめぐり、久米崇聖会は憲法上の宗教団体となるかどうかも争点になっていたが、同判決は、これを肯定しながら、公園使用料さえ支払えば、久米崇聖会という宗教団体が本件孔子廟という宗教性の色濃い宗教施設で釋奠祭禮という宗教的儀式を公園を独占して行い続けることも社会的に相当な限度を超えるとはいえず、政教分離違反にはならないとしたのである。

さて、ある宗教団体が公園という公共空間において宗教的施設を設置して宗教活動を行っても、それが同時に一定の公共目的を果たしており、適正な使用料を支払っていたら政教分離原則に違反しない、という結論は、政教分離を国家の宗教的中立を保障するための厳格な制度だと捉える観点からは直ちに容認できないのではなかろうか。たとえば、本件孔子廟における釋奠祭禮に那覇市長をはじめとする公職者が参列するのも問題はないのだろうか。

この例から、政教分離は宗教と政治の間における原理的な原則というものではなく、社会的儀礼と政策目的の公共性との関係における社会的許容の程度の問題であることがますますはっきりすることになりはしないか。

たとえば、靖国神社という宗教団体が行う宗教活動として歴史的に行われてきた英霊祭祀に首相が戦没兵士の慰霊顕彰という世俗的で公共的な儀礼を目的として参列することは果たしてどう考えればいいのだろうか。許容できないとすれば、それは宗教的中立を侵害するというより、先の戦争と靖国神社が果たした役割や意義づけに対する政治的ないし思想的な反発を理由とするものではないだろうか。

政教分離原則における宗教性というものが、一般国民の評価に土台を置く相対的なものであり、その目的において世俗的な公共性や公益性を併有するものであれば、戦没兵士の御霊に対する慰霊と顕彰は、社会的儀礼と解される範囲において許容されることになるのではないか。それは学校における日章旗の掲揚や君が代の斉唱と同じく国民としての社会的儀礼というべきではないのだろうか。

公立学校における、日章旗の掲揚と君が代斉唱の儀礼の実施に基づく職務命令を合憲とした一連の日の丸・君が代事件判決[18]の論旨が、筆者には本判決と重なるように思えてならない。果たして読者はどう思われるだろうか。強烈な反対意見があることは知っている。それでも本件が、我が国における政教分離という制度のあり方と死者（とりわけ公共と国益に殉じた死というべき戦死者）に対する儀礼のあり方に関する、1つの考えるヒントになればよいと思う。

(18)　最判平成23年5月30日民集65巻4号1780頁、最判平成23年6月6日民集65巻4号1855頁、最判平成23年6月14日民集65巻4号2148頁。卒業式での国歌斉唱の起立行為は、学校の儀式的行事における慣例上の儀礼的な所作としての性質を有するものであり、教師の歴史観ないし世界観を否定することと不可分に結びつくものではなく、特定の思想の有無について告白を求めるものともいえないなどとして思想良心の自由を侵害するものではないとした。もっとも、間接的な制約となる面があることは否定できないとして、職務命令の目的、内容および制約の態様等を総合的に衡量して、当該制約を許容しうる程度の必要性および合理性が認めるられるかという観点から判断するのが相当である、という判断基準を示した。これは政教分離の目的効果基準ないし総合判断基準と瓜二つである。

SNS言論空間における表現の自由と名誉毀損の成否

他者のツイートを単純リツイートした者に損害賠償責任を認めた事例

大阪高判令和2年6月23日

西　　晃

裁判報告集会で、裁判の状況を報告する岩上氏（奥）と弁護団・支援者（支援者撮影）

1　はじめに：本件事案の簡単な紹介等

―― 受任の経緯：突然の訴状送達と訴訟の始まり

2017（平成29）年も押し迫った年末のある日のことであった。気鋭のジャーナリストとして多忙な日々をすごす東京在住の被告（岩上安身氏）のもとに、何らの前触れもなく訴状が届いた。大阪簡裁からであった。何かの間違いか？と見直してみたが、慰謝料等110万円を求める損害賠償請求に間違いなかった――。以後およそ3年に及ぶリツイート訴訟事件の始まりであった。
本件は、表現の自由について、SNSというまさに現代的なツールとの関係で再考を迫る事件であり、筆者としても一層の気概をもって取り組んだ訴訟事件である。
原告はかつて大阪府知事・大阪市長も歴任した著名弁護士の橋下徹氏であった。
損害賠償請求の根拠は概要以下のとおりである。

> ある市民（X）がツイッター上でコメントした原告橋下氏を批判する内容のツイートを、多数のフォロワーを有し影響力のある被告が単純リツイート（特段のコメントや注釈をつけることなく単にリツイートするもの）をしたことが、原告の社会的評価を低下させる名誉毀損するので、慰謝料100万円を支払え。

この訴訟は当初、大阪に法律事務所を構え活動拠点をもつ原告が大阪の簡易裁判所へ提訴したものであった。だが事案の内容から地方裁判所での審理が適切と判断した簡裁裁判官の職権での「移送決定」により、大阪地裁を一審の裁判所として審理が始まることとなった。
この時点までに東京の2人の弁護士が被告側代理人に就任していた。東京簡裁（もしくは東京地裁）への移送申立て等も試みたが奏功しなかった。最終的に大阪地裁で審理されることになり、この段階で筆者を含む大阪の4人の弁護士もこれに加わった。以上のような経緯で、合計6人の弁護団体制で取り組むこととなったのである。
以下においては、被告岩上安身氏の代理人として訴訟遂行を担当した立場から、本件訴訟の経緯と結果、そこから生じる法的問題・課題等に関して論じていきたいと思う。なお、本稿は弁護団で議論を経たうえでの主張を踏まえたものであるが、文責自体は筆者個人のそれであることをお断りしておく。

―― 本件事件の背景と訴訟の概要について

ことの始まりは2017（平成29）年10月に行われた衆議院議員総選挙であった。その選挙結果を受けて、原告橋下徹氏と国会議員となっていた丸山穂高議員が、ツイッター上で熱い議論を交わしていた。丸山議員からみて年上にあたる、松井一郎日本維新の会代表に対する対応につき、（同議員の松井代表への振る舞いが）「目上に対する礼節を欠く」として橋下氏が丸山議員を辛らつに批判するものであった。原告の同議員へのツイート上での攻撃においては「ボケ！」等の過激な言葉も使われていた。

このような中、同月28日、上記ツイッター上のやり取りを見た一市民（元ツイート主X氏）が、原告に対する義憤から、同人を諌め批判する趣旨で以下のような内容のツイート（元ツイート）を行った。

> 橋下氏、丸山議員の党代表「茶化し」2度目・・・松井代表「20歳も年下に我慢している」（スポーツ紙記事のリンク引用）
>
> **橋下徹が30代で大阪府知事になったとき、20歳以上年上の大阪府の幹部たちに随分と生意気な口をきき、自殺にまで追い込んだことを忘れたのか！ 恥を知れ！**

この元ツイートを、インターネットメディアIWJ[1]代表である被告（岩上安身氏）が同月29日に何のコメントも付さずにリツイート（「単純リツイート」）したのである。この行為の法的評価が以後一貫して訴訟で争われた。

原告の主張は次のようなものであった。すなわち、「ジャーナリストとして多くのフォロワー（約18万人）を有し、社会的な影響力のある被告において、上記のツイートを自己のアカウントでリツイートすることにより、一般の閲読者からすれば、あたかも原告がその地位を利用してパワハラを行い、それにより部下を自殺に追いやったかのように受け止められ、原告の社会的評価が低下した」という（訴状の主張より要約）。

なお被告岩上氏は、上記リツイートの直後（時期は明確ではないが遅くとも上記リツイートから2週間以内に）、さらに（ツイート内容の背景事実に関し）取材を深めて検証記事を発表しようと考え、当該リツイートを削除している。

したがって、原告が訴状を裁判所に提出した時点（2017年12月15日時点）では、SNS空間においては原告が問題にしている言論はすでに存在していなかった。

原告（橋下氏）は本件提訴に先立って、被告に対する事前の削除要求や抗議はしていなかったが、被告（岩上氏）に対して慰謝料100万円＋弁護士費用10万の合計110万円の支払いを求める損害賠償請求訴訟を提起した。なお、元ツイート主X氏自体への抗議や提訴はしていない。また、原告が本件提訴をするまでの間、上記X氏のツイートや、被告のリツイートをめぐって、

(1) IWJは、「ジャーナリスト岩上安身氏が2010(平成22)年12月に設立した、インターネットを活用し、市民に根ざした新しいジャーナリズムのあり方を具現化するインターネット報道メディア」である(IWJのFacebookページより)。

SNS空間が「炎上」し、上記X氏のつぶやいた内容が人々の話題になることもなかった。

このような事実経過をも踏まえ、他者のツイート上の表現を単純にリツイートしたに過ぎない被告岩上氏が、原告橋下氏に対し損害賠償責任を負うか否かが争われたのが本件事案である。なお本件では、被告となった岩上氏から原告橋下氏に対し、原告の本件訴訟提起そのものが、いわゆる恫喝訴訟（スラップ訴訟）であるとした反訴請求（請求額300万円）もなされている。

―― 本件訴訟における主要な争点

判文上争点として掲げられたもののうち、さらに主要なものを挙げれば以下のとおりである。

争点１　本件投稿による名誉毀損の有無（争点１はさらに以下の４つに細分化される）

①本件投稿の行為主体は誰か（元ツイート主か被告か）

②本件投稿の性質（事実の摘示か意見評論か、また、元ツイートへの賛同の趣旨に出た言論と評価できるか）

③本件ツイート投稿内容をどのように読むか。特に「生意気な口をきき、自殺にまで追い込んだこと」の文言をどう理解するのか

④本件投稿による原告の社会評価の低下の有無

争点２　本件投稿に関する違法性阻却事由の有無・内容

争点３　原告の損害の有無・内容

争点４　本件訴訟が恫喝訴訟（スラップ訴訟）に該当するか否か

―― 本件訴訟の結果とその後の経過について

本件訴訟における事案の詳細や判決要旨については、のちに詳しく述べるとおりであるが、大阪地裁、大阪高裁ともに、当該単純リツイートが名誉毀損に該当するとの原告主張を一部認め、請求100万に対し金30万円（および弁護士費用3万円）の範囲で被告に対し損害賠償を命じた。なお、被告から訴権濫用（スラップ訴訟）であるとしてなされた反訴請求は棄却された。

本件地裁・高裁判決で一部敗訴をした被告は、さらに上告を検討したが、最終的に上告申立てはせず、控訴審判決が確定している。

2　当事者の思いを弁護団としてどう受け止めるか

―― 当事者（被告本人）の思い

被告岩上安身氏は長年出版業界に身を置き、1986（昭和61）年よりフリージャーナリストとなり活動をしてきた。その後SNS空間での独立系情報発信のインターネットメディア（IWJ）を2010（平成22）年に立ち上げ、多くのフォロワーを獲得してきた被告にとって、名誉毀損を理由とする損害賠償請求訴訟を提起されたことは様々な点で大きな衝撃であった。

突然の提訴を受けて、まず最初に被告が感じたことは、「（元ツイート主や、ほかにもこれをリツイートした人がいた中で）なぜ自分がターゲットにされたのか？」という一点であった。

被告の投稿は、他者のツイートを単純にリツイートしたに過ぎないものである。しかも事前に抗議も訂正要求も何もなく、いきなり訴状を送り付けるというやり方に戸惑いと憤りを隠せなかった。被告の切実な危機感は、たとえば、被告の次のような意見・主張に克明に表れている。

> SNS空間においては双方向での対抗言論の機会が十分にあり、原告としては元ツイートをしたX氏に対しても、またこれを単純リツイート投稿した被告に対しても抗議・反論をする機会は十分にあったはずである。……そうであるにも関わらず、それらの手段を一切することなくいきなり提訴する。もしこんな手法が認められるならば、これから先、他者のツイートをリツイート投稿する者は、常に裁判（報復）の危険を抱えることになる。

被告としても、ただやみくもに面白がってX氏の投稿をリツイートしたのではない。X氏が元ツイート投稿で問題にした「20歳以上年上の大阪府の幹部たちに随分と生意気な口をきき、自殺にまで追い込んだことを忘れたのか！」という言葉には、もちろん背景事情が存在する。

2010（平成22）年、実際に大阪府庁内で大阪府の職員（N参事、当時51歳）の入水自殺事件が発生している。自殺の詳細な原因は解明されてはいないが、ご本人作成の遺書も残されている（職場の机の中から見つかったようである）。その遺書の内容からも仕事上の負担と職場の風通しの悪さがうかがわれた。そのことに関して、当時大阪府知事であった原告の（府庁幹部会議の場での部下たちに対する）強い叱責が遠因となったのではないかということが問題視されていた。

この点をめぐっては当時のマスコミでも話題となり、大阪府議会でも問題視され取り上げられていた。週刊誌等もこぞって取り上げたが、それらはいずれも、当該職員の自殺と原告の（府庁幹部会議での）叱責を関連づけて記事にしていたのである。

もちろん原告が直接、府の幹部職員に対し過度の叱責をし、面罵の末に当該職員が自殺をしたということではない。そのような歴史的事実は存在しない。2010（平成22）年に発生した上記自殺事案においても、原告が幹部職員を強く叱責したとされる会議に、当該自殺したN参事は出席していない。ただ、府幹部を集めた会議等において原告が幹部職員に対して厳しく叱責したことが要因となり、府の職員（幹部）が精神的に追い詰められ、その部下がさらに追い詰められるという形で職場が圧迫され、自殺事案にまでなったのではないかとの指摘は、当時からもなされていたのである。したがって、当時のマスコミや被告が問題としていたのは、いわば「間接的な形で原告が府職員の自殺に関して道義的な責任を負うのではないか」ということである。

今回のそもそものX氏の元ツイートも、丸山議員の年上である松井代表への「非礼」を過度に問題視する原告に対し、これを諌め「あなただって過去大阪府知事時代に、自分よりも20歳以上年上の部下に大変失礼な態度をとり、それがもとで（府職員の）自殺という問題にまで発展してしまったではないか？」「恥を知りなさい」という趣旨であった。当時の週刊誌報道の見出しは、今回のX氏の元ツイート内容とほぼ同様の内容であった。そしてX氏自身もこれを明確に意識しての投稿であった（この点は被告自身が直接X氏に訴訟外でコンタクトをとり確認している事実である[(2)]）。

ジャーナリストとしての被告自身も、もちろんこの大阪府職員の入水自殺事案のことは承知していたし、X氏の投稿がそれを指してなされたことも十分認識をしていた。その点を問題提起する投稿に、違法性を問われる余地などまったく想定していなかった。

そのような経過を経ての、突然の損害賠償請求であった。被告としては、著名な弁護士であり、大阪府知事および同市長も歴任をした原告から、黙っていろと言わんばかりの恫喝訴訟を受けたという認識であった。

それと同時に被告は、**ツイッター等のSNSを利用し情報発信をするすべてのユーザーの表現の自由に対する重大な脅威**を感じていたのである。被告は筆者ら弁護団に対し自らの思いをストレートにぶつけてきた。

(2) 被告は本件訴訟中にX氏とコンタクトをとることに成功しており、直接X氏から本件ツイートの経過を聞いている。それによればX氏自身は写真雑誌フライデー2011年10月28日付記事内容をもとにツイートしたとのことであった。被告はその旨を自らの陳述書に記載し裁判所に提出するとともに、2019（平成31）年3月27日に実施された一審法廷での被告本人尋問でも同趣旨を証言している。

―― 弁護団会議で意識して議論をした点：リツイートとはどのような表現か

前項で述べた被告の思いに対し、筆者ら弁護団はそれを正面から受け止めた。そして、「表現の自由への委縮を何としても回避する」「被告がリツイートをした投稿の意図と内容を正確に裁判所に理解してもらう」という観点で全力を尽くすべく意思統一を行った。

その観点からの被告主張の組立てのポイントは以下のとおりである。

すなわちツイッターという言論空間の特性として、他者の言論に対するリツイートは、他者表現に対する賛同・反対等を問わず、ボタンひとつで簡単にできてしまう。その前提として十分な調査・研究を行ったうえでの発信というよりは、即時性を優先した他者言論の紹介であることが主である。それに対し発信の対象とされた側も容易に「対抗言論」で応答することが可能である。表現の発信者と受け手が対等な立場で応酬しうる言論空間である。

仮にリツイート表現がリツイート者自身の言論であると評価しうるとしても、一般のツイッター利用者からすれば、それを直ちに賛同し受け入れるという関係性にはないはずである。

このようなツイッターの特性や、それを利用する多くのユーザーの受け止め方を踏まえるならば、想定される一般閲読者は、リツイートされた文言それ自体を、ただ単に受動的・形式的・機械的に解釈する者と理解することは正しくない。ツイート内容の背景等に関しても、直ちに検索可能なリンク先などの情報とも相まって、当該ツイート主の意図する点を理解しようとする読者を想定するべきである——。

このような観点から本件での元ツイートをみた場合、「原告が30代で大阪府知事になったとき、20歳以上年上の大阪府の幹部たちに随分と生意気な口をきき、自殺にまで追い込んだこと」という文言を、「原告が20歳以上年上の幹部に生意気な口をきき、その（直接の）

結果、当該幹部を自殺にまで追い込んだ」と理解することは、正しくない。

実際に2010（平成22）年に大阪府の中で発生した府職員（N参事）自殺事案は、そのような脈略からではなかった。当時の大阪府知事（原告）の台湾出張に関連した事前調整の不備に関して帰国後幹部会議——前出のN参事が参加していなかった会議を指す——で厳しく幹部の部下を叱責し、諫めたことに遠因があるのではないか、が問われていたのである。[(3)]

本件元ツイートは、少なくともその点に関し橋下氏の道義的な責任が問われているという事態を意味するものであった。[(4)]

また元ツイート主X氏の意図としてもその点を指すものであった。短文（140文字以内）という制限の中で、十分に意を尽くしたものではなかったかもしれない。また表現のあり方としても稚拙（ないしは軽率）との批判はあるであろう。

しかしリツイートをした被告自身の意図はあくまでも2010（平成22）年に発生した府職員自殺事案に関する原告の道義的責任を問う一連の先行報道を念頭に置いたものであった。そしてそのような理解のうえで単純リツイートをしたものであった。

—— 裁判所に伝えるための主張・立証の軸足

以上の検討を経て筆者ら弁護団は、次のようなポイントに力点を置いて訴訟遂行を行っていくこととした。

①リツイート文の読み方は、機械的・形式的な字面だけの理解であって

(3) 原告の台湾出張時、同国での会談相手調整において、その人選に関し必要な政治的配慮（対中国との関係で、台湾政府要人との面談を回避するよう）を求めた原告の意図が十分事務方に伝わらず、出張先にて同国の政府要人との面談がセットされていたことにつき、帰国直後原告が幹部会議で「なぜ今回のようなことになったのか？」と強く叱責したというものであった（2019年3月27日実施、一審法廷での原告本人尋問より）。

(4) この点に関しては原告自身も当時のマスコミ質問に答え（2010年12月14日付報道）「ご遺族の方には本当に申し訳ない……細かな配慮に欠けていたことは否めない。現場に過度な負担がかからないように指示するべきだった」と述べ、自らの道義上の責任は認めていた。

はならず、ツイート文前後の関係や経緯、発信者の引用リンク等を踏まえた理解を要するべきことを主張していく。

②本件でツイート主が投稿した元事案は2010（平成22）年に実際に発生した府職員自殺事案であって、その点に関する先行報道は多数あり、そのほとんどすべてが、原告の言動との関係で当該自殺を捉えていたことの証拠収集と関係書証の提出に意を尽くす。

③②の点を立証するべく、2010（平成22）年当時の内部事情をよく知る府職員の証人申請を行う。

以上を念頭に、筆者らは2010（平成22）年事案およびこの前後のマスコミ報道、週刊誌報道などをつぶさに検討した。その結果、当時の、特に週刊誌報道は軒並み本件でのツイート主の使用した文言とほぼ類似の表現を使用し、府職員の自殺と原告の言動を関連づけるものであった[(5)]。しかもそれらの報道のうち多くは、本件訴訟継続中の2018～2019（平成30～令和元）年段階においても、なおネット上で容易に閲覧・検索が可能な状況にあることも明らかとなった。

筆者らはこれらの詳細な資料を順次裁判所に提出をし、当時の府職員等の人証申請も行い実際に尋問も行った（その中のひとりであり、現在衆議院議員となっている大石晃子氏にも証人として証言していただいた。当時の府職員（原告の部下）の立場から組織のトップであった原告の、日常の職員等に対する態度等に関して証言をしていただいた）。

これらの作業を通じ、本件でのリツイート内容は、2010（平成22）年に現実に発生した自殺事案を指しているものであり、その事実に関する真実性・真実相当

(5)　週刊文春2011年4月21日号「大阪府庁で7人の自殺者」報道、週刊フライデー2011年10月28日号「大阪府幹部が爆弾証言『同僚が橋下知事に追い込まれて自殺した』」、新潮45 2011年12月号「自殺に追い込まれた府庁職員」等。なお原告はこれらの一連の記事に関して、明確に名誉毀損だと当時から認識をしていたこと、ただ当時自らが府知事という公人であったことからあえて抗議・提訴等の行動はとらなかった旨、一審の法廷で証言をしている。

性・社会的相当性は十分に認められるものであることを明らかにしていった。

被告が行ったX氏ツイートに対するリツイート。たった1回限りのリツイートではあるが、その背景にはこれだけの蓄積された事実があったのである。そしてツイートで議論を交わしている者同士も、またこれをリツイート等でやり取りするSNS読者も、少なくとも当事者が何を意図して投稿しているのか、に対する関心や興味をもって参加しているはずである。被告は自らのリツイート投稿が裁判所によりまさか違法と断じられるとは、予想だにしていなかった。

―― 裁判所と認識の「ズレ」と弁護団の危惧

ただ、今から思えば、裁判所の態度の中に気になる言動が見え隠れしていたのは事実である。それは、時折弁論時に裁判長の口から出てくる「双方の主張のズレ」「噛み合わない主張」という言葉であった。

原告の理解はこうである。すなわち、元ツイートの文言「20歳以上年上の大阪府の幹部たちに随分と生意気な口をきき、自殺にまで追い込んだことを忘れたのか！」は、文言どおり、「原告がパワハラ行為により職員に面罵を行い、その職員を自殺に追い込んだ」との事実主張だという。

それに対し被告は元ツイートにつき、2010（平成22）年に実際に発生した自殺事案を捉え、それに関する原告の責任を問題にしている投稿である旨主張している。同じツイート文言の解釈をめぐり、原告・被告間で「主張が噛み合わない」というのである。仮に裁判所が原告主張に即して本件ツイート文言を理解したとすると、その（原告の主張する）事実そのものが存在していないことは、被告も認めている。

だとすると、被告が一審で渾身の思いを込めて反証した2010（平成22）年発生の自殺事案に関する当時のマスコミ報道や事実経過に関しても、それをいくら強調したとしても、原告の主張する名誉毀損の事実主張に対する有効な反論にはなりえないのではないか——。すなわち裁判所は「原告がパワハラ行為により職員に面罵を行い自殺に追い込んだ」という前提認識のもと、〈この事実の真実であることを証明できますか？〉あるいは〈真実であると思うことの相当性がありますか？〉と聞いているのである。それに対し私たちの側は、「そんな事実（面罵による自殺）を言っているのではない、私がリツイートした内容は2010（平成22）年に発生した事実のことであり、これこそがツイート内容の指し示すものである」と主張しているのであって、1つのツイート文言をめぐり、双方で理解が異なっているわけである。

一審裁判長の上記言動をうけて、筆者らの中にそのような危惧がなかったかと言えば嘘になる。

しかしながら筆者らは、ツイッターという言論空間における表現行為の特性に着目する必要があり、そして被告の意図やリツイート投稿の背景、事情等を総合的に考えるべきだと確信していた。さらに表現の自由保護の観点をもあわせ考慮すれば、少なくとも単純に裁判所が原告の主張を容れ、まったく形式的・一義的な解釈で本件ツイートを読むとはとうてい思えなかった。

被告本人も一審口頭弁論の最終期日にあたって、「ツイッターを利用する日本の、否世界のユーザーにとって、自己の主張は当然の道理あるものであり、裁判所もその道理に従った判決を下されることを期待している」旨述べ弁論を終えた。

このようにして筆者らは一審判決の日を迎えたのである。

3　判決言渡し期日：敗訴の衝撃

一審判決は筆者らの主張をほぼ完全に排斥し、全面的に原告主張に即した判断を行った。判決[(6)]の概要は以下のとおりである。

(6)　大阪地判令和元年9月12日判時2434号41頁。裁判長末永雅之、裁判官重高啓、裁判官青木崇史。

【判決概要】

①前後のツイートの内容等からリツイート主の意図が理解できるような特段の事情の認められない限り、単純リツイートは元ツイートの内容に賛同するリツイート主の表現行為である。本件では特段の事情は認められず、本件投稿の行為主体（責任の帰属主体）は被告というべきである。

②一般に、名誉毀損の成否が問題とされている表現が、事実を適示するものであるか、意見ないし論評の表明であるかについては、一般の閲読者の普通の注意と読み方を基準として、当該表現が証拠等をもってその存否を決することが可能なものと理解されるか否かによる（最高裁昭和31年７月20日第二小法廷判決など）。

③名誉毀損の成否は一般の閲読者の普通の注意と読み方を基準として判断するところ、ツイッターの閲読者は自ら新聞や週刊誌を購入・閲読

する読者に比して受動的な立場で情報に接する、そのため、閲読者が先行報道やリンク先の記事、リツイートに先立つ原告のツイート（公開パワハラ）を認識していることを前提に当該リツイートを解釈すべきでない。

④当該リツイートは「大阪府知事であった原告が、大阪府の幹部職員に対して生意気な口をきき、当該幹部職員の誰かを自殺に追い込んだ」事実を摘示したものと理解すべきであり、これは原告の社会的評価を低下させる表現である。

⑤被告は本件投稿の読み方は、文言のみならず、これに先行する報道内容、本件元ツイート投稿者の意図や被告の意図のほか、前後の状況も含めて検討すべき旨主張するが、一般閲読者の注意と読み方を判断するにあたり投稿内容に現れていない内心の意図を考慮することは相当ではない。

⑥投稿内容は真実ではなく、違法性阻却事由、責任阻却事由は認められない。また、被告が「原告が生意気な口をきいた当該幹部職員が自殺した」と信じていたとも認められないから、摘示した事実が真実と信じたことによる故意・過失阻却も認められない。

⑦本件提訴はスラップ訴訟の要件には該当しない。

⑧被告岩上氏に損害賠償（30万円＋弁護士費用３万円）を命じる。

なおこの判決は、名誉毀損における従前の判例法理に従い、原告の社会的評価を低下させる内容のリツイート投稿を被告が行った時点で違法行為は完了し、具体的な実害発生は要求されない旨判示し、さらに、直ちに被告がリツイート投稿を削除していることも、違法性の消長には一切関係しないとした。

4　控訴審へ：控訴審での主張の組み立て

以上のとおり一審判決では被告の主張のほとんどが採用されず、極めて残念なものであった。

一審判決から導き出される司法判断のエッセンスは次のとおりになる。

①ツイート主のツイート投稿を単純リツイート投稿する者は、特段の（それを否定する）事情ない限り元ツイート内容につき賛同の趣旨で自ら意思表示をしたことになる。

②そのリツイート投稿の理解は、通常の一般閲読者の理解を前提とするが、その一般閲読者は、特段ツイート投稿の前後関係や投稿者の意図を知ろうとする者ではなく、単に受動的に投稿を受けとめる人間を想定している。

③したがって、「ツイート文言」の解釈も、書かれた文言の形式的内容を前提に解釈することとなる。

被告本人はもちろん筆者ら弁護団としても、この一審判決の判断はとうてい容認することはできないと思った。そこで筆者らは、今一度体制を整えて、一審判決の是非を控訴審（大阪高裁）に問うべく控訴して戦うことになった。

控訴審での主な主張の柱は、次の２点である。

―― 一審の主張の補強・強化の視点

筆者らは、自らを省みて控訴に向けた討議を行った。

そして一審からの従前主張に関し、基本的にそこで主張してきたことについて、法解釈として誤りではなく、その主張を補強・強化するべきとの結論になった。その観点から憲法学者・民事法学者等にも助言を求めることとした。そのひとりが京都大学教授の毛利透教授である。

改めて筆者から言うまでもなく、毛利教授は我が国憲法学界の第一人者である。[7] 筆者らは毛利教授の教えを乞うべく2019（令和元）年11月、京都大学の同教授研究室の門を叩いた。この訪問時を含め控訴審段階で様々なご教示を受け、概要以下のとおりの意見を賜った（要約の文責は引用者にある）。

(7) 毛利透『表現の自由—その公共性ともろさについて』（岩波書店・2008年）は殊に著名であり、その他表現の自由論に関する論考は多数に及ぶ。毛利透「インターネットにおける他者の言論の引用者の法的責任—名誉毀損の場合のアメリカ法・ドイツ法との比較を中心に」長谷部恭男ほか編『現代立憲主義の諸相(下)—高橋和之先生古稀記念』（有斐閣・2013年）所収は、筆者らとしても大いに勉強させていただいた。

> ツイッター利用者の一般的理解では、単純リツイートはリツイートする者にとってその情報が注目に値するという程度の意味にすぎず、**単純リツイートを元ツイートの内容に賛同する意思を示す行為と理解する一審判決は、ツイッター利用者にとって驚愕すべきもの**である。
>
> また、一審判決は所沢ダイオキシン報道名誉毀損事件（最判平成15年10月16日民集57巻9号1075頁）を念頭に置きながら、ツイッター利用者をテレビの報道番組の視聴者と同じく受動的な立場で報道に接する者と位置づけた。しかし、**ツイッターの閲読者は、特定の人物を積極的にフォローする者であり、タイムライン上のツイートがフォローする本人が書いたものか、単純リツイートかを区別して読んでいる。一審判決のように、原則として単純リツイートした者はその内容について賛同していると理解することは、ツイッターの基本的仕組みに反するし、当然一般のツイッター利用者の理解にも反している。**
>
> **単純リツイートに対する名誉毀損の成立を認めると、単純リツイートした者の中から自分の気に入らない者だけを被告にして訴えるという原告の選択による恣意的法的制裁に裁判所が加担することになる。それは**

リツイートという表現行為に対して明らかに過度に広範な制約を課すものであり、表現活動への強い萎縮効果を招く。

アメリカ合衆国では、ツイッター上に限らず、インターネット上の表現行為で被害を受けた者は、元の表現者を被告として訴訟をすべきであり、引用者はその内容について免責されるという法理が判例法上確立している。インターネットはグローバルなメディアであり、ツイッターの仕組みの理解においてアメリカの理解が有する重みは格別である。グローバルなメディアの使用から生じる法的責任問題において、日本が特殊な立場をとることを意味する一審判決が、長期にわたって維持可能な立場であるとは思えない。

また、単純リツイートはリツイート主が元ツイートの情報に関心があることを示すに過ぎず、内容への支持を伴うものではない。そのため、リツイート主は表現内容の真実性などについて満足な主張立証活動が期待できない（真実性の主張立証を行うのに最も適した主体は元ツイート主である）。一審判決の立場では、被害者が元ツイート主ではなくリツイート主を提訴することで、本当は真実であり国民にとって有益な情報提供であるはずが、リツイート主の真実性の主張立証活動が不十分なために不法行為と評価されてしまう危険が高まる。

短文の投稿で成り立つツイッターは他の情報源と結びついて成立する表現媒体である。投稿者もそのことを前提に投稿する。閲読者の関心を引くが背景がわからないツイートに出会った閲読者は、ツイートの元になった情報に自らアクセスするのが一般的である。本件で想定すべき一般的閲読者は、大阪府職員の自殺についての先行報道を知っている者、もしくは先行報道をチェックしようとする者であり、先行報道を知らない者ではない。一審判決の立場では、ツイッター上の多くの表現が根拠事実を十分摘示しておらず名誉毀損とされるであろう。

名誉毀損の元ツイートを単純リツイートしてもリツイート主への名誉毀損の成立は否定すべきであり、一審判決は破棄されるべきである。

毛利教授の上記意見は、筆者らが一審以来一貫して主張してきた主張内容に確かな論拠を与えていただいたものであった。またツイッター等SNS言論空間における表現者の権利と、そこで対象とされた者の人格権の妥当な調整原理の観点からも毛利教授の意見書は極めて妥当性を有するものと確信できるものであった。

―― リツイートの特性と民事上の不法行為責任成否の観点での新たな主張

一審での裁判所の判断を踏まえ、控訴審で筆者らは、前項における主張とは少し視点を異にする観点からの主張にも取り組んだ。

それは、仮に一審判決どおり、リツイート文言を、一般閲読者が字義通り受けとめるものだとする判断を前提としても、〈まったく無名の一民間人（X氏）のなしたツイート投稿を何らの根拠もなくリツイートしたに過ぎない被告のリツイート投稿は、それだけで本当に原告の社会的評価を低下させるだけの内容を具備しているのであろうか〉という観点からの根本的な疑問であった。

リツイート投稿は仮にそれがリツイート主の意思に基づく言論だとしても、あくまで元ツイートの投稿（他者言論）を紹介し、転送するという側面があることは否定できない。いわば「入れ子構造」ともいうべき基本構造をもつ。

そのような構造をもつリツイートに関しては、単純な「元ツイート」投稿への評価とはまた異なる評価がありうるのでないか？という問題意識である。

前項の毛利教授の意見はそれを憲法の視点から深掘りしたものであったが、並行して不法行為法の観点からも検討した。

筆者らは、この観点から一審判決の内容に根本的な疑義を呈しておられた立命館大学の石橋秀起教授（民事法）のお話をお聞きする機会を得た。それを通じて様々な示唆をいただくとともに、意見書も作成いただいた。石橋教授の意見書は、大要、以下のとおりであった（要約の文責は引用者にある）。

> 単純リツイートが行われた場合、リツイートを行った者が元ツイートの内容に関心を寄せていることに間違いはないが、その関心がどのような質のもの（たとえば賛成、批判、備忘）であるかは、一概に言えない。**単純リツイートに、元ツイートの内容に対する賛同の意思があるという経験則は、成立しない。また、元ツイートに賛同したからといって、リツイート主が元ツイート主に同化するわけではないから、賛同と名誉毀損の成否は関係ない。**
>
> 一審判決はツイッターを文理解釈し被告が「事実A」（「大阪府知事であった原告が、大阪府の幹部職員に対して生意気な口をきき、当該幹部職員の誰かを自殺に追い込んだ」事実）を摘示したと認定する。しかし、**単純リツイートした被告が摘示した事実は「事実A」ではなく、「元ツイート主が事実Aを摘示したという事実」（「事実B」）であるという入れ子構造を踏まえる必要がある。事実Bの摘示に伴い事実Aが開示されることで、橋下氏の社会的評価が低下するかどうかについては以下の２つの事実が検討されねばならない。**
>
> 第１に、我々は、何らの根拠も示されず、その真偽を確認するための手がかりがまったく存在せずに提示された事実を真実であるとは考えない。そのため、名誉毀損事実が示されたからといって直ちに社会的評価

が低下するわけではなく、根拠が示されて初めて示された内容を信じ社会的評価が低下する危険にさらされるのである。

本件では、事実Aの真偽を確認するための手がかりが当該投稿に存在しなければならない。ところが、一審判決も認めるように、一般的な閲読者が先行報道の内容を認識していることを前提とすることは相当ではないのであり、事実Aの真偽を確認する手がかりはまったくない。

元ツイート主は一般市民のひとりに過ぎず、情報源として特別に高い信頼性を獲得している者とは言い難いから、元ツイート主が何らの根拠も示さずに摘示した事実Aを一般の閲読者が真実であると判断することはない。

第2に、引用・紹介行為による名誉毀損においては、引用・紹介元に情報源として一定の信頼性が備わっていることが社会的評価の低下する前提となる。そのため、本件でも事実Aを摘示した情報源（元ツイート主）に信頼性がなければならない。しかし、**一市民に過ぎない元ツイート主にはそれがない。そのため、事実Bの摘示に伴い事実Aが開示されても一般的閲読者は半信半疑であり、これをそのままの形で受け取ることはない。**

以上の2点を踏まえると、被告が事実Bを摘示し、その結果として、事実Aが開示されたとしても、原告の社会的評価が事実Aの内容どおりに低下したと考えることはできない。

以上により、被告は、名誉毀損による不法行為責任を負わない。

以上の石橋教授の議論は、「他者言論の紹介」を基本的構造にもつリツイート投稿をめぐる名誉毀損成立に至る要件に関し、極めて重要な問題提起であると思われた。石橋教授は意見書末尾を以下のように締めくくられた。

ところで一審判決は、一般市民によるたった1件のツイートから名誉毀損的事実を導き出している。しかし、事実Aについてその内容どおりに橋下氏の社会的評価を低下させるかどうかについて、一審判決はほとんど具体的検討を行うことなく低下させるとの結論を導いており、SNS上での一般市民による表現の自由の確保の観点から疑問を禁じえない。

また、一審判決は、リツイートに関して「元ツイートの内容に賛同しない旨のコメントを付加してさえいれば、名誉毀損による不法行為責任を負わなくてよい」との誤ったメッセージを社会に対して発信するおそれがある。仮に、ある者が、元ツイートの内容に賛同しない旨のコメントを付加してリツイートしたとしても、そのリツイートが人の社会的評価の低下の危険につき過失ある行為と判断される場合には、不法行為責任（民法709条）が成立する。

一審判決には、理論的な観点と、社会に対する影響の観点のそれぞれにおいて、看過し難い問題点がある。控訴審においては、一般市民の表現の自由と名誉権の保護について、均衡のとれた判断がなされることを期待したい。

このようにして筆者らは、控訴審における新たな視点も加味し、全力で控訴審に臨んだ。控訴審の裁判長（西川知一郎氏）は、『行政関係訴訟〔改訂版〕』（青林書院・2021年）の編著者としても知られ、原爆症認定申請に関する申請却下処分の取消しをめぐる行政事件訴訟では、過去に多くの被爆者救済の判決を書いてこられた方である。私事になるが、同原爆症認定集団訴訟の一弁護団員として尊敬の念をもつ裁判官のひとりであった。

同裁判長は控訴審弁論終結（2020年1月23日）にあ

たって「一審以来法廷に提出されているすべての論点を検討し控訴審裁判体としての判断を示します」と締めくくられた。

私の中では、正直確かな手ごたえもあった。少なくとも表現の自由、言論・表現を行った側の利益にも相応の配慮のある判断がなされるものと強く期待し、判決日を迎えた。

(8) 大阪高判令和2年6月23日判タ1495号127頁、裁判長西川知一郎、裁判官長谷部幸弥、裁判官善元貞彦。

5 届けられなかった依頼者の声：控訴審判決[8]の結果

一審判決後「不当判決」の垂れ幕を示す支援者（支援者撮影）

結果は甘くなかった。結論は一審維持であり、中身の判断も、筆者らの意図した論点に応答してもらえたものとはとうてい考えられなかった。判決概要は以下のとおりである。

【判決概要】

①単純リツイートに係る投稿行為は、特段の事情がある場合を除いて、元ツイートに係る投稿の表現内容をそのままの形でリツイート主のアカウントのフォロワーのツイッター画面のタイムラインに表示させて閲読可能な状態に置く行為にほかならない。

②元ツイートの表現の意味内容が一般閲読者の普通の注意と読み方を基準として解釈すれば他人の社会的評価を低下させるものであると判断される場合、リツイート主がその投稿によって元ツイートの表現内容を自身のアカウントのフォロワーの閲読可能な状態に置くということを認識している限り、違法性阻却事由または責任阻却事由が認められる場合を除き、当該投稿を行った経緯、意図、目的、動機等の如何を

問わず、当該投稿について不法行為責任を負う。
③本件投稿の意味内容は、原告が30代で大阪府知事になった当時、20歳以上年上の大阪府の幹部たちに随分と生意気な口をきいたことによって、原告から生意気な口のきき方をされた職員の中に自殺に追い込まれた者がいたという趣旨のものと解される（被告の理解のように解する余地はない）
④本件について真実性・真実相当性は認められない。
⑤（被告が）本件自殺事件（2010年発生）について先行報道、必要な書類・議事録に目を通し、予備取材も行い、相当の知識をもっており、そうした認識状況から本件元ツイートを閲読し、本件リツイートの意味内容を被告の主張するような趣旨を含むものと即断したとしても、当該ツイート表現の意味内容を被告の主張するような趣旨を含むものと解する余地はなく、そのことは被告においても本件元ツイートを通常の注意と読み方でもって客観視すれば容易に理解しえたものである。
⑥単純リツイートの場合を含めて、ツイッターにおける投稿行為を行う場合には、投稿行為に際し、その投稿に含まれる表現が、人の品格、徳行、名声、信用等の人格的価値について、相応の慎重さが求められることなどを考えると、本件投稿を行ったことについて被告に過失がないとはいえない。

以上のとおり、控訴審判決も原告主張に即したリツイート文言の理解を示した。被告が一審以来強調した2010（平成22）年府職員自殺事件に関する主張についても「被告主張の通り解釈する余地はない」と一蹴された。また控訴審で新たに主張した、(民事法上の観点から）他者言論の紹介としてのツイート内容を一般閲読者がいかに受けとめるのかに関する石橋意見書に基づく主張に関しても、「当該投稿を行った経緯、意図、目的、動機等の如何を問わず、当該投稿について不法行為責任を負う」との強い断定的判断でこれを否定した。

一審と比較しても、当該表現者の（リツイート投稿者の）「投稿を行った経緯、意図、目的、動機等の如何を問わず」表現内容それ自体を見て判断するという手法であった。これでは被告の主張が容れられるはずはなく、被告としては大変無念な判決となった。

6　一審・控訴審判決に対する評価

―― 上告申立てについての検討

上告に際しては、本件でのリツイート投稿の評価・違法判断をめぐる最高裁判決はまだなく[9]、さらに正面から憲法違反を問うような事案でもなかった。上告ないし上告受理理由に関しては正直に言って適切な事由を見出すことは難しいと考えられた。

もちろん名誉毀損の判断について、民法709条の解釈・適用に関し、表現の自由（憲法21条）にも関連する重要な事項が法令解釈に含まれる事案である。そこで使用されたリツイート文言の読み方も、これらの法令解釈に関連する一般経験則上の評価・判断に連動するであろう。

筆者個人としては、最終的に上告事件として最高裁が受理するという点ではかなりの困難を伴うであろうが、それでもなお工夫次第では、法令解釈に関する重要な事項が含まれるとして、最高裁の判断が何らかの

(9)　松井茂樹『インターネットの憲法学〔新版〕』（岩波書店・2014年）236頁、松尾剛行＝山田悠一郎『最新判例にみるインターネット上の名誉毀損の理論と実務〔第2版〕』（勁草書房・2019年）349頁以下。

形で出される可能性はゼロではないと思い、上告（受理）申立てを弁護団会議で具申した。

しかしながら、様々な観点からの集団討議の結果、上告（受理）申立てを行わないこととなった。本件は控訴審判決限りで終了した。被告は判決で命じられた金員・利息全額を原告に支払った。

―― 訴訟を終えて：被告代理人としての思い

以下では最後に、この訴訟を最後まで戦った被告代理人のひとりとして思うことを述べ、論を終えることとする。

訴訟の最初から思ってはいた。確かに本件でのX氏の（元）ツイート内容はある意味「不適切」だと率直に思う。

まったく予備知識なく単純にこのツイートを見れば、「橋下さんって、過去になんか大阪府の職員を言葉で追い込んで自殺させたの？」と読むだろう。そこだけを捉えれば確かに「社会的評価を低下させる」言論になりうる表現である。

それでもなお筆者は大阪の地において、上述の如く実際に2010（平成22）年に発生した不幸な自殺事件の概要を知っている立場の者として、本件での元ツイート投稿が原告主張の言うような意味内容を指すものでないことは十分にわかる。昨今SNS言論空間にあふれかえっている唾棄すべき差別・ヘイト言論とはまったく異質であることも十分理解できる。

しかしながら筆者らは、それを法理論として解釈基準に乗せ、司法判断を動かすことはついに最後までできなかった。「SNSを利用するユーザーの言論・表現の自由に対する萎縮にならないように」との被告の思いを司法に届けきれなかったこと。端的に力不足であった。被告本人が言論に込めた思いや訴訟において裁判所に伝えたかったことを十分に届けることができなかった点は、率直に無念であった

また先ほど述べたとおり、結論的に最高裁に上告することができなかった。その点で極めて重く心に残る部分がある。それは、控訴審判決中の、「**元ツイートの表現の意味内容が一般閲読者の普通の注意と読み方を基準として解釈すれば他人の社会的評価を低下させるものであると判断される場合…(中略)…違法性阻却事由又は責任阻却事由が認められる場合を除き、当該投稿を行った経緯、意図、目的、動機等の如何を問わず、当該投稿について不法行為責任を負う**」との判示部分である。この高裁判決が示した規範部分の解釈には、かなり疑問がある。

情報の発信者と受け手の分断という通常の従来型言論空間に比して、双方向のSNSでは「対抗言論の法理」(の趣旨)がある程度妥当する領域になる。

そのような中で、ある投稿(それは通常切り取られた一断面)に関し、それを形式的に評価したうえで、それが人の社会的評価を低下させるものであるとされれば、その「投稿を行った経緯、意図、目的、動機等の如何を問わず」不法行為責任を負担しなければならないとすると、それは結局言論の自由と人格権保護法理のバランス上、いささか一方(人格権側)に偏してはいないか?と強く思う。

「ツイッター投稿を行う場合には、投稿行為に際し、その投稿に含まれる表現が、人の品格、徳行、名声、信用等の人格的価値について、相応の慎重さが求められる」――。そのことにはもとより異論はない。当然のことであろう。

他方で、それならば、その投稿を法的評価するにあたっても表現する側の意図、動機、思惑、対象内容自体の前後関係、客観的な背景事実関係等、表現する側の事情をも相当程度考慮するべきではないのか。

上記の論理は、前半の「**元ツイートの表現の意味内容が一般閲読者の普通の注意と読み方を基準として解釈すれば他人の社会的評価を低下させるものであると判断される場合**」で一旦切れる。そして後半で「……その場合には**当該投稿を行った経緯、意図、目的、動機等の如何を問わず、当該投稿について不法行為責任を負う**」との流れになる。本当にその解釈で正しいのだろうか。元ツイートの意味内容の評価基準として、当該投稿を行った経緯、意図、目的、動機等の如何が問われなければならないのではないか。[10]

言論の自由が適正に保障されていることは、この国の民主主義、国民主権が健全であるための大前提である。今回のようにソーシャルネットワークを利用した双方向性をもつ言論空間は今後ともますます発展していくだろう。言論発出にあたり一人ひとりが十分他者の人格・権利に配慮をする一般的な必要性は当然としても、本件事案での被告のリツイートの意図や、そこで対象となった事実の存在、使われた表現内容（過去に多くのメディアですでに使用されてきた表現であること）な

(10)　なお専門実務研究（神奈川県弁護士会IT研究会）2021年15号13頁では一審と控訴審を比較しつつ、「……控訴審の方が、リツイート投稿時の主観を問わない点で判断基準が明確であるという利点があるが、リツイート投稿者は権利侵害となる投稿そのものを作成した者でないことや、リツイートという瞬間的かつ単純な行動しか行っていないことなどを考えると、原審（一審）のようにリツイート時におけるリツイート投稿の目的等を探求することによって、その責任を制限的に捉える方がリツイートという行為の特殊性を踏まえた判断ができるのではないか」とする。

どを、違法性判断の考慮要素とすることが一切否定されなければならないものなのか？

7　おわりに：表現の自由、その価値と意義を追い続ける

本件は一事例判決としての意味合いを強くもつが、少なくとも

・リツイート表現は、元ツイートと別に独自の意思表示として意味をもつ

・リツイート主は自己の言論として法的責任を負担する

・その際に、「経緯、意図、目的、動機」等は考慮に入れられず、表現内容それ自体において必要な注意を払う注意義務がある

という規範要素が残ることになる。最高裁判決ではないが、それなりに今後リツイートにおける他者への名誉毀損の有無が問題となる際に繰り返し参照されることもなるかもしれない。

すでに本件事案の前からも、(特にマスコミ関係者に顕著であるが) 他者表現をリツイートする際に、「これは当社の賛同を意味するものではありません」「引用し紹介するものです」として、引用・紹介言論であることを意識したリツイート例があったが、本件判決事例を受け、今後ともその傾向は一般ユーザーの中にも広がることが予想される。

リツイートという大変簡単な手段での他者表現の紹

介言論であっても、他者に言及する場合にはそれなりの注意義務が課せられるという点、それ自体には一法律実務家として肯首すべき点を見出すことはできる。差別言論・ヘイト言論が横行する昨今、それ自体は正当な指摘である。

しかしながら筆者個人は今でも、本件事案は言論・表現の自由が優先されるべき事案であったし、被告は必要な注意義務を尽くしていたと思う。少なくともリツイートした被告自身には法的責任を問うべき事案ではなかったものと思っている。ツイート内容のみを単独で取り出し、表現に至る前後関係や背景事情を考慮に入れないとする本件での前記判断手法が確立した場合、それは行きつくところ言論の萎縮・封殺を意味することにつながるのではないか。この点を問題提起し、本論考を終えることとする。

憲法訴訟としてのあいちトリエンナーレ事件に関する報告

「表現の自由」を守り抜くための実務家の営為

令和元年9月13日申立て・和解

中谷雄二

合意成立時の記者会見。右から2人目が筆者（表現の不自由展実行委員会提供）

1　はじめに

あいちトリエンナーレ2019（以下「あいちトリエンナーレ」という）の企画展「表現の不自由展・その後」（以下「表現の不自由展・その後」という）が抗議や脅迫によって中止に追い込まれ、その後、再開したことはマスコミでも大きく取り上げられた。2021（令和3）年にも東京、名古屋、大阪の「表現の不自由展」が右翼による妨害や抗議・脅迫によって中止に追い込まれあるいは会場使用の取消しにあったことが全国的にも大きく取り上げられた。この一連の騒動の発端は、あいちトリエンナーレにあった。[1]

筆者が「表現の不自由展・その後」に弁護士として関わったきっかけは、思いがけないものであった。2019（令和元）年4月頃、表現の不自由展の実行委員会（以下「不自由展実行委員会」という）の中心メンバーのひとりを知人に紹介してもらったことがあった。その時は、「夏に開催されるあいちトリエンナーレ2019に「表現の不自由展・その後」という企画の展示を依頼された。何かあった時のために顔あわせをしておきたい」と顔つなぎをした程度だった。[2] その後は何の連絡もなく、あいちトリエンナーレ2019の芸術監督であった津田大介氏から依頼された他の弁護士が、津田氏や不自由展実行委員会の相談に乗っていた。そして、同年8月1日からあいちトリエンナーレが開幕、その企画展として「表現の不自由展・その後」が開催され、展示作品に「平和の少女像」（慰安婦像）が含まれるということが新聞等で発表され話題となっていた。

無事、開催され、筆者とも親しいその弁護士が相談に乗っているのであれば、自分は関わることはないだろうと思っていたところ、同年8月3日、一本の電話が入った。津田氏から相談を受けていた弁護士からの電話だった。「自分が今まで相談に乗っていたが、用事ができて行けなくなった。その日夕方〔8月3日〕、中止が言い渡されるかもしれない。対応しないといけないので、代わって会場に行ってくれないか」という依頼だった。その足で駆けつけ、不自由展実行委員会メンバーと会い、急遽、不自由展の会場を見学することにした。これからどのような手続をとるにせよ、実

(1) この事件の詳細は、「表現の不自由展・その後」実行委員による、岡本有佳=アライヒロユキ編『あいちトリエンナーレ「展示中止」事件―表現の不自由と日本』（岩波書店・2019年）が詳しい。

(2) 筆者は、弁護士として憲法19条違反を認めた賃金思想差別事件（中電人権裁判・名古屋地判平成8年3月13日判時1579号3頁）、憲法9条違反を認めた名古屋高裁判決（イラク自衛隊派遣事件・名古屋高判平成20年4月17日判時2056号74頁）、発声障害のある市議会議員の質問の代読方法を許さなかったことが議員の発言の権利・自由を侵害するものとして市の国家賠償責任が認められた名古屋高裁判決（中津川代読裁判・名古屋高判平成24年5月11日判時2163号10頁）等、少数者の人権に関わる事件や憲法訴訟を引き受ける弁護士として紹介された。

態を把握しないわけにはいかない。のちに、この時、現場を見学し、雰囲気を感じておいてよかったと思うことになる。その日以降、不自由展実行委員会のメンバーから正式に委任を受けて代理人となり、弁護団を募り、2019（令和元）年10月の閉幕まで不自由展再開を目指す弁護団（10名）の団長を務めることになった。

2　事案の概要

2019（令和元）年8月1日から開催された国内有数の国際美術展「あいちトリエンナーレ」の企画展である「表現の不自由展・その後」（2019年8月1日～10月14日開催予定）が、開催後わずか3日にして中止に追い込まれた。「表現の不自由展・その後」は、国内の公的な展覧会から展示を拒否されたり、撤去された美術作品を集めて、現代日本の表現の不自由の状況を考える趣旨で企画されたものである。

もともと、2015（平成27）年に東京で有志が始めた「表現の不自由展」を見た、津田大介氏（あいちトリエンナーレ2019の芸術監督）が感動し、あいちトリエンナーレでもその後の作品を追加して展示をしてくれないかと、表現の不自由展実行委員会に出品を依頼して、実現した企画展である。ところが、「表現の不自由展・その後」に「平和の少女像」（慰安婦像）が展示されていることを知った、日本維新の会代表でもある松井一郎大阪市長が河村たかし名古屋市長に「あんな展示をさせていいのか」と言い、それを受けて河村市長が、8月2日に「表現の不自由展・その後」を視察した。視察後、ぶらさがり取材で、記者に対して河村市長は、「平和の少女像」を指し、「日本人の心を傷つける」と批判し、あいちトリエンナーレ実行委員会（以下「あいトリ実行委員会」という）会長であった大村秀章愛知県知事に、企画展の中止を要求したことが発端である。同日、当時の官房長官であった菅義偉氏が、「表現の不自由展・その後」の展示内容を理由に、助成金の支給について慎重に判断すると記者発表した。

マスコミ報道によってこれらの発言を知った多くの市民から、あいトリ実行委員会、具体的には事務を担っていた愛知県に抗議の電話、FAX、メールなどが寄せられた[(3)]。届いた抗議の中に、「ガソリン携行缶をもってお邪魔する」とのFAXがあったことから、翌日、8月3日、あいトリ実行委員会会長である大村知事が、「表現の不自由展・その後」の中止を発表した。中止発表の直後から、中止決定に対する国内外で抗議の声が大きく湧き上がった。韓国の芸術家団体は、表現の不自由展中止に至る事態を「巧妙に織りなされた検閲」だと表現し、ナチスの芸術弾圧や、韓国の軍事独裁政権下の芸術に対する弾圧に続くものと抗議した。海外作家12組、国内作家2人が中止決定に抗議し、作品の展示中止あるいは中止に抗議する展示に変更を行うなどの抗議行動が続いた。

これに対して、再開を求めるため仮処分申請および再開交渉を行ったのが、この事件である。

(3) 仮処分申立事件において相手方となったあいトリ実行委員会が提出した証拠によれば、8月1日に開催して中止を決めた3日までの3日間の間に、メール・FAXによる抗議が2286件、電話による抗議が674件寄せられたという。会期中の全抗議のうち、メール・FAXについては約35％が、電話については約17％が3日間に集中していた。

3　再開までの戦略

憲法訴訟の背後には訴訟を通じて達成すべき目的があり、訴訟はその目的達成のための手段であることが多い。「表現の不自由展・その後」の再開をめざす弁護団活動の目的は、中止させられた企画展の再開を実現させることである。そのため、中止から8日後、8月11日に、愛知の弁護士8名に三重から1名、東京の李春熙弁護士[(4)]という構成の弁護団（以下「表現の不自由展弁護団」という）と不自由展実行委員会メンバーが顔合わせをして、今後の再開までの行動の大筋を確認した。そこでは、訴訟活動の目的が「表現の不自由展・その後」の再開を勝ち取ることにあること、あいトリ実行委員会会長である大村知事との直接交渉により再開合意のための協議を申し入れること、直接交渉が成功しない場合には仮処分申立てを行うこと、裁判所が仮処分決定を出すためには最低2回の審尋期日は入れると思われる[(5)]ので最後の1週間の再開を勝ち取るためには9月13日をタイムリミットとすること、等を確認した。

不自由展実行委員会は、大村知事への直接交渉を申し入れたが、知事からは協議に応じるという文書回答は来たものの、結局、直接交渉が行われることはなかった。あいトリ実行委員会は、8月16日、検証委員会を立ち上げ、その座長に山梨俊夫（国立美術館館長）氏、副座長に上山信一（慶應義塾大学教授）氏を据え、その中間報告で再開の方向を打ち出し、宣言を出すことで、事態の収拾をはかろうとした。不自由展実行委員会は、

(4)　先行裁判であるニコン裁判の弁護団員であった李春熙弁護士に弁護団参加を要請した。ニコン裁判については、後注(7)のほか、安世鴻＝李春熙＝岡本有佳編『誰が〈表現の自由〉を殺すのか－ニコンサロン「慰安婦」写真展中止事件裁判の記録』（御茶ノ水書房・2017年）参照。

(5)　あいトリ実行委員会が展覧会の主催者であり、公的な色彩は濃いが、法的には県や市とは別の法人格を有するものと考えられる。その主催者が中止を決めた行為をどう撤回させ、再開に持ち込むかがこの事案の困難さである。公的な会場の使用取消しを求める事案の場合には、使用取消処分の取消しを求める行政訴訟を起こし、使用取消処分の執行停止を申し立て、執行停止決定が出された場合には、執行停止決定が取り消されない限り、使用取消しの効力は失われ、使用が可能となる。本件の場合には、主催者が自ら企画展を中止することを決めたことになるので、主催者であるあいトリ実行委員会を相手どって再開を求めなければならない。主催者自らが再開を決定しない限り、単に中止の効力を取り消したり、中止の効力停止だけでは再開という目的を達することができないのである。不自由展を再開せよという主文は、目的を実現

副座長の上山氏が、当時維新の会の特別顧問であり、不自由展に少女像を置いただけで政治的プロパガンダとみられ、他作品と合わせ「サヨク」的企画とみられるとツイッターに書き込んでいたことから、検証委員会の構成に偏りがあるとして抗議文を出しており、これに批判的であったが、結果として検証委員会からのヒアリングや協議申入れには応じた。しかし、当初から設定していた13日を目前にしても大村知事との直接交渉が実現できなかったことから、仮処分申立て（仮の地位を定める仮処分）を行うことにした（申立ての趣旨は後述）。

この間、弁護団は、仮処分申立ての法的構成、事実関係の整理や申立人からの聞き取りによる陳述書作成を行うかたわら、不自由展実行委員会の声明起案のチェック、津田芸術監督からの協議申入れへの対応、検証委員会からのヒアリングへの対応などのアドバイスを続けた。一方、津田芸術監督は、同じく不自由展の再開を望んではいたものの、その考え方は違った。仮処分申立てをすれば再開ができなくなると考えて仮処分申立てに反対し、弁護士立会いのもとで、不自由展実行委員会に仮処分の申立てをしないよう説得してきたのである。津田芸術監督と一緒に立ち会っていた弁護士は、そんな仮処分申立ては認められるはずがないと言ったようであるが、筆者も含めた弁護団は、難しい問題はあるが仮処分決定が出る可能性は十分にあると考えていたし、表現の自由を守るべく、その決定を勝ち取らなければならないと心に決めていた。

する仮処分なので断行の仮処分と呼ばれる。断行の仮処分の場合には、決定により目的とする法状態が達成されるため、法律上は当事者双方の意見を聞く、双方審尋が必要となる。そのことを想定して、緊急に第1回審尋期日が開かれても、相手方の主張と疎明の機会を与えるため、最低2回の審尋期日が開かれるだろうと想定した。なお、再開せよという主文は主催者が任意に従い再開することを期待する任意履行を期待する仮処分となる。そこで、仮処分の申立ての趣旨をどうするかが問題となる。

4 仮処分申立てについての弁護団内部の議論

弁護団は9月13日に仮処分の申立てを行った。仮処分の申立ての趣旨は､「①不自由展入り口に設置された高さ3メートルの壁を撤去せよ。」「②不自由展を再開せよ。」とした。

弁護団内部では不自由展を再開せよという主文だけで十分ではないかという意見があった。しかし、最終的に壁の撤去も申立てに加えることにした。そこには2つの意味がある。

ひとつは、象徴的意味である。中止決定の夜に、あいトリ実行委員会は「表現の不自由展・その後」の展示室の入り口に高さ3mの壁を設置し、入り口は物理的に塞がれた。中止決定に抗議をする作家たちが、その壁に抗議の声明を貼り付けた。すなわち、入り口に設置された壁は中止の象徴であるから、この象徴を撤去させることに意味がある、と考えた。もうひとつは、仮処分決定が出た場合の執行可能性を考えた。**壁を撤去せよという主文があれば、壁を撤去する強制執行ができる。そのことの世論に与える効果は極めて大きい。**そこで、上記のような主文を求めたのである。

弁護団内部の議論の2番目は､**被保全権利をどう構成するか**である。**表現の自由を被保全権利とした場合、主催者に対して、再開請求権が発生するのかということが問題となる。**つまり､作家が申立人となった場合､中止決定により作家は自らの表現の自由を侵害されたといえるが、直ちに主催者に対して表現行為をすることを要求する権利まで存在するかという問題である。表現の自由は自由権であり、表現行為に対する不当な制限に対して、制限を止めろとはいえても、自らの表現をさせろと要求する権利まではないと一般的に考えられている。そもそも出品作家とあいトリ実行委員会との間には直接の契約関係はなく、あいトリ実行委員会は不自由展実行委員会との間でのみ契約関係にある。そのため、申立人は、「表現の不自由展実行委員会」を構成する実行委員とした。なお、ここでの主たる被保全権利は、あいトリ実行委員会と不自由展実行委員会との出品契約に基づく展示請求権である。

不自由展実行委員会は、あいトリ実行委員会から、作品一つひとつではなく、「不自由展」それ自体をひとつの作品として出品してほしいという依頼を受け、これを承諾するという回答書を出している。そのうえで、あいトリ実行委員会から業務委託契約書の締結を求められ、契約内容（中止理由の限定など）について交渉後、締結している。出品依頼と承諾によって、会期中の出品契約が成立し、契約内容の一部の具体化のために業務委託契約書が締結されたと構成し、これによって、不自由展実行委員には、展示期間中の展示請求権が契約上存在すると主張した。裁判所が仮処分決定を出すとすれば、契約に基づく展示請求権構成が採用しやすいだろうと考えたからである。**権利一辺倒の構成ではなく、裁判所の思考枠組みにも思いをめぐらせて法律構成を考えることは、憲法訴訟の目的との関係でも重要である。**

被保全権利の第2は、**表現者の人格権侵害の差止請求権に基づく展示請求権**と構成した。これは、船橋市図書館廃棄事件最高裁判決[(6)]における〈いったん表現行為が行われた後に表現物を破棄することは表現者の人格的利益を侵害する〉という判断を根拠に、不自由展実行委員会を表現者とし、その人格権侵害の差止請求権として壁の撤去請求権と展示請求権が存在する、と構成したものである。

(6) 最判平成17年7月14日民集59巻6号1569頁（船橋市西図書館蔵書破棄事件）。

5　裁判所による審理の経過

仮処分申立て後、裁判所は速やかに審理する体制をとった。申立て当日に、9月20日および同月27日の2回の審尋期日が指定された。申立てに対し、あいトリ実行委員会は、不自由展実行委員会と出品契約は締結していない、あるのは委任契約だけだ、また、今回の中止は表現の内容を理由にした規制ではなく安全の確保のためだ（要するに、いわゆる内容規制ではなく、間接的・付随的制約である）、という主張を行ってきた。〈不自由展実行委員会は作品の展示を作家に依頼・委託し作品の選定・制作・展示業務を行う義務を負い、あいトリ実行委員会は報酬を支払う義務を負う〉という契約が成立しているだけで、不自由展実行委員会に展示請求権はない、不自由展実行委員会には契約とは別個に人格的利益に基づき展示中止の差止めを求める権利はない、というのである。

申立て後、裁判所は、申立人である不自由展実行委員会に対して、疎明資料の追完を要請した（開催にあたっての危険性に関する判断に資するため、先行する同種関連事件であるニコン裁判[7]の異議審の却下決定、抗告審の却下決定を出してほしいというものであった)。また、あいトリ実行委員会に対しては、他の出品作家との契約内容を明らかにしてほしいと契約関係に関する釈明を求めた。

本件の争点は、契約内容と、安全確保の名目での中止決定の正当性である。そこで筆者ら弁護団は、泉佐野市民会館事件・上尾市福祉会館事件等の最高裁判決[8]が採用した「敵意ある聴衆の法理」を前提に、明白かつ現在の危険はなく、警察の警備等によっても防げない具体的かつ現実的な危険などないことを疎明した。筆者は、本件で問題になっているのが表現の自由という憲法上の権利であり、上記各最高裁判決との関連性も明確であることから、裁判所が仮処分決定を出すかどうかは明白かつ現在の危険の有無、すなわち、安全性を確保できていると確信するに至るかどうかにかかっていると筋を読んだ。そのため、安全性を確保可能なことを、警備の専門家の陳述書と申立人ら(元NHKプロデューサーで右翼による攻撃に組織として対処した経験のある永田浩三氏やニコン裁判の支援者ら)にその経験を踏まえて、妨害に十分に対応することが可能であることを陳述書に書いてもらい、提出した。安全性確保の点でも、開催されていた3日間の会場がいかに平穏だったかを、陳述書のみならず、筆者自身が体験した会場の様子(中止決定がなされた8月3日当日の様子)を、裁判官に口頭で説明した。その概要は以下のとおりである。

(7) ニコン裁判とは、2012(平成24)年に慰安婦をテーマとした写真展の開催を会場提供者側のニコンが一方的に中止したことを不服とした写真家が、仮処分を申し立て認容され、これに対する異議申立てを東京地裁が却下し、これに対する抗告も東京高裁が却下した事件である。この事件でもニコン側は慰安婦をテーマにした写真展ということで抗議が寄せられたため、危険性を考慮し、不買運動などが起きることを懸念して中止したと主張したが、表現の自由の重要性からこの主張は退けられた。その後、2015(平成27)年に写真家がニコンを被告として提起した損害賠償請求訴訟においても、東京地裁は損害賠償請求を認容する判決を言い渡している。

(8) 最判平成7年3月7日民集49巻3号687頁(泉佐野市民会館事件判決)、最判平成8年3月15日民集50巻549頁(上尾市福祉会館事件判決)。

開催期間中、不自由展実行委員会、津田芸術監督およびあいトリ実行委員会の事務局員である県職員は、連日、深夜に渡る会合を持ち、抗議行動にどう対処するかの協議を続けた。この会合の中で、中止の理由とされたＦＡＸによる脅迫を、８月２日、当日、実行委事務局は、「いたずら」と表現していたのであるが、実際はどうだったか。中止決定が行われた３日、駆けつけた展示会場内で筆者は、この展覧会をめぐる象徴的な場面に遭遇した。煽動によって抗議にやってきたと思われる男性が、「平和の少女像」を前に、「嘘ばかり」と大きな声を上げた時に、周囲で見物していた２人の若者が、「ここはそういう場ではないですよ」「静かに観覧しましょうよ」と穏やかに声をかけている場面であった。子ども連れの観客も数多くいた展示会場内では、そのまま大声を上げることもできず男性は静かになり、事態はそれで収まった。このように、中止決定がされた日、現場は極めて平穏だった。

他方、会場内までトラメガを持った人物が入ってきたため、不自由展実行委員会から警備を依頼されていた人物が驚き、同人を会場外に誘導するという事態も生じた。中止決定前、あいちトリエンナーレ実行委員会による会場における警備は緩やかで、事前に不自由展実行委員が要請したような厳重な警備や職員に対する事前の研修は行われていなかった。

裁判所は、当初から会期内に終局判断としての決定を出すことを念頭において訴訟指揮（スケジューリング）を行っていた。筆者は会期内に間に合わせるだけでなく認容決定を出すつもりだと捉えていた。それに対して、弁護団内部には厳しい見方もあったが、裁判所が意味のある決定を出すために、早期に期日を指定していることや双方に対する求釈明の内容から、仮処分申立てを認容するつもりだと感じられた。申立人側に対するニコン裁判の異議申立ての却下決定や抗告の却下決定は、仮処分を認容する場合にこそ参考になるものである。他方、相手方に対する求釈明は、出品契約について他の作家と不自由展実行委員会との異同を明らかにする趣旨であるが、被保全権利の確認を行う趣旨だと考えたためである。

そこで、筆者は、審尋の場で、和解によって再開を実現するよう、あいトリ実行委員会に呼びかけた。

6　再開合意へ

9月25日、検証委員会が展示方法と作品の展示場所の変更や解説文の書き換えを含む展示内容の変更を条件とした再開の方針を打ち出した。しかし、展示方法・展示内容の変更については、不自由展の出品作家およびボイコットをした海外作家は絶対反対の意向であった。不自由展実行委員会に対し、もし、検証委員会の出した案を飲めば、出品作品の撤去をすると言ってきた。

これに対し、9月27日の第2回審尋期日で筆者は、準備期間を考えて、再開を10月2日とするよう申し入れた。その際、展示内容の同一性を保つことを前提とすることを再開の条件とする和解を申し入れた。あいトリ実行委員会は持ち帰って検討すると答えた。裁判所は、これ以上審尋期日に時間を要せば、実効性のある決定は出せなくなると述べて、3日後の9月30日に

3回目の審尋期日を設定した。

審尋期日の朝、あいトリ実行委員会は、裁判外で、安全を保つために双方協力する、展示の一貫性を保持するなどの4条件を示して10月6日から8日の間での再開を想定して協議する、との提案をメールで不自由展実行委員会側にしてきた。また、審尋期日においては、再開の方向を打ち出したのだから、保全の必要性はなくなったと主張してきた。しかし、筆者ら弁護団は、いまだ再開した場合の展示内容の同一性を保つことが約束されていないこと、再開の期日についても曖昧なままであるから保全の必要性は存在することを挙げて反論したうえで、その場で和解協議を行い、展示内容の同一性を保つこと、10月6日から8日の再開を単なる想定ではなく前提に協議することを条件として、和解を迫った。あいトリ実行委員会側の代理人は、この場で判断できないと先延ばしをはかったが、筆者らは電話で知事の了解を得るように求め、あいトリ実行委員会側は、その場で大村知事の了解を得て、裁判上の和解が成立した。

7　再開条件の交渉

再開は決まった。ただ、実際に再開が実現するにはあいトリ実行委員会と不自由展実行委員会との間での具体的な再開条件の詰めが必要だった。海外の出品作家も呼んだ国際フォーラムが10月5日、6日に名古屋で開かれる予定となっており、それまでに不自由展の再開がなかった場合には、作品の撤去をすると海外出品作家が表明していた。ところが、検証委員会と不自由展実行委員会の協議でも条件は合意に達せず、10月5日、6日の作家による提案に対しても、あいトリ実行委員会が「全面撮影禁止」の条件をのまなければ再開しないという新たな条件を持ち出して、果たして協議は暗礁に乗り上げた。

10月6日、午後から不自由展実行委員会との協議を申し入れてきた検証委員会座長の山梨氏との交渉に、不自由展実行委員会からの要請で筆者も立ち会った。再開条件を決める協議は、10月6日、山梨氏とキュレーター2名と不自由展実行委員会の岡本氏と筆者の4人で行った。当初、出品作家ら（日本人作家2名、平和の少女像の作家2名）も同席したが、山梨氏から、今日は検証委員会の座長という立場ではなく大村知事の代理人としてきた。限られた範囲の人にしか言えないので岡本氏と弁護士以外は出てもらうと告げられ、再開協議に入った。冒頭、山梨氏から大村知事の意向として、全面撮影禁止、全荷物を預ける、30人一組に参加者を制限する等の6項目の提案がなされた。しかも、何かあった時には、再度の中止の可能性もあるとの前置きまでされていた。

筆者は、裁判上の和解で再開を合意して再開に向け条件を協議しているときに、再度の中止を条件にしたような交渉はできないと強く反論した。山梨氏から、これは条件ではなく可能性だという釈明があり、再度の中止を前提にした話は事実上撤回された。そこからさらに、全面撮影禁止という条件を押し戻す交渉が続いた。筆者は、裁判上の和解の際には存在しなかった条件を後で持ち出すのは信義則違反であると指摘した。これに対して山梨氏は「知事は、安全対策を強化したといえなければ再開できないと考えている」と述べた。そこで筆者から、全面撮影禁止という条件では作家は絶対了解しないからほかの安全対策を考えてはどうかと提案し、その場で、最終的にキュレーターの意見もいれ、海外の美術館と同程度の安全対策として、①貴重品以外の手荷物を預ける、②金属探知機で検査する、③ 30 人を一組にして 8 日午後 2 組から始めて徐々に入場者を増やす、一組の人数も増やしていく、④ SNS 禁止として投稿しないという誓約書に署名させ身分証明書を確認する、という条件で、8 日から再開することに合意した。

なお、この交渉後、さらに山梨氏から 8 日のみ全面撮影禁止とさせてほしいとの要請があった。不自由展実行委員会は、これを認めて再開に至った。

この条件のもと、愛知県警の警備により、再開後、何のトラブルもなく会期は終了した。この事実が示すのは、警察による警備等の対策を事前にとっていれば危険性などなく中止の必要性などなかった、ということである。

8　本件の背景とその後の影響

あいトリでは、表現の不自由展の再開を勝ち取ったものの、この事件が発端となり、その後、多くの表現の自由に対する侵害が続いた。ミキ・デザキ監督の「主戦場」が「第 25 回 KAWASAKI しんゆり映画祭 2019」

で上映中止となり、三重県の「第69回伊勢市美術展覧会」で、不自由展中止に抗議し、少女像をコラージュした作品が展示取りやめとなる事件が起きている。[(9)] あいちトリエンナーレ2019で「表現の不自由展・その後」の観覧を希望しながら見ることのできなかった人たちに向けて、2021（令和3）年東京、名古屋、大阪で「表現の不自由展」が開催される予定であったが、反対勢力の妨害と抗議によって、中止や会場使用許可の取消し等が相次いだ。今日もこの事件の影響は続いている。

公的展覧会で抗議により中止されたものが再開された例は世界中でもなく、限定的とはいえ、本件での再開は高く評価されている。他方、妨害・脅迫により中断させられたことにより、妨害勢力に成功体験を味わわせてしまったとの評価もあり、それが今日の一連の表現の不自由展の妨害につながっているのも確かであろう。その意味で、大阪での「表現の不自由展かんさい」の会場使用許可取消処分の取消訴訟と執行停止命令の申立ては、公的施設を利用した展覧会の中止処分を争い、地裁、高裁、最高裁と憲法に忠実な素晴らしい決定を導きだしたこと、その後、展覧会を支持する市民と弁護団の力で3日間開催させたことは貴重な成果である。[(10)]

民主主義の前提には、自由な言論が保障されなければならない。自らの気に入らない言説や表現を力で妨害し、排除しようとすることは日本国憲法が保障している民主主義とも基本的人権とも反するものである。[(11)]

この表現の不自由展をめぐる事件は、現在の日本の

(9) この事件をきっかけにあいトリ実行委員会の負担金支払いを名古屋市が拒否したことから、あいトリ実行委員会が原告となって名古屋市を被告として負担金支払いを求める民事訴訟が提起された。それを不満とした河村市長は高須克也氏とともに大村知事のリコール運動を提起した。この知事のリコール運動は失敗に終わり、その後、膨大な不正署名が発見されて署名運動を推進した団体の事務局長が逮捕・起訴されるという事件に至った。負担金支払請求事件について、2022年5月25日、名古屋地裁は、名古屋市に負担金残額の全額を支払うよう命じる全面敗訴判決を言い渡した。

(10) 大阪地裁民事第2部の会場使用許可取消処分の執行停止決定（大阪地決令和3年7月9日判タ1490号89頁）は、「地方自治法244条にいう公の施設」について「正当な理由がない限り、これを利用することを拒んではならず……、また、その利用について不当な差別的取扱をしてはならない」と定める地方自治法の趣旨を「地方公共団体等による不当な利用制限が、住民に対する集会の自由や表現の自由の不当な制限につながりかねないからであると解される」とし、「基本的人権たる集会の自由・表現の自由を制限することができるのは、

民主主義の脆弱性と問題点を浮き彫りにした事件であった。私たち市民は、表現の自由を暴力的に抑圧しようとするこの動きに対して、闘う必要がある。今後もそのために努力していこうと思う。

公共の安全に対する明白かつ現在の危険があるといえる場合に限られる」として、敵意ある聴衆の法理を採用して執行停止を認めた。大阪高裁決定はさらに突っ込んで警察の警備によっても防止または回避できない具体的危険がない場合には、利用を拒否できないと判断を示した。表現の自由の重要性を正しく認識した素晴らしい決定である。

なお、中谷雄二＝岡本有佳編『リコール署名不正と表現の不自由－民主主義社会の危機を問う』（あけび書房・2021年）は、あいちトリエンナーレ2019の事件から、リコール不正、2021（令和3）年にかけての一連の事件の事実とその政治的背景、妨害に対する闘いについて当事者・関係者の立場からの報告と見解がまとめられているので参照されたい。

(11) 政治学者の宇野重規は、同『民主主義を信じる』（青土社・2021年）135頁で「あいちトリエンナーレ2019における『表現の不自由展・その後』の中止とそれをめぐる騒動。自由と民主主義を守る砦が脅かされ、その社会的基盤が崩れつつあることを実感する。ここがまさに民主主義にとっての踏ん張りどころである。民主主義がためされているように思われてならない」と述べている。同感である。

いつまで続く!? 見過ごされてきた法廷内での人権侵害

法廷内での手錠腰縄国賠訴訟を振り返る

大阪地判令和元年5月27日

川﨑真陽

大阪弁護士会発行のリーフレット表紙（同弁護士会ウェブサイトより）

1　はじめに

現状の我が国における刑事法廷では、勾留されている被疑者・被告人は、手錠と腰縄で拘束されたまま出廷する。日本の法曹にとって、このことは常識であり、刑事裁判に行けば、当たり前のように目の前で行われる光景である。しかしながら、誰でも自由に出入りできる場所に、無罪が推定されるはずの被疑者・被告人が、手錠・腰縄姿を晒されることは、被疑者・被告人の人権を侵害するのではないか——。

本件訴訟は、法曹界にとって「当たり前」とされてきた習慣を問うた裁判である。

2　事件の端緒

本件訴訟に先立つ2014（平成26）年、ひとりの被告人が、声を上げた。手錠・腰縄をされたまま、法廷に行きたくない——と。[1]弁護人は、この被告人の主張を正当と考え、被告人の手錠・腰縄が見えないようにするための方策を実施するよう裁判所に求めたが（法廷秩序に関する職権発動または法廷警察権の行使の促しである）、裁判所は、それを認めなかった。この判断を受け、最終的に、弁護人はこの被告人の要望を容れ、被告人とともに法廷に出廷しなかった。これに対して裁判所は、弁護人に在廷命令を出した。弁護人は裁判所の在廷命令にも従わず、裁判所は弁護人に対して過料３万円の決定をした。この裁判所による過料の決定に対して異議を唱え、弁護人を支援した弁護士ら（筆者を含む）が、本件訴訟の中心となる弁護団である。

(1)　2014年12月1日付朝日新聞参照。

3　提訴に至る経緯

上記の事件以降、大阪弁護士会所属の弁護士らは、「法廷内における手錠・腰縄問題を考える会」（以下「考える会」という）を結成し、この問題の解決に向けて動き出した。そして、「考える会」メンバーの弁護士である西川満喜弁護士が担当した刑事事件の被告人らが、本件訴訟の原告らである。本件訴訟の原告らは、「考える会」の活動を知り、「考える会」の活動の本旨が自分の思いや疑問と淵源を同じくするものであると感じた。本件訴訟の原告らは、上記被告人と同じように法廷に、手錠・腰縄姿で出廷させられることに苦痛と疑問を感じていたのである。そこで、西川弁護士は、裁判所と拘置所に対して、公判期日のたびに、手錠・腰縄姿で入退廷させない措置を講ずるよう申入れを行ったが、認められることはなかった。本件訴訟の原告らは、このような裁判所・拘置所の責任を問うために、本件訴訟を起こした。

4　事案の概要

原告らは、覚せい剤取締法違反で、それぞれ起訴された者である。原告らは、**手錠・腰縄姿のままで法廷に連れられることが、著しく苦痛であり、疑問である**として、原告らの各刑事裁判の公判期日の前に、弁護人を通して、受訴裁判所に、法廷内の被告人出入り口付近に衝立を設けるという具体的な方法を例示したうえで、手錠・腰縄を施された被告人の姿を入退廷に際して、裁判官や傍聴人から見られないようにする措置を講じるように求める申入れをした[(2)]。当該申入れは、原告らの公判期日があるたびに行った。

しかしながら、原告らの受訴裁判所および原告らに同行した刑務官らは、いずれも特段の措置を講じず、その結果、原告らは、手錠・腰縄をされたまま刑事法廷に入退廷させられ、法廷内の裁判官や傍聴人らに、手錠・腰縄姿を見られることとなった。このことが原告らの人格権、無罪推定を受ける権利等を侵害したとし

(2)　なお、本来であれば、法廷への被告人出入り口の直前（法廷外）で手錠・腰縄を外すことが理想ではあるが、逃走等防止のためという理由で刑事収容施設側が手錠・腰縄の解錠には極めて慎重な姿勢であることに鑑みて、衝立を使用するとの具体例を挙げたものと考えられる。

て、原告らが慰謝料を請求したのが、本件裁判である。

5 争点等

本件裁判は、裁判官、刑務官の職務上の義務違反を理由とする国家賠償請求である。争点については、裁判官に対する責任追及と刑務官に対するそれで共通する。

―― 原告らの主張

弁護団が主張した違法性のうち、憲法上の争点に関連するものは、次のとおりである[(3)]。なお、あらかじめ述べておけば、被制約権利について憲法条項を指摘するのみでは必ずしも十分ではない場合がある。**憲法の内容をより詳細化し充実化させた自由権規約をはじめとする国際法の援用も、憲法訴訟を争ううえで実務上、極めて重要である。**

(3) ほかには、身体の自由（憲法31条）の侵害、公平な裁判を受ける権利（憲法37条）の侵害、公判廷における身体不拘束原則（刑事訴訟法287条）への抵触、また、刑事収容施設被収容者処遇法78条違反がある。

(4) 刑事収容施設被収容者処遇法78条１項１号は、「逃走」のおそれがあることを拘束具使用の要件とし、刑事訴訟法60条１項３号は、勾留の理由のひとつに「逃亡し又は逃亡すると疑うに足りる相当な理由があること」を挙げている。しかしながら、勾留されていない者を勾留する際の「逃亡〔を〕疑う相当な理由」（刑事訴訟法60条１項３号）と、すでに勾留されている者が「逃走すること」（刑事収容

①原告らの人格権の侵害（憲法13条、自由権規約７条）

手錠・腰縄姿を法廷内の人々に晒されることが、原告らの人としての尊厳、人間らしく生きる権利を侵害する。

②原告らの無罪推定を受ける権利の侵害（憲法31条、自由権規約10条・14条）

無罪が推定される原告、すなわち無罪であるとして取り扱わなければならない原告らを、罪人であることを想起させる手錠・腰縄姿で法廷に出入りさせたことが、原告らの無罪推定の権利を侵害する。

③防御権行使の侵害

刑事公判廷への入退廷時に被告人に手錠・腰縄を使用することは、公判に臨む被告人の心理に不当な作用を及ぼす結果、被告人の真意に基

づく供述を困難にさせるなど、適切な防御権行使を阻害する。

④当事者対等の訴訟構造への抵触

入退廷時に被告人に手錠・腰縄を使用することは、当事者としての主体的な防御活動を保障した刑事手続の基本原則ないし憲法の規定に反する。

⑤平等権侵害

勾留されていない被告人は、手錠・腰縄をされないで出廷するのに対し、勾留されている被告人は、手錠・腰縄をされて出廷することは、同じ被告人の立場でありながら、不合理な差別的取扱いを受けている。(4)

本稿では、憲法上の争点の中でも、特に①と②を中心に述べていく。

施設被収容者処遇法78条1項1号）には、逃走罪（刑法97条）の適用の有無の違いをはじめ、質的な違いがありうる。勾留されている者が、一律に刑事収容施設被収容者処遇法78条1項1号の逃走のおそれに関する要件を満たすとすることはできないであろう。

―― 被告（国）の主張

ア　①人間の尊厳に対する侵害について

被告（国）は、手錠・腰縄姿で法廷に入退廷させる行為が、被疑者・被告人の人権を侵害するか否かについては、正面から答えなかった。被告（国）は、次のように主張した。

国賠法1条1項の適用上、公務員の行為が違法といえるためには、権利ないし法益の侵害があるか否かではなく、公務員が個別の国民に対して負担する職務上の法的義務に違反するか否かで判断されるのであり、当該職務上の法的義務の有無は、法令の根拠に基づいて特定する必要があるところ、原告らの主張は、単に手錠等の使用が人間としての尊厳を傷つける（すなわち権利ないし法益の侵害がある）ため、憲法や条約に違反する旨を主張するのみで、具体的にいかなる法令の規定に基づいてどのような職務上の法的義務が発生するのか、何ら特定しておらず、失当である。

イ　②無罪推定の権利の侵害について

被告（国）は、次のように主張した。

> 原告らは、手錠等が罪人を象徴する道具であり、これを見た一般人等に対し、被告人が有罪であることを示唆する表象を与える旨主張するが、原告ら独自の見解に基づくものであり、これを前提とする原告らの主張は失当である。

―― 原告に課された課題

改めて、上記2つの論点についての被告（国）の主張を見てみると、被告（国）は、徹底して、上記2つの論点について、真正面からは応答せず、職務上の注意義務の措定をはじめとする本件の核心からはほど遠い点に関する主張に終始していることがわかる。請求原因事実となる主張・立証責任が、原告にあることを考えれば、当然といえば当然である。そのため原告は、本件の核心に迫り、その点について司法府の判断を得るべく、人格権の侵害、無罪推定の権利に対する侵害の立証を尽くすために、様々な証拠を提出することになった。

6　立証のための活動

―― 人格権侵害について

ア　人格権の内容をどう表現するか

本件で侵害されている中核的権利は、人格権である。

そのことに疑いはない。人は誰しも、手錠・腰縄をされ、官憲に引き立てられている姿を見られたくないであろう。では、**この「見られたくない」「見られて傷ついた」「恥ずかしい」という気持ちをどのように権利内容として的確に表現したらよいのか**。本件で弁護団が最も頭を悩ませたところのひとつである。

本件の権利侵害は、憲法13条の人格権の侵害であることには間違いない。しかし、「人格権」では、原告らの気持ちや、本件の問題の所在を的確に言い表すことはできない。ここで、ひとつの先例が参考となった。大阪地判平成7年1月30日（判時883号229頁）である。[(5)] この裁判例は、手錠・腰縄を隠すことなく刑事被告人を病院内の廊下を連れ歩いた看守の行為が違法とされ、国家賠償請求が認められた事例である。この判決では、上記看守の行為が、「原告の人格（人間としての誇り、人間らしく生きる権利）への配慮に著しく欠けるもの」であるとされた。

「人間としての誇り、人間らしく生きる権利」の否定、これが、本件の核心であると考えられた。というのも、原告らは、手錠・腰縄をされて引き立てられることは、まさに、犬の散歩、猿回しの猿と同じ扱いを受けていると感じていたからである。実際にも、本件原告が第１回口頭弁論の際に提出した意見陳述書にも「**刑務官が飼い主で被告人が動物なのか、心の怒りすら湧いてきます。**」と述べられていた。

しかしながら、「人間としての誇り、人間らしく生きる権利」では、フレーズとして長すぎる。もう少し、短く、端的に言い表すことはできないかと考え、弁護

(5) 本判決は、大阪高判平成8年10月30日判タ941号139頁が、原告の請求を認容した原審判決を維持し、確定した。余談であるが、当該訴訟を担当したのは、本件事件の弁護団長を務めた山下潔弁護士である。山下弁護士は、修習生の頃から、被疑者・被告人の手錠・腰縄に疑問を抱き、活動してきた。

団では、最終的に、「人間の尊厳」（世界人権宣言１条、自由権規約前文）に対する侵害と位置づけることとした。

また、憲法13条を具現化する自由権規約７条の「品位を傷つける取り扱い」に該当することも主張した。

イ　立証をどうするか

手錠や腰縄姿が公衆に晒されることによって、被疑者・被告人の人格権が侵害されることについては、これを認めた裁判例がいくつかある[(6)]。これらの裁判例は、いずれも、法廷の外において、被疑者・被告人の手錠・腰縄姿が一般公衆に晒されたものである。しかしながら、公開されている刑事法廷は、誰でもいつでも出入り自由であるから、法廷の内外、という事案の違いはあれど、この差異によって判断は異ならないと思われた。ここで重要なことは、「公衆」の概念に裁判官も含まれるのかということである。弁護団としては、裁判官に見られることも傍聴人に見られることも原告らにとっては違いがないと考えているものの、裁判官が自らを傍聴人と同じ「公衆」と考えるだろうか。裁判官に手錠・腰縄姿が晒されることも、傍聴人に晒されるのと同じよう被疑者・被告人の人格権を侵害することについて、立証できないか。

立証方法についても議論を尽くし、弁護団は、大阪弁護士会、近畿弁護士会連合会が行った被疑者・被告人に対するアンケートの結果を証拠として提出することとした。このアンケートの結果では、手錠・腰縄姿を裁判官に見られて嫌だったと回答した被疑者・被告人が、全体の30.8％であった[(7)]。また、裁判官に手錠・腰縄姿を見られてどう感じたかの設問については、罪人

(6)　最判平成17年11月10日民集59巻９号2428頁、大阪高判平成８年10月30日判タ941号139頁、東京地判平成５年10月４日判タ841号179頁等。

(7)　2019年近畿弁護士会連合会人権擁護大会第１分科会報告書。

であると思われると感じたと回答したものが64%、恥ずかしかったとの回答が48%であった。このアンケートでは、裁判官に手錠・腰縄姿を見られて感じた気持ちの上位4つと傍聴人に見られて感じた気持ちの上位4つが同じであった。アンケートの結果は、多くの被疑者・被告人が、傍聴人にも裁判官にも手錠・腰縄を見られることに抵抗を感じていることが明らかであった。

さらに、自由権規約の通報事例には、法廷に刑務所の名が記されたベストと手錠で連れ出された被告人について、自由権規約7条（品位を傷つける取扱い）違反が認定されている事例があり[(8)]、これも、翻訳して提出した。

(8) CCPR Zinsou v. Benin No.2055-2011.

―― 無罪推定の権利

ア 原則か権利か

無罪推定の「権利」――。こう言うと、耳なじみがない読者も多いのではないだろうか。刑法や刑事訴訟法の教科書で目にし、あるいは法学部の講義などで耳にする言葉は、無罪推定の「原則」であろう。しかし、無罪推定の「権利」は、自由権規約14条2項に明記されているのである[(9)]。原則と権利、どちらの用語を使うかについても、弁護団で議論した。原則とは、法律の大前提となる法則のことを意味する。無罪推定の原則は、刑事法の大前提であることは言うまでもない。しかしながら、誤解を恐れずに言えば、**無罪推定の原則という言葉では、まるで制度的保障のように聞こえ、個人が救済を求めて主張できる人権としてとらえることが**

(9) 自由権規約14条2項「刑事上の罪に問われているすべての者は、法律に基づいて有罪とされるまでは、無罪と推定される権利を有する。」

できない。しかし、「権利」であれば、各個人が国家に対して訴求できる人権として構成することになじみやすい。弁護団は、自由権規約に明記された「無罪推定の権利」を用いることとした。

それでは、無罪推定の権利の内容は何か。刑法や刑事訴訟法の教科書には、無罪推定の原則について、有罪と宣告されるまでは無罪と推定される原則と書かれている。その具体的内容は、主に証明責任の関係で語られている。しかしながら、無罪推定の権利（原則）は、証明責任の問題に尽きるものではない。ここで、自由権規約の一般的意見[10]を参照すると、自由権規約一般的意見32の段落32には、無罪推定の権利は、「刑事上の犯罪行為の嫌疑を受けている者がこの原則に従って取り扱われることを要求している。」「被告人は通常、危険な犯罪者であることを示唆する形で出廷させられたりしてはならない。」と記載されている。自由権規約の一般的意見32を素直に解釈すれば、被疑者・被告人に、一律に手錠・腰縄を施して出廷させる現在の取扱いは、無罪推定の権利に反していることになる。

無罪推定の権利が、被疑者・被告人が、無罪が推定されるものとして「取り扱われることを要求している」ことというのは、客観的にも、無罪が推定されている者として取り扱わなければならないことを意味する。単に、裁判官が、主観的に、無罪が推定されるものとして頭の中で考えればよいというものではないのである。この点において、多くの裁判官は、たとえ被疑者・被告人の手錠・腰縄姿を目にしたとしても、それをもって、職業裁判官は当該被疑者・被告人が有罪らしいとは考

(10) 自由権規約28条に規定される自由権規約委員会が、自由権規約の解釈をまとめたものであり、権威ある自由権規約の一般的解釈として、各国により参照、尊重されるもの。

えないから、法的にも問題はないと考えていると思われるが、これでは、裁判官の主観においてのみ、無罪推定の権利が確保されているという極めて脆弱な権利保障にとどまってしまう。無罪推定の権利は客観的にも確保されなければならないという点からみれば、このような考え方では、無罪推定の権利が確保されているとはとうていいえない。

イ　立証をどうするか

果たして、手錠・腰縄姿は、本当に、罪人の象徴なのか。私たちは直感的に、手錠されている人を見れば、何か悪いことをした人であろうと感じる。それは、国家権力によって身体の自由に制約を加えられているからであろう。小さな頃から、手錠をされた人は悪いことをした人であるという刷り込みが行われてきたからであろう。もちろん、そのような直感的なことを裁判で主張することも重要である。しかしながら、何か、証拠を提出したい。手錠・腰縄が、罪人の象徴として用いられてきた証拠を探して、裁判に提出するため、弁護団は、国立国会図書館で文献をあさり、刑事法制史に詳しい大学教授にも話を聞きに行き、資料を提供してもらう努力をした。

そこでわかったことは、江戸時代には、刑の執行として、手錠が用いられることがあったこと、明治時代に入っても、監獄の中の懲罰の一種として、手錠や足かせが用いられていたこと等であった[11]。

弁護団では、明治期から現代までの監獄法制についての資料を提出した。また、上記人格権に対する侵害と同様に、被疑者・被告人に対するアンケート[12]、自由

(11)　弁護団では、近代刑法が整えられた明治期以後も法廷に手錠・腰縄姿で連行されていたかを調査した。護送時に手錠と捕縄が用いられていたことは、監獄則施行規則等で明らかとなったが、手錠と捕縄をされたまま法廷に連れ出されていたかどうかまで記載された書物はなかった。このことは、被疑者・被告人の権利に対する配慮が顧みられてこなかったことを示しているように思われた。

(12)　被疑者・被告人アンケートでは、裁判官に手錠・腰縄姿を見られた時の気持ちで最も多かったのは、「罪人であると思われていると感じた」、3番目に多かったのが「罰を受けているように感じた」であり、無罪推定の権利との関係でも問題となる。

権規約の通報事例等も提出した。

そして、この調査の過程[13]で、本件訴訟に大きな影響をもたらす文書が発見された。それが、平成５年７月19日付矯正局長通知（矯保1704）（以下「平成５年通知」という）である。この文書末尾には、最高裁判所事務総局刑事局長が、各高裁長官、地裁長官、家裁長官に発した文書が添付されている。その添付文書には、「特に戒具を施された被告人の姿を傍聴人の目に触れさせることは避けるべきであるという事情が認められる場合には、……裁判官、被告人、傍聴人という順序または被告人、裁判官、傍聴人という順序で入廷し、傍聴人、被告人、裁判官という順序で退廷させるという運用を原則とすることが相当であると考えられます。」と書かれていた。

(13) 正確には、本件訴訟に先立って、京都地裁で同じ内容の訴訟が同じ弁護団によって提起されており、この先行する京都地裁の事件を扱う過程で発見されたと記憶している。

本件訴訟が提起される四半世紀も前に、このような書簡が出され、そして、忘れられていたのである（そのこともまた、被疑者・被告人の人権がいかに軽視されてきたかの現れであると同時に、我々法曹の怠慢でもある）。そして、この書簡が発出されるきっかけとなったのも１人の被告人の申立てであった。すなわち、1992（平成４）年京都地裁において、ある被告人が、手錠・腰縄姿で出廷することが苦痛であると裁判所に申入れをし、この意見を容れた裁判官が、傍聴人のいないところで手錠・腰縄を解錠・施錠したことがあった。このことは、当時、新聞報道されるなど大きく扱われ[14]、これがきっかけで、平成５年通知が発出されたようである。また、当時の被告人が、本件訴訟を報道で知ったと思われるが、当時の申入書の写しを本件弁護団に提供してくれ

(14) 当時は、1992年9月25日付京都新聞、朝日新聞、毎日新聞、読売新聞等で大きく報道された。

た。そこに記載されていた申入れ内容は、本件弁護団の主張と同じであり、被告人本人の訴えは、格調高く真に迫り、裁判官に対応を迫るものであった。

7　本判決の要旨[(15)]

(15)　大阪地判令和元年5月27日判タ1486号230頁。

果たして、賠償請求は認められなかった。しかし、身体拘束を受けている被告人が、法廷において手錠等を施された姿をみだりに公衆に晒されないとの正当な利益ないし期待についても人格的利益として法的な保護に値するとした点において、画期的な判決であった。

また、被告人の手錠・腰縄の解錠施錠の権限関係については、刑務官の戒護権と裁判長の法廷警察権とが問題になることを指摘したうえで、「被告人に施された手錠等を開廷前のどのタイミングでどのような状況下で外し、閉廷後のどのタイミングでどのような状況下で使用するかという問題一般を検討するについては、基本的に、裁判長の法廷警察権の行使の在り方の問題である」と整理した。

―― 人格権侵害について

本判決は、法廷内において手錠・腰縄が傍聴人に晒されない被疑者・被告人の人格的利益を認めた初めての裁判例である。

本判決は、手錠・腰縄を施された被疑者・被告人の姿について、「現在の社会一般の受け取り方を基準とした場合、手錠等を施された被告人の姿は、罪人、有罪であるとの印象を与えるおそれがないとはいえない」

として、一般人が手錠・腰縄姿の被疑者・被告人を見た場合に、罪人との印象を受けるおそれがあることを認めた。また、手錠・腰縄を施されることで被疑者・被告人に生じる感情についても、「手錠等を施されること自体、通常人の感覚として極めて不名誉なものと感じることは、十分に理解されるところである」、「手錠等を施された姿を公衆の前にさらされた者は、自尊心を著しく傷つけられ、耐え難い屈辱感と精神的苦痛を受けることになることも想像に難くない」として、被疑者・被告人の自尊心が侵害されることも認めた。

さらに進んで、本判決は、「確定判決を経ていない被告人は無罪の推定を受ける地位にあることをにもかんがみると」と、無罪推定の権利を考慮しつつ、「個人の尊厳と人格価値の尊重を宣言し、個人の容貌等に関する人格的利益を保障している**憲法13条の趣旨に照らし、身柄拘束を受けている被告人は、上記のとおりみだりに容ぼうや姿態を撮影されない権利を有しているというにとどまらず、手錠等を施された姿をみだりに公衆にさらされないとの正当な利益ないし期待を有しており、かかる利益ないし期待についても人格的利益として法的な保護に値する**ものと解することが相当である」（強調筆者）とした。手錠等を施された姿をみだりに公衆に晒されない正当な利益ないし期待が、憲法13条の趣旨に照らして法的保護に値するとの判示は、これまでもされてきたところである（前掲注6）・最判平成17年11月10日）。本判決では、そこから一歩進んで、「公判手続が行われる法廷は、憲法上の要請に基づいて公開された場所であり（憲法82条1項）、不特定多数の一般公衆が傍聴可能な場であるところ、このような公開法廷と一般公衆の目にさらされ得る他の場所とを区別する合理的な理由も見出し難いことからすれば、**法廷において傍聴人に手錠等を施された姿を見られたくないとの被告人の利益ないし期待についても法的な保護に値する**ものというべきである」と述べ、**法廷内において被疑者・被告人が手錠・腰縄を見られたくないとの心情も憲法13条の法的保護に値すると認めた。**

そして、上記被疑者・被告人の法的に保護された利益・期待を前提にすれば、「**裁判長は**、勾留中の被告人を公判期日に出廷させる際には、法廷において傍聴人に手錠等を施された姿を見られたくないとの被告人の利益ないし期待を尊重した法廷警察権の行使をすることが要請され、被告人の身柄確保の責任を負う刑事施設の意向も踏まえつつ、**可能な限り傍聴人に被告人の手錠等の施された姿がさらされないような方法をとることが求められている**というべきである」とした。裁判長には、被疑者・被告人が法廷内において、手錠・腰縄姿を見られたくないとの法的に保護された利益・期待を尊重するために、逃走等のおそれに配慮しつつも、できる限りの措置を講じることが要請されると判示したのである。極めて画期的かつ、被疑者・被告人の人権に配慮した判示である。

ただひとつ、残念な点があるとすれば、手錠・腰縄を「公衆」に晒されない利益・期待を「傍聴人」に手錠・腰縄姿を晒されない利益としたことである。すなわち、裁判所は、「公衆」を「傍聴人」に限定し、「公衆」の中に、裁判官を含めなかった（この点については、次項で述べる)。本件問題を改善するうえでの裁判官の意識改革の必要性とあいまって、非常に重たい課題が残された。

―― 無罪推定の権利について

本判決は、無罪推定の権利について、「傍聴人〔が抱く〕印象……が公判手続の追行において被告人の地位に何らかの影響を与えるものではない。また、……裁判官が、被告人の容姿等から……何らかの……予断を生じることはおよそ想定し難い」と述べた。

この判示には、2つの問題があると筆者は考える。ひとつは、裁判所は、被疑者・被告人の手錠・腰縄姿が、一般人には罪人・有罪であるとの印象を与えかねないと述べながら、裁判官にはそのようなおそれはないとして、一般人と裁判官を区別したことである。[16] もうひとつは、被疑者・被告人が罪を犯してない人として取り扱われる権利には、客観的な側面も含まれていることを軽視したことである。

裁判所が、一般人と職業裁判官を区別するのは、よく言えば、職業裁判官たるもの被疑者・被告人の外見等に左右されることはないという裁判官としての自負・矜恃であろう。しかしながら、このような裁判官の主観を基準とすることは極めて危うい。権利は、主観的に保障されればよいものではない。権利は、あくまで客観的に保障されて初めて、確保できる。無罪推定の権利を保障した自由権規約14条2項の一般的意見でも、「被告人は通常、危険な犯罪者であることを示唆する形で出廷させられたりしてはならない。」として、被

(16) 裁判員裁判開始時、一般人たる裁判員が被告人の手錠・腰縄を目にすることで、予断が生じるのではないかとの懸念があった。このとき、最高裁と法務省は協議により、裁判員に手錠・腰縄を見せないための措置の具体的手順を示した(平成21年7月24日付矯成3666矯正局成人矯正課長通知)。その手順では、裁判長を含め裁判体の誰もが、被告人の手錠・腰縄を目にしない方法であった。最高裁が、意識的に裁判員と裁判体を同列に扱ったのかは定かではないが、少なくともこのときは、裁判員と職業裁判官との間に区別を設けていない。なお、このときは、専ら裁判体に予断が生じるおそれを懸念しており、傍聴人に手錠・腰縄が晒されること(人格権の侵害)についてまでは、論点となっていなかった。

告人が罪を犯していない者として取り扱われる権利を客観的にも保障しようとしている。裁判所には、無罪推定の権利の確保について、客観的な保障についても考慮してほしかった。そうすることが、ひいては公正な裁判へとつながり、裁判の信頼にもつながる。

―― 裁判長が、弁護人からの申入れがあったにもかかわらず何らの措置もとらなかったことの違法性について

判決は、「法廷警察権を行使すべき立場にある裁判長は、被告人又は弁護人から手錠等を施された被告人の姿を傍聴人の目に触れさせないようにしてほしい旨の要請があった場合には、かかる被告人の要望に配慮し、身柄拘束についての責任を負う刑事施設と意見交換を行うなどして、手錠等の解錠及び施錠のタイミングや施錠及び解錠の場所をどうするかという点に関する判断を行うのに必要な情報を収集し、その結果を踏まえて弁護人と協議を行うなどして具体的な方法について検討し、具体的な手錠解錠及び施錠のタイミングや場所について判断し、刑務官等に対して指示することが相当であった」としつつ、「法廷警察権に基づく裁判長の措置は、それが法廷警察権の目的、範囲を著しく逸脱し、又はその方法が甚だしく不当であるなどの特段の事情のない限り、国賠法１条１項の適用上、違法の評価を受けないものと解される（最高裁昭和63年（オ）第436号平成元年3月8日大法廷判決・民集43巻2号89頁参照)」と、裁判長の裁量の範囲を広範に解したうえ、「弁護人から手錠等を施された被告人の姿を入退廷

に際して裁判官や傍聴人から見られないようにする措置を講じられたい旨の申入書が提出され、各公判期日においても、弁護人から同旨の申立てがされたにもかかわらず、担当裁判官は、いずれの申立てについても、具体的な方法について弁護人と協議をすることもなく、また理由も示さないまま特段の措置をとらない旨の判断をし、手錠等を施された状態のまま原告Ｘ１を入廷させ、また手錠等を使用させた後に退廷させたものである。これらのことからすると、本件裁判官らの執った措置は被告人の正当な利益に対する配慮を欠くものであったというほかなく、相当なものではなかったといわざるを得ない」と判示したものの、現在の裁判所において広く行われている運用状況、および本件裁判官らが被告人の逃走を確実に防止するという以外の意図をもって手錠等を施された状態で原告らを入退廷させたことをうかがわせる事情も認められないことに照らして、本件裁判官らの執った措置が、法廷警察権の目的、範囲を著しく逸脱し、またはその方法が甚だしく不当であるなどの特段の事情は認めることはできないとした。

8　判決を受けて

本件事件提訴当初から、裁判官の職務上の行為について、義務違反を認めさせたうえで認容判決を獲得することには相当な困難を伴うことは、容易に想像ができた。弁護団の実質的かつ最終目標は、判決理由の中で、入退廷時に、手錠・腰縄を使用する違法性（人権侵害性）を認めさせることであった。[17]

その意味では、本判決は、一点を除いて、概ね満足のいく判決であったといえる。特に、本判決が、「手錠等を施された姿を傍聴人に見られたくないとの被告人の利益ないし期待は、憲法13条の趣旨に照らして法的保護に値する人格的利益」であると認めたことは、画期的であると評価された。

しかし、弁護団に不満があったのも同一の文脈であった。それは、裁判官を含む法廷内にいる（刑務官を除く）すべての人に手錠・腰縄姿を見られたくないという被告人の利益を、保護の対象から除いたことである。また、無罪推定の権利についても、裁判官または傍聴人が被告人の手錠・腰縄姿を見ることは、判決に何らの影響も与えないと判示するのみで、その権利性について実質的な判断を示さなかった。弁護団が主張してきたことは、被告人が手錠・腰縄で拘束された姿が晒されている状態が訴訟に与える影響にとどまらない。手錠・腰縄という罪人を想起させるような**外観**で、法廷に出廷させられるという**外形上の事実それ自体**を問題にしてきたのである。この点について、裁判所は、判断を示さなかった。[18]

この判決について、原告らは控訴しなかった。その主な理由は、これ以上の内容の判決が期待できるとは思われなかったこと、少なくとも、弁護人の申入れがあった場合に、裁判長が何らの検討もしないことは不相当であるという判断が出たのであるから、この判決を糧にして、申入れ活動をより活発化させる方向で、問題の改善を目指すことができること、にあった。[19] また、

(17) たとえば、最大判平成元年3月8日民集43巻2号89頁（法廷メモ採取不許可国家賠償請求事件）では、法廷で傍聴人がメモをとることは、憲法21条1項の精神に照らし尊重に値するとして、法廷でメモをとる行為を理由なく妨げてはならないとしつつ、法廷警察権の行使が、裁判長の広範な裁量に委ねられているとして、国家賠償請求は認めなかった。しかしながら、上記判決以後、法廷においてメモをとる行為がとがめられることはなくなった。本件においても弁護団は、国家賠償請求は認められなくても、法廷において手錠・腰縄姿が晒されない法的利益を確保し、法廷において手錠・腰縄を使用しない運用に改善されることを目指したといえる。

(18) 本判決の評釈として、田中俊ほか「判批」季刊刑事弁護101号(2020年)116頁以下、杉山有沙「判批」新・判例解説Watch 26号（2020年）19頁以下がある。

(19) 本件と並行して、まったく同じ内容の請求が京都地裁で争われ、請求棄却判決が出ていた。本文で後述する京都地判平成30年9月12日がそれであるが、その控訴審である大阪高裁判決が間近に迫っていたことから、高裁の判断をさらに求めない方がよいというのも大きな理由である。

原告ら本人らも、判決を読み、納得していたことも挙げられる。

9　本件判決の影響

法廷内手錠 広がる配慮
国賠訴訟契機　ついたて設置
ルール作りの動きも

判決後の運用変化についての報道（毎日新聞2019年7月15日）

本件事件およびまったく同種の国家賠償請求が京都で起こされていた事件（京都地判平成30年9月12日裁判所ウェブサイト）と並行する形で、大阪弁護士会法廷内での手錠・腰縄問題PT（プロジェクトチーム）が設置され、この問題の改善に向けて活動を開始し、徐々にマスコミでも取り上げられるようになった[20]。そのため、本件判決日には、多くのマスコミが傍聴に訪れ、判決は、大きく取り上げられた。そして、本判決のあとに、裁判所に手錠・腰縄を使用しない措置の申入れをする弁護人が各地に現れ、裁判所でも、衝立を用いて被告人の手錠・腰縄を解錠する姿を傍聴人から見えないよう配慮したり、傍聴人を最後に法廷に入れるなどの配慮がとられるようになった[21]。やがて、他府県の弁護士会でも、手錠・腰縄使用に関しての申入れが検討されるようになり、日本弁護士連合会の意見書発出へとつながった。

現在では、法廷内での手錠腰縄問題についてのPT

(20)　2016年1月17日付宮崎日日新聞、同19日付朝日新聞夕刊6面、同年9月29日付朝日新聞朝刊など。

(21)　2019年6月5日付朝日新聞、同年7月3日付静岡新聞、同年7月15日付毎日新聞など。

が福岡県弁護士会にも設置され、その他の県でも、この問題について組織として取り組むところが増えている。判決の内容如何によらず、憲法訴訟に取り組んだことが、社会にも少しずつ影響を与えてきている。訴訟代理人としての営為の実意はここにあったといってよかろう。

10 さいごに

本件問題は、長年にわたって、法廷で行われてきた人権侵害行為を法曹三者が看過してきた問題である。とりわけ、被疑者・被告人の人権を擁護する使命を負っている弁護士の責任は大きい。筆者も、初めて、手錠・腰縄で拘束されて法廷に出てきた被告人を見て、ショックを受けたことを鮮明に覚えている。そして、それにもかかわらず、その光景に慣れてしまっていたひとりである。

本件は、ひとりの被告人の訴えを見逃さなかった弁護人とその弁護人を守ろうとした弁護士らによって始まった。本件事件をきっかけに、遠くない将来に、現在の運用は改善されると期待している。

憲法訴訟は、原告だけに関わる問題ではなく、同様の境遇になりうるすべての人に関わる人権問題である。そして、人権が尊重されることは、よりよい社会の不可欠な前提である。人権は、弱く小さなところから侵害される。日常に潜む人権侵害に、もっと鋭敏であり、寄り添い耳を傾ける姿勢を忘れずにいたいと思う。

自治体による強制的アンケート調査とその限界

民意を背景にした行政権行使と人格的利益の対立に関する一事例

大阪高判平成28年3月25日

西　晃

提訴日の提訴行動。原告・弁護団・支援者のみなさんと（前列右端が筆者。支援者撮影）

1　思想・良心・プライバシーへの強制的介入に抗して：事案の全体像

―― 職員アンケート調査実施とその波紋

2012（平成24）年2月、大阪市（市長橋下徹氏）は、野村修也[(1)]特別顧問の関与のもとに、大阪市全職員に対して「労使関係に関する職員アンケート調査」（以下「本件アンケート調査」という）を実施した。これが事件の発端である。

地方自治体が、市民や議会の意向を受けてアンケー

(1)　会社法等の専門家であり、本稿執筆時点において、中央大学法科大学院教授、森・濱田松本法律事務所客員弁護士である。

ト調査という形で行政上の調査活動を行うことはよくある。その対象が市職員に向けられることもあるが、通常は行政計画実施のために行われる任意の調査であり、回答についても匿名でなされることが多いように思われる。

しかしながら本件アンケート調査はまったく様相を異にした。地方自治体のトップである市長自らが、「職務命令」としたうえで、不正確な回答、もしくは回答拒否に対する「懲戒処分発令の可能性」をも言明し、職員一人ひとりに顕名での回答を強いたのである。しかも調査項目は、「政治活動参加の有無」「(選挙に際しての) 投票依頼の有無」「労働組合への加入の有無」「労働組合活動参加の有無」等という極めてセンシティブかつデリケートな事項であった。

このように本件アンケート調査は、公権力を背景とし、調査対象となった公務労働者一人ひとりの内面・プライバシーにも直接手を突っ込むが如くの強権性をおびたものであった。後述のとおり、このアンケート調査実施が大阪市の公務労働の現場に与えた影響は計り知れないものがあった。

本稿は、このアンケート調査に抗し、思想・良心の自由、プライバシーの権利、労働基本権、等を柱として、人間の尊厳を掲げ闘った大阪市役所労働組合（略称「市労組」）所属の59名の公務労働者（退職者を含む）たちの苦悩と闘いの記録である。[(2)]

(2) 大阪市には主要労組として、大阪市職員労働組合（市職）、大阪市従業員労働組合（市従）、大阪市役所労働組合（市労組）の3つがある。前二者は上部団体として大阪市労働組合連合会（市労連）に加盟しており、日本労働組合総連合（連合）がナショナルセンターとなる。他方、市労組は上部団体として日本自治体労働組合総連合（自治労連）に加盟しており、ナショナルセンターは全国労働組合総連合（全労連）となる。本稿は市労組加盟の組合員たちの立場からのものである。

―― 本件アンケートの概要

大阪市長であった橋本徹氏は、2012（平成24）年2月

9日付「アンケート調査について」と題する書面を全大阪市職員に向けて発出した（全文は章末に掲載の**【別紙1】**に掲載、なお末尾の「橋下徹」の部分は自署になっていた)。そこには次のような記載がある。

まず、冒頭アンケート実施の目的として、「(大阪)市の職員による違法ないし不適切に思われる政治活動、組合活動などについて、次々に問題が露呈しています。この際、野村修也・特別顧問のもとで、徹底した調査・実態解明を行っていただき、膿を出し切りたいと考えています。」と明記されている。

そのうえで「このアンケート調査は、任意の調査ではありません。市長の業務命令として、全職員に、真実を正確に回答していただくことを求めます。正確に回答がされない場合は処分の対象となり得ます。」として、本件アンケート調査への回答を職務命令によって強制した。

本件アンケート調査によって回答を求められた事項は合計22項目に上ったが、まずは氏名（Q1)、職員番号（Q2)、所属部署（Q3)、職種（Q4）職員区分（Q5）という個人を特定する情報に関しすべて回答を求められる。そのうえで以下のような項目が続く。すなわち、「あなたは、これまでに大阪市役所の組合が行う労働条件に関する組合活動に参加したことがありますか。」(Q6)、「あなたは、この2年間、特定の政治家を応援する活動（求めに応じて、知り合いの住所等を知らせたり、街頭演説を聞いたりする活動も含む。）に参加したことがありますか。」「要請した人」「要請された場所」「要請された時間帯」(Q7)、「あなたは、組合に加入していますか。」(Q 16)、「あなたは、自分の納めた組合費がどのように使われているか、ご存じですか。」(Q 21) ――等々である(本稿末尾に掲載の**【別紙 2】**において、上記で引用した質問に関し具体的な項目を挙げておく)。

―― 本件アンケート調査実施から国家賠訟請求訴訟提起までの経過

本件アンケート調査は、大阪市長の通告どおり、2月10日から各職場において実施された。その方法は、一部職員を除き、庁内ポータルに接続されたパソコンから同ポータル上の「庁内アンケートサイト」にアクセスして回答する方法で行われた。最初に個人識別情報(Q1～Q5)を入力させたうえで、順次質問に答える仕組みとなっており、また各質問への回答を入力しなければ次の質問へ進むことができない仕組みであった。その結果、すべての質問項目への回答を事実上強制するものとなっていた。

ただ実際にアンケートが始まり、その内容・方法等の詳細が報道等により判明するにつれて、憲法問題を含めて極めて重大な問題があると各方面から指摘されるようになった。日本弁護士連合会会長声明(平成24年2月16日付)、大阪弁護士会会長声明(同年2月14日付)、東京弁護士会会長声明(同年2月15日付)をはじめ、民主法律協会や自由法曹団等多くの法律家団体、連合、全労連、大阪自治労連等の労働組合、さらには政党や多くの市民からも激しい抗議がなされた。

その結果、本件アンケート調査回答期限後の2月17日、野村修也氏は、データ開封作業や集計などを「凍結」する旨表明せざるを得なくなった。また、同月22日には、大阪府労働委員会が、市労連加盟労組らの実効確保の措置申立てに対して、「市の責任において本件アンケート調査を中止するよう」異例の勧告を出すに至った。

当初大阪市長側は、「本件アンケート調査には何ら問題はない」、「アンケート回収・分析は継続する」として強気の姿勢を崩さなかった。しかしながら最終的に4月6日、大阪市側は本件アンケート用紙をシュレッダーにかけて裁断し、さらに本件アンケート調査結果が記録された電磁的記録媒体(DVD-ROM)をハンマーで破壊したりするなどして、その調査結果を破棄せざるを得ないという状況にまで至った。世論と運動の力で本件アンケート調査を中止させたのであった。

他方、公権力を背景として強権的にアンケートが実施され、調査対象となった職員個々の思想・良心・プライバシー、労働基本権が侵害された事実はそのまま残った。

これをそのままにしておくことはとうていできない――。内部的討議を繰り返した結果、7月30日、大阪市労組に加盟する55名の原告ら(その後4名追加で合計59名となった)が大阪市を被告として、国家賠償法1条1項に基づき1人当たり金33万円の慰謝料請求(提訴時の請求総額は1815万円)を求め大阪地裁に提訴した(大阪地方裁判所平成24年(ワ)第8227号、同25年(ワ)第3192号損害賠償請求事件[3])。

(3) これに先行する形で市労連に加盟する労組・個人を原告とする同種の訴訟提起がなされている(大阪地裁平成24年(ワ)4348号、同12059号事件)。このように本件アンケート調査をめぐっては同時期に大阪地裁(第5民事部)にほぼ同種の事件が2つ並行して存在していた。

—— 裁判における争点

本件における争点は、大要、①本件アンケート調査が、原告らの思想・良心の自由、政治的活動の自由、労働基本権、プライバシー権、および人格権を侵害するものであり、被告が国家賠償責任を負うか否か、および②原告らの損害の有無並びに額、であった。

—— 判決の概要等

大阪地裁第5民事部（中垣内健治裁判長、中島崇裁判官、佐々木隆憲裁判官）は、2015（平成27）年3月30日、本件アンケート調査は対象市職員の憲法上の権利（労働基本権とプライバシー権）を侵害する違法な公権力の行使であるとして、原告59名全員に慰謝料（1人当たり6000円、合計35万4000円）の支払いを大阪市に命じる判決を下した。[(4)]

大阪市は控訴し、控訴審が始まった。2016（平成28）年3月25日、大阪高裁第2民事部（田中敦裁判長、義元貞彦裁判官、竹添昭夫裁判官）は、一審に引き続きアンケート調査項目の一部に関し違憲である旨判断し、原告職員（59名）全員に1人当たり5000円の損害賠償を命じた。[(5)]

控訴審判決を受け、双方ともに上告せず、本件アンケート調査の一部違憲・違法判決は確定している。本事案は労働者側の勝利に終わったといってよいだろう。

(4) 裁判所ウェブサイト。本件に関する評釈として、渡辺洋「判批」法学セミナー増刊18号（新・判例解説Watch）19頁以下、平澤貞人「判批」法学セミナー増刊18号（新・判例解説Watch）（2016年）287頁以下等がある。

(5) 裁判所ウェブサイト。評釈として、増田尚「判批」労働法律旬報1896号（2017年）26頁、朝田とも子「判批」法学セミナー739号（2016年）117頁。

2　本件提訴に至る過程

―― 思い悩んだ職員らの苦悩と、職場が受けた深刻な影響

筆者らは提訴にあたって、まず何よりも当事者である原告らの生の声を直接聞くことからスタートした。

本件アンケート調査に回答した職員（原告）のひとりは、悩んだあげく、本件アンケートを一旦は提出した。しかし、提出後、原告は自問自答で苦しむことになる。「ホンマにこれで良かったんかな？この内容で提出してよかったんやろか……でも生活がかかってるし……。」

子どもに対して、「断った」と言えない自分にも嫌悪感を感じた。その後、考えあぐねた結果、アンケートの返却を（提出先である）所長市長に求めることにしたが、「アンケートの返却を要求すれば所長にどう言われるのかと思い、市労組の友人たちにメールや電話をして、ずっと悩み続けながら、出勤しました。心が乱れ、泣き顔で歩いていました」と、当時を振り返る。

また、別の職員（保育現場の職員で手書きで提出を求められていた原告）は、「提出期限の最後の最後の日までどうしようと悩み、書けるところだけ書いて自分のロッカーに入れました。家に帰っても悩みました。提出日は休みだったので、所長に電話して、『ロッカーにアンケートがあるからとってください』と伝え、提出してしまいました。」と、自己嫌悪の気持ちを表明している。

他方、本件アンケートを提出しなかった職員らにも、別の苦悩があった。「アンケートが来たときはおかしいと思いながらも、『処分がある』とのことで悩みました。どんな処分がくるんやろ、仕事を続けられるんやろか、というのが一番の悩みでした。」「私も処分のことをずいぶん悩んで、ひとり家で泣いたりもしながらいろんなことを想像したんです。私の老後はあるんかな……、そんなことより、2～3年後、来年どうしてるんやろか、そんなことまで考えました。」――と、口々に当時を語る。

このように、原告ら市職員は、自らの内心に土足で踏み込まれ、本件アンケート調査に回答すべきか否かの苦悩と葛藤、そして不本意な決断を余儀なくされていたのである。

さらに本件アンケート調査は大阪市の職場環境自体にも重大な影響を及ぼした。

原告らは異口同音に言う。「市長が変わったあと、市長になびく人とそうでない人に分かれました。市長になびく人はアンケートが実施されたときにはさらに元気になり、そうでない人は元気がなくなりました。」「恐怖感があります。何も言わなくても、誰もが圧力を感じています。職場でも、市長の方針に反しないかということを考えて発言し、職場全体が萎縮しています」――[6]。

(6) 以上、訴訟において提出された原告ら陳述書より抜粋。

原告らの「声」からもうかがわれるように、処分をちらつかせ、公権力を背景に、心の中にまで土足で踏み込むようなアンケート調査の結果、大阪市の職場実態は極めて萎縮した、ものが言えない異様な雰囲気となってしまったのである。

―― 提訴までの葛藤を乗り越えて訴訟提起へ

そんな中、大阪市労組に加入している組合員の中から「このまま何もしないでいいのか」、「やはり司法の判断により本件アンケート調査の違法性を明確にさせる必要があるのではないか」という声が上がりはじめた。

ただ、それが直ちに集団訴訟提起にはつながらなかった。このアンケートが実施された2012(平成24)年当時、橋下徹氏が市長となり、公務員の挙動に関し市民の関心や批判も強くなっていた。無駄を省くという旗印のもと、公務員に対するバッシングも容易になされうるという状況もあった。あたかも公務員全体が無駄の象徴であるかのような言動を繰り返す市長と、それを持ち上げるマスコミ、そして喝采する市民という図式の中、市長を批判することがタブー視される風潮も強かった。そのような状況の中、市職員という立場で大阪市を被告として訴訟を提起することには相当の勇気が必要だったのである。

本件アンケート調査自体の問題性やそれが職場に与えた多大な影響を自覚しながらも、大阪市を相手に訴訟までするということには躊躇を覚える――。そんな市職員が多かったのも無理からぬことではない。

数か月にわたる職場内、組合内での議論が続いた。「訴訟以外の方法で問題提起できないか」と、訴訟以外の方法で問題提起する方法を模索する声もあったが、最後の最後に提訴という決断に至った、その最大の理由は、公務労働者としての誇りと矜持であった。「市民のため公共のため誇りをもって仕事をしてきた自身の生き方に恥じないために何が必要か」、「自分や家族に嘘をつき、言い訳を繕って生きることはどうしてもできない」——その思いが提訴に至らせたのである。その判断の背景には、相談を受けた弁護士たちからの「今闘わないでいつ闘うのか？」との熱いエールが存在したのも事実である。

本件国家賠償請求訴訟は、市労組から依頼を受けた常任弁護士12名と、全国から支援の声を上げた100名を超える非常任の弁護士が代理人となった（筆者は常任弁護団の事務局長という立場で本件訴訟に携わってきた）。

筆者ら弁護団はこの思いを全身で受け止めた。

—— 法律構成

提訴準備の過程でも様々な点が議論になった。

筆者らはこのアンケート調査全体が、その目的においても市職員の思想調査そのものであること、また手段・方法とも、極めて不当なものであり、対象となる市職員の「思想・良心の自由」「政治活動の自由」「労働基本権」「プライバシー権」「人格権」を明確に侵害する違憲のものであることを確認した。これら憲法上の権利侵害を根拠に、一人ひとりの職員個人が原告となって、国家賠償法に基づき大阪市を被告として損害賠償請求をする、という方針を固めた。

特別顧問の野村修也氏に対する対応も議論した。同氏は、大阪市から委託を受けて、大阪市の特別顧問として、本件アンケート調査を実施した。この場合、野村氏は、大阪市から委託されて本件アンケート調査を行ったのだから、野村氏自身は民間人であっても、国家賠償法1条1項にいう「公権力の行使に当る公務員」に該当することになる。

同氏の行った行為は、職員（原告）らとの関係では、理論上は別途民法709条による不法行為に該当するものと考えられたが、地方自治体が国家賠償法1条1項で責任を負担する場合には、自治体から委託を受けて公権力を行使した個人の法的責任を直接問うことはできないとする最判平成19年1月25日（民集61巻1号1頁）を踏まえ、公共団体である大阪市のみを被告とした。[(7)]

(7) この点、先行する市労連の訴訟での一審判決（大阪地判平成27年1月21日労判1116号29頁）では、大阪市と野村氏の共同不法行為という構成で野村氏の法的責任が一部認容されたが、同訴訟の控訴審判決（大阪高判平成27年12月16日判時2299号54頁）では、本文記載の最高裁判決に従い、野村氏個人の法的責任を問うことはできないとされた。

3　本件訴訟の最大の意義：人の支配を排除し法の支配を求める憲法訴訟

提訴にあたって、原告団・弁護団の中で最も力を入れて議論をしたことのひとつは、この裁判の意義をどこに見出すのかという点である。

その結論は、「本件は、人の支配に抗して……法の支配・憲法の保障する基本的人権の確認・獲得を求める憲法訴訟」であるという点だった。

第一回口頭弁論期日は、2012（平成24）年10月3日であった。大阪地裁で最大の大法廷（202号法廷）を使用しての弁論であった。原告席も、そして傍聴席も満席、入りきれない支援者の方々がなお廊下に数十名――。そんな中での弁論期日であった。

筆者は弁護団を代表して以下のとおり法廷で意見陳述をした。[8]

民意（選挙）によって選任された市長による本件アンケート調査。その背景となった政治と行政に関する橋下市長の問題意識それ自体に一定の合理性・正当性が存在するか否か、そこには様々な議論があり得るでしょう。

しかしながらその議論内容の如何を問わず、雇用主として絶対に乗り越えてはならない領域があるはずです。それは仮に本件アンケートが任意であっても同様であり、そもそも最初から触れてはならない個人に専属する領域部分があるはずです。本件思想調査アンケートではその領域への侵犯が随所に見られます。ましてや**行政が公権力を背景に、懲戒処分を予告し、対象者職員の基本的人権を侵害する形で強制することなどは絶対あってはなりません。憲法秩序を頂点とする法の支配（基本的人権保障と司法権の優位）は、本件事案についても貫徹されるべきです。本件アンケート実施責任主体（橋下市長）は、その行為の違法性を否定しています。それはすなわち、公権力を背景とした行政権力が入り込んでよい領域か否か、その線引きは「選挙で選ばれた自分が第一義的かつ最終的に行う」と宣言しているに等しいものです。そのような人による支配の考え方は間違いです。たとえ選挙（民意）で選ばれた市長であっても、日本国憲法の下にあり、法秩序を破壊し、憲法により保障されている基本的人権を侵害する行為を行う権限など、一切与えられてはいません。**

その点を司法判断により明確にし、本件思想調査アンケートの違憲性を宣言させ、今後二度と同様のことを行わせないことが本件訴訟の最終目的であると考えています。その意味で、本件訴訟は「法の支配」・「憲法の保障」を確認・獲得することに意義を見いだす憲法訴訟であると位置づけています。

この日以降、毎回の口頭弁論期日において、法廷では必ず、原告らから口頭での意見陳述を行うようにした。この姿勢は判決言渡しまで一貫して貫いた。

(8) なお筆者ら原告団・弁護団では、本件アンケート調査のことを一貫して「思想調査アンケート」と呼び、本件訴訟のネーミングを「思想調査アンケート国賠訴訟」としていた。よって以下の意見陳述部分ではその呼び方になっている。

4　被告大阪市の訴訟における姿勢とその特徴

被告大阪市は、本件アンケート調査の目的、手段・方法の正当性を主張し、これは大阪市と労働組合の関係をめぐる市民要求に沿うものである旨、また個々の質問項目に対しても、(一部質問項目は任意である旨を記載するなど) 適切な配慮をしていることから、違法性はない旨の主張を展開していた。

また大阪市の主張として特徴的だったのは、本件アンケート調査の主体につき、大阪市が主体ではなく、「本件調査の主体は野村修也特別顧問らによる第三者調査チームであり、市は第三者調査チームに業務委託したのであり、委託契約の締結に過失なき限り、市が国家賠償法上の責任を負うことはない」というものである。

大阪市長名でのアンケート実施通告 (**【別紙1】**) からも明らかなとおり、作成過程はともかく、最終的な本件アンケート調査の実施主体・責任主体が大阪市であることは明らかというべきであった。また「第三者調査委員会」という形式に関しても、大阪市からの独立性を確保する特段の措置等もなく、訴訟における大阪市側の主張には説得力を欠いた。それでも大阪市側は最後までこの主張を貫いてきたのである。

5　一審および控訴審判決の要旨

—— 一審判決の概要[9]

(9)　大阪地判平成27年3月30日裁判所ウェブサイト（第5民事部、中垣内健治裁判長、中島崇裁判官、佐々木隆憲裁判官）。

一審判決の日　勝利の垂れ幕（支援者撮影）

まず判決では、本件アンケート調査の実施主体が大阪市にあるとして「大阪市が実施主体ではない」とする被告の主張を排斥し、大阪市が実施主体であるとした。

そのうえで、本件職員アンケート調査が橋下市長による労働組合「適正化」施策の一部を構成しており、橋下市長による一連の施策の中に、労働組合の団結権を侵害する違法な施策が存在していた点を認め（ただし、アンケートの目的自体には一定の正当性もあり、労働基本権を侵害する施策の存在から本件アンケートが違憲であると直ちに断ずることはできないとされた）、アンケートの必要性も乏しく、手段としての相当性をも欠いているとした。

そして個別のアンケート項目ごとに憲法適合性審査を行い、結論として、以下の質問項目に関し憲法上の権利侵害であると認定した。

（判決が労働基本権侵害を認めたアンケート項目）

Ｑ６　職員の過去の組合活動経験を質問する内容（勧誘の有無や勧誘さ

れた場所・人・内容・時間帯も含む)。
Q16　労働組合加入の有無を問う質問。
Q21　組合費に関してどう使われているかの認識(適正に使用されていると思うか否か)を問う質問。

これらはいずれも、橋下市長による労働組合「適正化」施策のもと、「労使関係の膿を出し切る」という同市長の強い意向を示したメッセージ文書等の存在を前提になされたものであって、アンケートを受けた職員にしてみれば、あたかも労組が、違法・不法な行為、あるいは政治活動を日常的に行っており、それに加入したり、活動をしたりすることによって、自らが不利益を受けるのではないか、という印象を与え、さらには労働組合への参加を萎縮させる効果をもつという意味で、職員らの労働基本権侵害にあたると判断された。

(判決がプライバシー権侵害を認めたアンケート項目)
Q７　過去２年間の特定の政治家を応援する活動への参加の有無(街頭演説への参加も含み、勧誘者の有無、場所、時間帯、名前、勧誘に応じたか否かも含む)を聞く質問。
Q９　いわゆる紹介カード(特定政治家応援のための知人・親戚情報カード)の配布や受領に関する質問。

これらは、一般に他人に知られることで私生活上の平穏を害するような情報であることから、職員らのプライバシー侵害にあたると判断された。

以上の判断を踏まえ、各原告に生じた損害として判決では、「職務命令によりアンケートへの回答を義務づけられるとともに、正確な回答をしなければ懲戒処分の対象となり得ることが明示されたことから、回答するか否かの心理的葛藤が生じ、回答した者も、回答しなかった者もいずれも精神的苦痛を被ったことが認められる」とし、**アンケート回答の有無を問わず、すべての原告に対し慰謝料（1人当たり6000円）の支払い**を命じた。

―― 控訴審判決[10]の概要

（10） 大阪高判平成28年3月25日裁判所ウェブサイト（第2民事部、田中敦裁判長、義元貞彦裁判官、竹添昭夫裁判官）。

控訴審判決は、一審に引き続きアンケート調査項目の一部が違憲である旨判示し、原告職員（59名）全員に1人当たり5000円の損害賠償を命じた。

本控訴審判決でアンケート調査について示された憲法判断（違憲の判断）は以下の4点である。

> **（労働基本権侵害であると最終的に判断された質問）**
> Q6　大阪市役所の組合が行う労働条件に関する組合活動への参加の有無
> Q16　組合加入の有無
> **（プライバシー権侵害であること最終的に判断された質問）**
> Q7　直近2年間の特定の政治家を応援する活動への参加の有無
> Q9　いわゆる「紹介カード」配布・受領の有無

なお、一審判決では違憲（労働基本権侵害）と認定されていたQ21（組合費の使途を尋ねるもの）に関しては、違憲とまではいえないとして今回の控訴審判決では合憲とされた（その結果、一審に比較して各原告への慰謝料額がその分（1人当たり1000円）減額されてしまった）。

6　判決の重要な意義と物足りなさ

一審・控訴審を通じて、今回の判決の中核的部分は以下の指摘にあると考える。

> **……市長は、その地位に基づき、大阪市の職員に対し職務命令を発出する権限を有しているが、いかなる内容の職務命令であっても発出できるものでないことはいうまでもなく、その発出に際し、職員に違法行為をさせたり、職員の権利を侵害することがないようにする職務上の注意義務を負っているというべきである。**

そのうえで判決は、大阪市長の職務上の注意義務違反を明確に認め、対象となる市職員の労働者としての基本権、プライバシー権、等の利益が侵害されているとして、憲法違反である旨判断をしたのである。

民意に名を借りた公権力発動に抗して、公務労働者として、人間としての誇りと尊厳をかけた原告らの闘い（裁判闘争）は、こうして終結した。

原告らが主張したすべての権利侵害が認められたものではないが、司法府をして憲法違反であることを明らかにさせた点で、本件訴訟は当初の目的を達成したと評価してよい。

他方でなお残る問題点ももちろんある。ひとつには、原告ら市職員の政治活動の自由への萎縮効果について十分評価させることができなかったことである。この点、別労組系統に係る市労連事件に関する控訴審判決[(11)]は、Ｑ７の質問項目に関する判断に関して、「とりわけ

（11）　前掲注7）・大阪高判平成27年12月16日。

市長の方針と相反する政治活動をすることにつき強い萎縮効果をもたらす」、「街頭演説を聴きに行くのを誘う程度の勧誘であってもこれを萎縮させてしまう効果がある」として、その条項がもつ政治活動の自由の侵害を肯定し、慰謝料の増額を認めた。正当な判断であるが、筆者らの事件ではここまで到達していない。何が両者の判断を分けたのか——。率直に反省すべき点である。[(12)]

(12) この控訴審判決および原審判決に関する評釈として毛利透「アンケート調査による個人情報取得とプライバシー権・表現の自由」同ほか編『憲法訴訟の実践と理論』(判例時報社・2017年) 91頁以下参照。

さらにより大きな観点では、本件訴訟(別労組における前掲注7)・大阪高判平成27年12月16日でも同じ)においてとられた、個別項目ごとの違法判断という手法が果たして適切なものであったのかどうかという点である。

本件アンケート調査は、一人ひとりの職員の属性を特定したうえで、(若干の例外を除き)個別の質問項目のすべてを(強制的に)回答させるという形式をとった。回答項目が市当局の中で実際にどのような形で分析され解析されることになるのか、市職員たちはまったくわからない状況であったし、裁判がすべて終結した今でもわからないままである。

アンケート質問項目にある、「組合加入の有無」「組合活動への参加の度合い・程度」「政治活動への関与」「特定政治家応援の勧誘を受けたことの有無」などは、その項目への回答内容を個人ごとに整理したうえで、統計的なクロス分析を行うことで、職場内での一人ひとりの活動傾向・積極性・政治的傾向等をかなりの程度正確に分析することが可能になる。それは結局、対象となる市職員の「思想・良心の自由」「政治活動の自由」「プライバシー権」の網羅的・全体的な侵害にほかならないのではなかろうか。

そうであるなら、このアンケートの主要目的は、まさに個人の内心等を炙り出すことにあったのではないか、疑問はぬぐえない。

筆者らは裁判において、特にこの点を強調して主張を展開してきたが、その点が顧みられることは最後までなかった。同種訴訟での将来的な課題になると思われる。[13]

(13) 小泉良幸「大阪市職員アンケート調査国賠訴訟」関西大学経済・政治研究所研究双書第161冊（2016年）101頁以下。なお本件訴訟では立命館大学法科大学院の市川正人教授と、関西大学法学部の小泉良幸教授のお二人から意見書の作成をいただいた。お二人とも、筆者らの立場を理解いただき、憲法学の観点から極めて有益な意見書を作成いただいた。

7 おわりに：本件アンケート調査がもたらした最大の害悪と改めての決意

「誰かが自分を密告したかもしれない」、「自分の回答が誰か同僚を追い込んだかもしれない」――。自責の念を覚え、精神的苦痛を感じてきた多くの原告。

「職場の同僚と長い時間をかけて築いてきた信頼関係が破壊され、ものが言えない職場にされたこと」「それを再度構築する自信を挫かれたこと」の、言葉にできない苦痛。

弁護団会議の場で、聞き取り調査の場で、そして法廷でも、繰り返し聞いた原告たちの生の声、苦悩の声である。

本件アンケート調査の最大の害悪・弊害はおそらくこの点にある。公権力を背景に、本来は個々の労働者が自己情報として自由に管理できるはずのものの発露を余儀なくされ、その結果、職場内の「自由な人間関係を形成する自由」が侵害されるという関西電力思想調査事件とまさに同様の事態が大阪市の職場内で発生したのである。

この事件で最高裁（最判平成7年9月5日判時1546号115頁）[14]は、「原告らが企業内で現実にはその秩序を破壊し混乱させるおそれがあると認められないにもかかわらず、原告らが共産党員またはその同調者であることのみを理由とし、その職制等を通じて、職場内外で原告らを継続的に監視する態勢を採ったうえ、原告らを非難し、他の従業員をして原告らと接触・交際しないよう働きかけ、種々の方法を用いて原告らを職場内で孤立させたというものであり、さらにその過程の中で原告中Xらに対しては退社後尾行したり、職場のロッカーを無断で開けて私物手帳を写真にとるなどしたものである。これらの行為は原告らの職場における自由な人間関係を形成する自由を不当に侵害するとともに、その名誉を毀損するものであって、同人らの人格的利益を侵害するものというべき」と判示した。

我が国の憲法学界の重鎮である佐藤幸治教授は、自己情報コントロール権がみだりに侵害されるとき「人間にとって最も基本的な、愛、友情および信頼にとって不可欠な生活環境の充足」が妨げられる旨述べるが[15]、ここで指摘された点こそが本件事案の核心部分であるといってよい[16]。

裁判の終結からある程度時間が経過した今、改めて思う。やはりこの事件は、個々の公務労働者の良心、心の叫びが原点の事件だったということを。

この裁判を牽引し推進母体となってきた大阪市役所労働組合は、2016（平成28）年4月13日「思想調査ア

(14) 日本共産党員またはその同調者であるとして、職場の内外で監視し、尾行したり、他の従業員に交際しないように働きかけをし、あるいはロッカーを無断で開けて私物を調査したりした件に関し従業員が会社を提訴した事件。一審、二審とも原告勝訴の後会社側が上告。

(15) 佐藤幸治『日本国憲法論〔第2版〕』（成文堂・2020年）203頁。

(16) 小泉・前掲注13)。

ンケート裁判、勝利判決を受けて」とする声明の中で、「勝利判決を大きな力にして『憲法が生きる自治体』をめざして奮闘する」、「全体の奉仕者として職員が生き生きと市民のために働くことのできる自治体づくりを進める」決意を述べた。

周知のとおり、2020（令和2）年初頭からのコロナ禍において、公務労働の重要性の認識が確認される一方、さらに労働環境は悪化の様相を示している。

願わくば公務労働・民間労働を問わず、一人ひとりの人間が尊厳を維持し、自由に幸福追求をなしうる国家・社会でありたい。その一助となるべく今後も励みたい。

裁判の報告集とDVDなどの資料（筆者撮影）

人の支配を排し、法の支配を追い求める姿勢にいささかも揺るぎがあっては決してならない。本件アンケート調査国賠訴訟を振り返り、改めて強く思うのである。

【別紙1】

2012年2月9日

職員各位

アンケート調査について

市の職員による違法ないし不適切に思われる政治活動、組合活動などについて、次々に問題が露呈しています。

この際、野村修也・特別顧問のもとで、徹底した調査・実態解明を行っていただき、膿を出し切りたいと考えています。

その一環で、野村特別顧問のもとで、添付のアンケート調査を実施いただきます。

以下を認識の上、対応よろしくお願いします。

1）このアンケート調査は、任意の調査ではありません。市長の業務命令として、全職員に、真実を正確に回答していただくことを求めます。正確な回答がなされない場合には処分の対象となります。

2）皆さんが記載した内容は、野村特別顧問が個別に指名した特別チーム（市役所外から起用したメンバーのみ）だけが見ます。上司、人事当局その他の市役所職員の目に触れることは決してありません。調査票の回収は、庁内ポータルまたは所属部局を通じて行いますが、その過程でも決して情報漏えいが起きないよう、万全を期してあります。したがって、真実を記載することで、職場内でトラブルが生じたり、人事上の不利益を受けたりすることはありませんので、この点は安心してください。

また、仮に、このアンケートへの回答で、自らの違法行為について、真実を報告した場合、庁内処分の標準的な量定を軽減し、特に悪質な事案を除いては免職することはありません。

以上を踏まえ、真実を正確に回答してください。

以上

大阪市長

橋　下　　　徹

【別紙2】

Q６　あなたは、これまで大阪市役所の組合が行う労働条件に関する組合活動に参加したことがありますか（現在組合に加入していない方も過去の経験でお答えください）。

（注）「誘った人」の氏名は、回答いただかなくても構いません。末尾に記載した通報窓口に無記名で情報提供していただくことも可能です。

□ １．誘われていないが、自分の意思で参加した。

□ ２．誘われたので参加した。

→活動内容：

→誘った人：

→誘われた場所（例：執務室）：

→誘われた時間帯（例：昼休み）：

□ ３．参加していないが、誘われたことはある。

→誘われた活動の内容：

→誘った人：

→誘われた場所：

→誘われた時間帯：

□ ４．参加したことも、誘われたこともない。

□ ５．組合に加入したことはない。

Q７　あなたは、この２年間、特定の政治家を応援する活動（求めに応じて、知り合いの住所等を知らせたり、街頭演説を聞いたりする活動も含む。）に参加したことがありますか（組合加入の有無を問わず全員お答えください）。

（注）「誘った人」の氏名は、回答いただかなくても構いません。末尾に記載した通報窓口に無記名で情報提供していただくことも可能です。

□ 1．誘われていないが、自分の意思で参加した。

□ 2．誘われたので参加した。

→活動内容：

→誘った人：

→誘われた場所（例：執務室）：

→誘われた時間帯（例：昼休み）：

□ 3．組合以外の者（職場の上司など）から誘われたので参加した。

→活動内容：

→誘った人：

→誘われた場所：

→誘われた時間帯：

□ 4．参加していないが、組合から誘われたことはある。

→誘った人：

→誘われた場所：

→誘われた時間帯：

□ 5．参加していないが、組合以外の者（職場の上司など）から誘われたことはある。

→誘った人：

→誘われた場所：

→誘われた時間帯：

□ 6．誘われたことも、参加したこともない。

Q 9　いわゆる「紹介カード」（特定の選挙候補者陣営への提供を目的として、知人・親戚などの情報を提供するためのカード）について伺います。

（注）「カードを配布した人」「紹介カードの配布を依頼した人」「言われた相手」の氏名は、回答いただかなくても構いません。末尾に記載した通報窓口に無記名で情報提供していただくことも可能です。

（1）あなたは、この2年間、「紹介カード」を配布されたことがありますか。

□ 1．配布され、受け取った。
→カードを配布した人：
→カードを配布された場所（例：執務室）：
→カードを配布された時間帯（例：昼休み）：

□ 2．配布されたが、受け取らなかった。
→カードを配布した人：
→カードを配布された場所：
→カードを配布された時間帯：

□ 3．配布する側だった。
→紹介カードの配布を依頼した人：
→配布方法：

□ 4．配布されたことがない。

Q 16　あなたは、組合に加入していますか。

□ 1．加入している。

□ 2．現在は加入していないが、過去に加入していたことがある。
→現在加入していない理由

□ a．加入資格がなくなった　□ b．その他
→その他を選択した方はその理由（回答するか否かは自由です）

□ 3．加入したことはない。

→一度も加入されていない理由（回答するか否かは自由です）

Q 21　あなたは、自分の納めた組合費がどのように使われているか、ご存じですか。（現在組合に加入していない方も過去の経験でお答えください）。

□ 1．十分な説明を受けている。

□ 2．よく知らないが、組合活動に適切に使われているものと思っている。

□ 3．よく知らないため、組合活動に適切に使われているかどうか、疑問がある。

□ 4．よく知らないが、組合費の使い方に関心はない。

【座談会】

多角的にみる憲法訴訟の実務

裁判官・研究者・弁護士の視点から

ゲスト

泉　徳治　元最高裁判所判事

木下 昌彦　神戸大学大学院法学研究科教授

吉原　秀

西　晃

徳永 信一

川﨑 真陽

松田 真紀

座談会リモート収録の様子。左上：川﨑、下：泉、右上：左側手前から木下・松田・西、右側手前から徳永・吉原。

0. イントロダクション

吉原　本日は皆様、お忙しいところお時間をいただき、ありがとうございます。本日の座談会でコーディネーターを務めます、弁護士の吉原です。修習期は70期で、今年で5年目に入ったというところです。まだまだ若輩者でありながら、「物言うコーディネーター」になるかもしれませんが、笑っておつきあいいただければと思います。

本日は本書執筆陣から西先生、徳永先生、川﨑先生、松田先生に、またゲストとして、元最高裁判事の泉先生をお招きし、憲法学研究者である神戸大学教授の木下昌彦先生にもご参加いただいております。初めにゲストのおふたりから、一言ずついただければと思います。

木下　はじめまして。ご紹介にあずかりました木下と申します。私はこれまで『憲法判例の射程〔第2版〕』（弘文堂・2020年）や『精読憲法判例［人権編］［統治編］』（弘文堂・2018年、2021年）など、書籍出版においては、どちらかというと憲法学説というより憲法実務に沿った企画に関わらせていただくことが多く、本日はそのご縁でお呼びいただいたものと思います。本日は、これまで憲法訴訟に深く携わってこられた大阪弁護士会の先生方と議論をさせていただくことを非常に楽しみにしております。よろしくお願いいたします。

泉　泉です。私は裁判官出身ですが、最高裁調査官の時にサラリーマン税金訴訟（最大判昭和60年3月27日民集39巻2号247頁）を担当いたしまして、初めて憲法訴訟に出会いました。大法廷の判決自体は、給与所得者に対する、必要経費の実額控除を認めないなどの差別は合理的な範囲内のもので憲法14条1項に違反しない、というものでありましたが、6人の裁判官が「差別をできるだけなくすべきである」という補足意見を書かれ、それが2年後に特定支出控除制度の導入という法改正につながりました。憲法訴訟というものは、結果は請求棄却でも法改正を導くきっかけになる、ということを教えられました。

調査官であった私は、給与所得者に必要経費の実額控除を認めないという、この差別が合理的であるかどうかをどのように判断すればよいかがわからなくて、芦部信喜先生の『憲法訴訟の現代的展開』（有斐閣・1981年）などを読んで、アメリカ連邦最高裁のカロリーヌ判決（United States v. Carolene Products Company, 304 U.S. 144 (1938)）の脚注4というものを知りました。脚注4はご承知のように、1番目に立法が憲法上の基本的人権を制約する場合、2番目に立法が集会や選挙権行使といった政治過程そのものを制約する場合、3番目に立法が宗教的、民族的、人種的少数者に向けられている場合には、広範な立法裁量を認めることはできないというものですが、これが大変強く印象に残りました。私は2002年から6年間、最高裁判事を務めましたけれど、ただ今申しました脚注4が、私の裁判官としての指針になりました。私はこれを念頭に置いて、国会議員選挙における投票価値を平等にすべきである、あるいは公的な情報をできるだけ公開すべきである、さらには婚外子等の少数者の差別は違憲である、といった反対意見を書いてきました。

最近では、ご出席の先生方の関与しておられる事件をはじめとして、憲法訴訟が増えてきて、憲法とか、あるいは国際人権条約に関する議論が活発になってきている、ということを大変嬉しく思っている次第です。本日はどうぞよろしくお願いいたします。

1　訴訟における憲法論の立ち位置：「憲法を持ち出したら負け」なのか

吉原　それでは早速、本題に移っていこうと思います。まずは議論の皮切りにということで、訴訟実務の中で憲法論が果たしていく役割や立ち位置について、先生方と議論できればと思っております。もちろん、事案によるという面はありますし、民事訴訟・刑事訴訟・行政訴訟のそれぞれにおいて憲法論が出てくる頻度とかポジショニングというのは変わってきます。弁護士として訴訟を担当していると、一般論として「憲法論を持ち出したら負けですね」ということがまことしやかに言われており、訴訟実務の思考様式の背後にこびりついている、こんな印象を受けます。それゆえに主張書面の中で、あまり憲法論には深入りしない、なるべく立ち入らないというのが弁護士の一般的なスタイル、態度になっているのではないかと思います。この点、まずは松田先生、どのように受け止められますでしょうか。

松田　私の事務所にくる事件・相談は、マイノリティの方々の人権を取り扱うものが多いので、逆に憲法から行かないと打開が図れないのかな、というところがあります。他方で、ほかの一般的な事件では憲法論が負け筋なのかというのは、私にはよくわかりません。でもマイノリティの方々の権利保護に関わっていくうえでは、やはりまずは憲法から、という思考になります。関連する法令がないところであればなおさら、私は最初に憲法から行く……というか、そこをまず検討するところから始めることが多いです。

吉原　ありがとうございます。西先生、川﨑先生はいかがでしょうか。

西　受験生の頃に憲法訴訟という言葉に接したときに、いわゆる民事訴訟、刑事訴訟、行政訴訟という形があって——それと家事事件もありますね——、その中で憲法上の争点を提起して判断を求める、それが憲法訴訟だよ、という話を聞いて、勉強しているときは「ふーん」という感じでしたが、実務に入ったら納得しました。まずは民法、刑法、商法、刑事訴訟法、家族法……、そういうものの適用をめぐる争点について裁判所で争うという形をとるわけだから、憲法を持ち出すと、「法律解釈ではどうも分が悪いので、憲法を持ち出して強くしよう」と、そういうイメージで捉えられるような節もあって。だから「それ（憲法論）に逃げ込んだらダメだよね。負けだよね」というイメージがあるのかもしれません。

ただ私自身は、そういう法令解釈を正面から争う事件の中でも、背景にある憲法的な価値、憲法的な意味づけをきちんと主張するべき事件は、最初からめげずに憲法の条文を明確に出して争う、主張するということをやってきました。

川﨑　たとえば、純粋にお金の貸し借りの裁判に憲法論を持ち出せば、それは負けますよね。そういう、憲法論とはまったく関係のないところで上告のためだけに憲法論を持ち出せば負けます。だけれども、本当に憲法的な価値観が問題となる訴訟であれば、憲法論を持ち出すことは当然必要ですし、それが理由で負けるとは思いません。ただ、憲法的な価値観が問題となる場面では、必ず現在の社会のあり方、集団意識に対する問いかけのような部分があって、価値観というか無意識の意識の部分をえぐるような主張が出てくると思うんです。そういった主張は、純粋な法律論とは違っていて、そういった意味で、憲法訴訟はほかの裁判と違うような気がします。

2　上告審における憲法論

吉原　ありがとうございます。ここで少し泉先生におうかがいしたいのですが、上告理由や上告受理申立て理由等の中で憲法論に触れられている事件を多く目にしてこられたのではないかと思います。代理人が主張する憲法論について、何か思うところはありますでしょうか。

泉　特段のことはなくて、憲法論であれば憲法論として、法律論は法律論として向き合っておりました。「憲法を持ち出したら負け」というのは、我々が修習生時代に通常事件について言われたことです。確かに通常事件は法律上の争いですから、「憲法を持ち出すということは、法律では根拠づけが難しいのだろう、だから苦し紛れに言っているのではないか」と揶揄されることもありました。しかし、憲法を正面に出さなければいけない事件はたくさんあるので、そういうケースで、今言ったような揶揄が裁判官からなされることはないと思います。

ただ最近でも判決を読んでいますと、憲法に関する主張が出てくる場合に、憲法の理念に一応触れてはいるものの、すぐに法律の具体的規定の字義的な解釈に熱中し、憲法の理念に沿って法律を解釈することを忘れている例を目にします。たとえば、刑事訴訟法上の「接見交通権」は、憲法の「弁護人依頼権」の一部を構成するものですから、その内容も憲法の理念に沿って解釈する必要があります。裁判所は、憲法の「弁護人依頼権」に一応触れはするものの、「接見交通権」の範囲については専ら刑事訴訟法の字句で限界づけています。弁護士側にも、憲法論を厚く展開されず、下位の法律の解釈論に重点を置いた主張をされる例が見られます。

それからもうひとつは、最初に法律の規定に適合するかどうかを論じて、法律に違反しないとしたうえで、「法律に違反しないから、憲法にも違反しない」という、そういう論法の判決がある。これが意外と多いのですが、まったく間違った考え方で、これは是正していかなければいけないと思っております。

吉原　ありがとうございます。憲法が前面に出る事件だと、上告理由の中で憲法論が出てきても最高裁の裁判官においてそれほど抵抗感はない、ということですね。またお話を聞いていて、きちんと主張の整理をして、目の前の事件の中でなぜ憲法論を持ち出すのかがわかるように主張してさえいれば、苦し紛れの憲法論とは受け止められず、メッセージは届くと思いました。

3 訴訟における憲法論の役割と現れ方：憲法論が背後に回る場合

吉原　さきほど「憲法が前面に出る（事件）」と申しましたが、憲法論は必ずしも前面に出るとは限らなくて、「主たる争点は実体法（下位法）の解釈だけれども、下位法の解釈いかんによっては、次に憲法問題が待ち構えていますよ」と伝える構成にする事件も多いかなと思っています。たとえば、私が本書の中で触れている旧優生保護法の事件というのも、基本的には国家賠償法上の除斥期間に関する解釈に尽きるわけで、いきなり憲法論が登場する事件ではありません。しかし、「この除斥期間の解釈いかんによっては、憲法17条との関係で問題が出てきますよ」ということを、何とか裁判官に理解してもらって、結局は下位法の次元で救ってほしい、結論を出してほしいと構想しました。このような形で、「背後に憲法論が控えているということを主張書面の中で匂わせる」というのは、実務家が採る主張戦略として十分にありうるところと思っています。このように理解できる最近の事件として、いわゆるタトゥー事件（最決令和2年9月16日刑集74巻6号581頁）があると思います。この点について、木下先生はどのようにお感じになりますか。

木下　背後に憲法論が控えていると思われる近年の事案としては、タトゥー事件のほかにも、たとえば、薬事法66条1項（虚偽広告等の罪）の解釈が問題になったディオバン事件（最決令和3年6月28日刑集75巻7号666頁）や刑法168条の2第1項（不正指令電磁的記録保管罪）の解釈が問題となったコインハイブ事件（最決令和4年1月20日裁判所ウェブサイト）というものもあります。両事件とも憲法論が背後にあった事件と認識しています。特にディオバン事件では、山口厚裁判官が、判決それ自体はいわゆる合憲限定解釈をしたものではないが、仮に検察官が主張するような解釈をとってしまうと、学問の自由の観点から問題になる、というような補足意見を付けておられます。逆に言えば、ディオバン事件というのは、憲法論は判決に現れないけれども、違う解釈をとった場合にはかなり重大な憲法問題があった、ということを示唆する判決だったということです

裁判官というのは基本的に憲法論というものがあまり好きではない、とい

うのは私も耳にするところですが、もしそのような心理的な傾向があるのだとすれば――あくまでも訴訟戦略上の話ですが――あえて「こういう解釈をとれば憲法上かなり複雑な議論になりますよ」とか「こういう解釈をとれば憲法学説だけでなく、憲法判例とも不整合ですよ」ということを主張すれば、裁判官としては、基本的にどちらの結論もありうる事件の場合、「憲法論も取り扱わなければならない面倒くさい結論はやめておこう」と考えるかもしれない。そういった心理的な誘導効果もあるのではないか、ということを感じており、関心があるところです。

吉原　裁判官には「なるべく憲法には立ち入りたくない」といった思考様式、意識というものがあるのでしょうか。

泉　憲法論を展開すれば、基本的に大法廷に回さなければいけませんので、できるだけ小法廷内で処理したいという心理は確かにあります。ただ憲法論を特に毛嫌いするとか、避けるということは、最近ではあまりなくなってきているのではないかと思っています。

4　文字どおりの「憲法訴訟」における憲法論について

吉原　ここまでが、憲法論が背後に控えているときの話なのですが、もう一度もとへ戻って、専ら憲法論、という事件の話をしたいと思います。政教分離が問題となる事件が典型でしょうが、こういった専ら憲法論の事件において、何か心がけていることはありますでしょうか。本書で政教分離に関する事件を扱われている徳永先生は、いかがですか。

徳永　政教分離を論じるときは、確かに正面から憲法論を論じなければいけませんね。ただ、その憲法論を、たとえば教科書に書いてあることを引用しながら説くだけでは叙述に厚みがないし、特に政教分離の世界というのは、論者によって立場が違う。その立場の違いを主張書面の中で延々と議論するよりは、やはり判例に照らした主張をメインにします。

私が担当した孔子廟事件でも、まず事件を見たときに、空知太神社事件判決（最大判平成 22 年 1 月 20 日民集 64 巻 1 号 1 頁）が、頭の中にダダダダッと浮かび上がるんですよね。そのうえで当てはめを検討していたら、本件における那覇市の無償貸与行為は絶対に政教分離に違反していると確信しました。儒教という思想カテゴリーを、宗教という範疇の中に放り込んで説得力があるかどうか、本件はその 1 点に収斂された気もしますね。そこではもう憲法論というよりも、また専ら儒教がどうとか、宗教とはこういうものだ、といった話ではなく、もっと具体的な議論を心がけました。たとえば、「典礼問題」。中国人の釋奠祭禮が宗教か習俗かという問題は、そのままキリスト教世界でも大論争になっていたんです。ご質問への答えになっているかどうかわかりませんが、憲法判例があれば、その判例に即して検討する。そのプロセス自体は通常の法解釈、あるいは判例の用い方とそんなに変わらないと感じています。

吉原　津地鎮祭事件判決（最大判昭和52年7月13日民集31巻4号533頁）や、愛媛玉串料判決（最大判平成9年4月2日民集51巻4号1673頁）は、いわば宗教的行為と世俗的行為の境界線を探ろうとした事件だと理解していますが、徳永先生が担当された孔子廟事件は、宗教と学問の境界線を探ろうとしたのでしょうか。

徳永　那覇市あるいは主催者側は「儒教というのは学問であって宗教ではない」というドグマを出しましたから、儒教は学問なのか宗教なのか、というのを議論したのは事実です。ですが、私は、どんな宗教にだって学問的部分と宗教的部分があると思っていたので、「一般市民が何をもって宗教的と考えているか」というところに焦点を当てて主張を検討しました。私はこういう思想の世界も扱えるから憲法が好きなのです。本件は、学問かどうかというよりも、学問も含めた世俗の行為に含まれるかというところに尽きるので、やはり世俗的なのか、非世俗的なのかという大きな軸を頭の中に入れながら論争していたことは間違いないです。

5　訴訟における憲法論と国際法の連関

吉原　大変勉強になりました。さて、ここからさらに少し話の角度が変わります。憲法訴訟の中では国際人権規約等の国際法に関する主張もなされることがあると認識しております。国際法に関する主張をする事件類型、参照される文献とか、そういったものがあれば、川﨑先生、教えていただけますでしょうか。

川﨑　国際法と一口に言っても、実際に扱うのは専ら国際人権法です。国際人権法というのは、基本的に憲法に書かれている人権の内容を、もっと豊かにいろいろな形で表現したものだ、とも理解できます。国際人権法を使う訴訟類型というのは、やはり憲法が前面に出るような問題、特に憲法上の人権が問題の中核になるような訴訟だと思いますし、そういった訴訟では国際人権法も参照される、というのがスタンダードになればよいと願っています。

なぜそのようにした方がいいのか、と言うと、さきほども申し上げましたが、憲法の内容がより詳細に書かれているのが国際人権法だという理解に立つと、たとえば「家族生活の尊重」ということであれば自由権規約（市民的及び政治的権利に関する国際規約）17条や23条が参照できます。憲法でいえば、13条が保障する幸福追求権の一環と整理できるものですが、それが家族生活の尊重という形で明確に記載されていて、その具体的内容が解釈によって定まっています。また、自由権規約の7条には何人も「品位を傷つける取扱い」を受けないというのがあるのですが、これは、憲法でいうと13条にとどまらず、刑事法の分野のところ「拷問」とか「残虐な刑罰」に関する議論をする際にも参照に値する条文です。

さらに、国際人権法にしか規定されていなかった権利が認められた例として、刑事裁判で無料で通訳を受ける権利があります。私が担当した手錠腰縄に関する裁判について本書の中でも書いたことですが、「無罪推定の権利」というものが自由権規約14条2項に書かれています。憲法上も「無罪推定の原則」は当然保障されているものの、「無罪推定の権利」という「個人の権利」として書かれているのは国際人権法の自由権規約しかないのです。

どういう文献を参照するかについては、国際人権法分野の条文は一応、条文集（たとえば、岩沢雄司ほか編『国際条約集』（有斐閣））にも載っているのですが、その解釈などをよく知らない方も多いと思います。たとえば、どの国際人権条約にも、その人権条約の解釈機関とか、監督機関というものがあるのです。自由権規約でいえば、自由権規約人権委員会（United Nations Human Rights Committee）が自由権規約の解釈を担当している機関で、その人権委員会が一般的意見というものを出しています。これが自由権規約の解釈基準になるもので、世界的に共有されています。以前は一般的意見といっても英語で出ているものですから、どうやって参照したらいいのか、参照してもわからない、というのがあったと思うのですが、今は日弁連もがんばっていて、日弁連のホームページの「国際人権ライブラリー」というところを検索すれば、一般的意見が翻訳されたものが載っていて、すごく使いやすくなったと思います。

ほかにも、自由権規約をはじめとする人権条約の中に個人通報という制度があり、自由権規約に定められた権利を侵害された個人が直接、規約人権委員会に通報することができます。日本はどの国際人権条約との関係でも個人通報制度を日本に適用するための手続をとっていませんが、その通報に対する応答として規約人権委員会が出している見解を一種の判例のようにして参照する、ということもよくやります。

もうひとつ、最近、他の弁護士さんから聞いた印象深い話があります。「裁判官というのは他の国の裁判事例をすごく気にするのだな、というのがわかった」というのです。通報事例を訴訟で提出しても、それは裁判所、司法機関が出したものではないから、「一応目は通すけれど」という程度の姿勢で読み流されてしまいがちなのですが、「たとえば、欧州人権裁判所の裁判例とかを出すと、裁判所の判断だということで、しっかり読んでくれる傾向があると思う」とおっしゃるのを聞いて、なるほどなと思いました。欧州人権裁判所の裁判例も、自由権規約とすごくリンクするところがあるので積極的に提出する、ということも心がけています。

吉原　憲法上の基本権が問題になっているような事件であれば、国際人権法もきちんと参照して主張していくと。そういった主張スタイルがスタンダードになればよいという点については冒頭の泉先生のご発言ともリンクするかと思いましたので、今の川﨑先生のお話について、泉先生からもコメントをいただければ幸いです。

泉　おっしゃるとおりだと思います。ひとつ具体例を申しますと、東京地裁で、成年被後見人の選挙権を認めない当時の公職選挙法11条1項1号の憲法適合性が問題になった事件（東京地判平成25年3月14日判時2178号3頁）がございました。法律が憲法に違反するかどうか、という問題になりますと、一般的には「法律は議会を通ったのだから、それを尊重しよう」という空気になります。ただ単に「これは憲法違反だ」という主張をしても、なかなか説得力がない。この事件の原告は、訴状で欧州人権裁判所の判例を引用しており、それが物を言ったのだと私は思います。ですから、法律が憲法違反であるという場合には、やはり外国での取扱いや裁判例等で押していくのが非常に重要だと思っています。

婚外子の法定相続分に関する事件（最大決平成25年9月4日民集67巻6号1320頁）においても、大法廷の判断を後押ししたのは外国の法制の変化、その変化をもたらした欧州人権裁判所の判例でした。こういうものが後押しをしているわけですので、法律対憲法となった場合には、外国の法制あるいは判例を持ち出すのが説得力をもつと思っています。

吉原　私はこれまであまり国際人権法を意識してこなかったのですが、今のお話を聞いて、意識を改めようと思いました。

6　憲法論をめぐる立証：代理人の苦悩と工夫

吉原　また少しテーマを変えさせていただきまして、次は主張立証に関してです。憲法訴訟――この座談会の場ではさしあたり、広く憲法上の争点が出てくる訴訟とします――の中での主張立証というものは具体的にどういうものなのか、という議論をしたいと思います。まず、ジェンダーに関する訴訟をよく扱っておられる松田先生に、憲法訴訟の中での主張立証をどのようにされているのか、お聞きしてみたいと思います。

松田　具体的なところで言うと、少数者の方が当事者なので、その当事者について、たとえば、「○歳くらいから自身の性別について違和を覚え……」から始まり、「小学校では髪を伸ばしスカート等を着用して通学するようになっていました」「思春期に恋愛感情を抱く対象は常に男性で……」等、当事者にとって当たり前の経歴から説明する必要があると思います。私は、いわゆる性的マイノリティの方が身近にいらっしゃいますが、「それは言わなくても裁判官に伝わるだろう」と軽率に判断せず、そのレベルから説明する。「この人は生まれたときは男性で、戸籍の性別変更の裁判を受けて性別変更をしました」とひとことで言っても、皆さん想像がつかない。その人が一体どういう人なのか、どういう生活をしてきたのかとか。「言わなくてもわかるでしょ」と思うところでも、やはり具体的に説明しないといけない、という発想が大事で、私たちの訴訟で心がけているところです。

吉原　私が担当した旧優生保護法の事件というのは、基本的に障害をお持ちの方が被害者になった事件でした。障害をお持ちの方もマイノリティといえると思いますが、訴訟の中で我々が一番苦労したのは「障害者に対する差別偏見の念というものをどう立証するか」でした。大阪高裁の判決の中でも引用されているのですが、弁護団では当時の保健体育の教科書を片っ端から集めて、全部読んだんです。そこには「障害を持っている人というのは、不要な子孫を残す者だ」といったようなことが文字でそのまま書いてあったりしますから、そういったものを並べて証拠として出しました。もちろん、単に証拠として提出しておしまい、ではなくて、控訴理由書の中で、教科書の記載をかなり詳細に引用したのですが、大阪高裁はそれを結構拾ってくれました。当時の教科書に書いてある文字やセンテンスというのはやはりショッキングなものですし、裁判所にも伝えやすかったと感じました。

続いて德永先生はいかがでしょうか。

德永　私が担当したヘイトスピーチ訴訟は合憲判決でした。もちろん違憲判決を目指したわけですから、敗北になるわけです。そこで、私自身、立証が不十分だったと思っているのは、そういうヘイトスピーチや社会的に断罪されるような表現行為を行う人たちはどんな人であって、何を考えていて、なぜそういう振る舞いに出たのかということを、もっと具体的に裁判官がわかるような人間像として提示する必要があった、ということです。確かに、代理人である私ですら眉を顰めたくなるような表現行為があるわけですよ。でも、ここには表現の自由、あるいは思想信条の自由という、もうひとつの憲法的価値がある。そこについてはもっと

「憲法論としての表現の自由」というお題目を掲げるのではなくて、ヘイトスピーチと評価されかねないことを一所懸命に言っている人たちはいったい何を表現しようとしているのか、ということを見てもらえるような主張と立証が必要だった、という気持ちが、ずっとこのヘイトスピーチ裁判を戦ってきた後の想いです。

吉原 表現の自由とか平等原則といった抽象的な原理原則のようなものを並べてもそれだけでは説得力をもたない、当該事件に即して、問題になっている表現の意図や背景、あるいは別異取扱いが行われる理由やそれによって原告が被る不利益の質・程度について具体的に主張・立証することが重要ということですね。当たり前のことではありますが、私も今一度、意識を改めようと思います。

7 立法事実と司法事実の分水嶺とその主張・立証の様相

吉原 時間の関係もありますので、少し検討のコマを進めます。憲法論の中で出てくる事実というと、立法事実と司法事実があるということを、学生のときに学習したわけですが、今一度、この2つの概念についてどのように線引きをすればいいのか、木下先生に教えていただきたいと思います。

木下 教科書的な説明になりますが、司法事実というのは「誰が、何を、いつ、どこで、いかに行ったか」という事件それ自体に関する事実がそれに該当し(芦部信喜(高橋和之補訂)『憲法〔第7版〕』(岩波書店・2019年)395頁)、典型的には、実務家の皆さんが普段から従事されておられる刑事裁判とか民事裁判とかで立証の対象となるような事実になります。誰がいつどこで何を盗んだのか、それが真実だったのかどうかということを、皆さんは立証されるものと思います。他方で立法事実というのは、それとはかなり性質が異なり、法律の必要性や合理性を支える事実と言われています。呼び方としては、たとえば一般的事実や社会的事実と呼んだ方がいいのではないかと、私は思っています。

たとえば要指導医薬品事件(最判令和3年3月18日民集75巻3号552頁)では、医薬品のネット販売を禁止することの憲法の適合性が問題となりました。そこでは医薬品の販売について、対面販売の方がネット販売よりも、人の健康を保護するうえで優れているのか、あるいは優れていないのか、ということが争点となりましたが、そういった法律の必要性・合理性を支える社会的事実・科学的事実・一般的事実が、立法事実ということになります。

吉原 大変よくわかりました。さらに恐縮ですが、立法事実——今のご説明で言えば一般的事実であったり、社会的事実、あるいは科学的な事実——というものを立証する場合と、司法事実に属する事実、まさに我々がよく扱う事実を主張立証する場合とで、何か主張立証のあり方に差違がありうるものでしょうか。

木下　当然、私はあると思っております。社会的事実あるいは一般的事実は、理論的にはいわゆる社会学とか統計学でなされているような方法論が立証の基本になるのだと思います。たとえば、さきほどの「対面の方がオンライン販売より優れているか」ということだと、統計資料とか政府が公開している資料による立証になります。あるいは政府が出している資料が統計上、あるいは調査方法の点で問題があるのかといった社会学的、統計学的な知見が争点になることもあると思います。

他方で私が思うには、そのような社会学的あるいは統計学的手法について、弁護士の方も、あるいは裁判官の方も、専門的な知見を積み重ねてきたわけではありません。そこで、裁判所は、立法事実の認定を立法裁量としてしまうことで、決着をつけようとしている場合が少なくないのではと思います。また、たとえば、在外邦人選挙権事件(最大判平成17年9月14日民集59巻7号2087頁）では、内閣が在外選挙を設けるための法律案を提出していたことを根拠に立法事実の不存在を認定していますが、そのように間接的な事実を根拠に立法事実についての判断をすることもあるかと思います。ただ一方で、調査官解説を見ると様々な白書とかに言及されていたりすることがあるので、それらを見ながら判決を書いたのだろうな、と窺えるところもあります。

また主張・立証の違いという観点からすると、判断の基準時の問題もけっこう重要だと思っています。これは最近の調査官解説（杉原則彦「判解」最高裁判所判例解説民事篇平成17年度（下）603頁、650～651頁、荒谷謙介「判解」ジュリスト1566号(2022年)136頁、139頁）でも指摘されたところですが、司法事実の場合は、事実審の口頭弁論終結時が事実認定の基準時となる一方で、立法事実については事実認定の基準時が判決時になるというわけです。実際、前述の在外邦人選挙権事件などでは、事実審の口頭弁論終結後から上告審の判決時の間までの立法事実というのが、実際、判決文でも触れられているところです。逆に言うと、代理人からすれば事実審の口頭弁論が終わってからでも、理論的には、判決直前まで立法事実に関する主張を記載した準備書面を最高裁に提示することができることになります。

ただ一方で──これはちょっとまだ学説が不十分なところが多いのですが──このような当事者の主張反論が判決直前まで最高裁に提出される、現にそうしておられる弁護士もいると思いますが、それが相手方当事者にちゃんと提示されて、あるいは反論の機会が設けられているのか、という問題もあります。立法事実の判断基準時が判決直前までということになっているとして、その点の主張立証に関する手続保障はどうなっているのか、あるいは手続的な公正性をどうやって担保するか、というところは重要だと思います。

8　上告審における代理人としての営為

吉原　民事訴訟であれば、上告あるいは上告受理申立てをしたときに、その理由書を提出するわけですが、それを出した後であっても、少なくとも立法事実に関する点については、引き続き主張立証することも可能なのではないか、という示唆をいただきました。西先生におうかがいしたいのですが、まず上告の際に工夫していることは何かありますでしょうか。

西　今の木下先生のお話、すごく勉強になりました。上告に際し、当然のことではありますが、上告理由、そして上告受理申立ての理由それぞれで、民事訴訟法が定める上告理由と上告受理申立理由に即してきちんと、どういう判例違反、あるいは憲法上の問題があるのか、法令解釈における重要な事項があるのかということを、本当に一つひとつ要件をしっかり吟味して、書面に書いています。しかも長くならないように、できるだけ短く。これは弁護士出身の元最高裁判事の方が戻ってこられたときに、皆さん異口同音におっしゃることだと思うのですが、「とにかく長い理由書は読むのも嫌だ」、「20頁かそこらにまとめておいてくれ」と。だからできるだけ簡潔に、しかし要を得ていきたい。

本当に実力があるなと思う弁護士の先生でも、上告理由書と受理申立理由書がほぼ同じ内容で、項目のタイトルだけ変えて2通ほぼ同じものを作って出していたりする方がおられます。だから私は、そういうことだけはするまい、と。実際にそれが成果に結びつかないとしても、やはりそういう工夫は自分なりにして、最高裁の裁判官にしっかりと審理をしてもらえるように、何とか伝わるように、という思いで一件一件書いているつもりです

吉原　形式的には上告理由書、あるいは受理申立理由書というのは、上告提起通知書を受領した日から50日以内に出しましょう、ということになっています。ただ実務家としては、それを出した後でも、最高裁に少しでもわかってもらいたいと頑張ることがあるわけですよね。

西　「補充書」を提出することがあります。上告受理理由書補充書1、2、3、4……とかね。私は5ぐらいまで出したことがあります。事件によっては記録到達から1年とか1年半ぐらい、放ったらかしにされて、何の音沙汰もないと

いう事件があるじゃないですか。そうすると、こちらとしては「審理してくれているのかな？」という気になるから、補充書をいっぱい出したり、文献を出したり、意見書を出したり。時には最高裁まで直接行くこともある。そうすると主任書記官は会ってくれるんですよね、書記官面談といって。最高裁の小さな部屋で、その書記官が、きれいに全部メモしてくれる。それがどこまで裁判官に伝わっているのかは知りませんけれど、そんなことまでやって、とにかくちょっとでも裁判官の目に止まるように、審理してもらえるように、という努力はしています。

吉原　泉先生にお聞きしたいのですが、形式的なルールとしては、さきほどのとおり、上告提起通知書を受領してから50日以内に理由書を出す、というのが民事訴訟の場合の手続的な期限ですが、補充書というものをその期限経過後に追って提出をしている場合、最高裁では読まれているのでしょうか。それとも50日の期限を過ぎていればバッサリ却下なのでしょうか。

泉　調査官は読むと思います。それから主任裁判官には、こういうものが提出されたということを報告すると思います。で、それをどう読むかというのはケースバイケースですから、何とも言えませんけれど、補充書を担当の5人ないし15人の人がみな読んでいるという保証はまったくありません。

吉原　ありがとうございます。ついでと言っては何ですが、書記官面談というものがあると今、教えていただきましたけれども、その結果が調査官の方であったり裁判官に伝わるということもあるのでしょうか。

泉　書記官がその事件について見聞きしたことについては、調査官に報告します。書記官が直接裁判官に報告するということはありません。そして調査官が聞いた情報をどうするかはケースバイケースです。担当裁判官へ報告するという保証はありません。

木下　その点に関して質問させてください。調査官にはすべての情報が集約されていると思いますが、裁判官に共有される情報というのは、その中の一部なんでしょうか。裁判官にどの情報を渡すかというのは調査官が考えて選んでいるのか、それとも裁判官のところには、一件記録だけが届いているのでしょうか。

泉　「理由書」に限りますと、提出期限内に提出されたものは、その写しが裁判官の手元に来ます。

木下　なるほど。期限内に提出したものは裁判官のところへ行くけれども、期限を過ぎて提出された補充書については、裁判官のところへ行く場合もあれば行かない場合もあると。

泉　ええ。期限を過ぎて提出されたものはその保証がないですけれど、期限内に提出されて、きちんと訴訟記録になったものは全部裁判官の手元に来ます。

木下　補充書は訴訟記録ではない、という扱いですか。

泉　期限後に提出された補充書も、訴訟記録には綴られます。訴訟記録の一部として、裁判官がいつでも見ることができる状態にはなっています。そして、訴訟記録は、裁判の最終決裁の時に裁判官のところに運ばれてきます。しかし、期限後に提出された補充書の写しが、提出された際に、裁判官に配られるという保証はありません。また、訴訟記録に綴られても、裁判官が読むという保証はありません。

木下　特に憲法訴訟だと、最高裁に事件が上がってから判決に至るまでに2年とか3年とか、場合によっては5年とかということもあると思うんです。その間にものすごく社会情勢が変わったりするわけですが、当然、その間に書面が出ることもあると思います。その場合、どんなに事情が変わっていても、やはり期限内に出さなかったからから見ない、となってしまうということですか。

泉　いえ。そのような補充書に記載されているのは司法事実ではなくて、立法事実に関することとか、あるいは法理論に関するものでしょうから、ものによると思います。重要性があると判断されれば、提出された段階で裁判官に報告されると思います。

木下　敷衍させていただきますと、代理人・弁護人としては、補充書を提出するときはこれが「いかに重要なものなのか」「裁判官の手元に回すべきものなのだ」ということを主張していくことが大事だということになってくるということでしょうか。

泉　はい。

吉原　後で出せるからということではなく、まずは50日以内という期限をしっかり意識して、確実に裁判官の手元に届くよう、きちんと理由書に収めるということを、実務家として今一度、当たり前のことですけれど再認識しなければいけないというのが、今のお話のまとめの1点目かと思います。2点目として、とはいえ50日経ったら何もかもが排除されているというわけでもないので、もし何か追加して補充できることがあれば、「大事なんですよ」「取り扱っていただかないといけないものですよ」ということがわかるような工夫をする。言いたいことを書き連ねるのではなくて、そういった工夫を凝らしながら補充書を出すことが肝要ということかと思います。

泉　補充書については、「どういう理由で出すのか」ということは、やはり冒頭に書く必要がある。たとえば、「上告理由書を出した後にこんな論文が出た」とかですね、そういうことをきっちりとお書きにならないと、「また同じようなことを言っているんだろう」ということで訴訟記録に綴られるだけで終わる可能性があります。

木下　あと泉先生にもう1点お聞きしたいのですが、判決文だけを見るとA4用紙1枚くらいだったりするのに、どうしてその判決に3年とか5年かかってしまうのでしょうか。他方で、早い事件だとすぐに判決が出たりもすると思うんです。調査官が調べるのに時間がかかっているから、ということが多いのでしょうか。それとも大法廷とか、あるいは裁判官の方針として、これは時間をかけようとか、そういうことになっているのでしょうか。

泉　時間がかかるのは、ほとんどの場合、調査官の報告書ができ上がるのが遅れるから、だけだと思います。報告書が裁判官に配られると、その後は、そんなに長く放っておくということはないと思います。もちろん、審議を何回も重ねて、時間がかかるということはありますが、そこで何年も時間がかかるということは、ちょっと考えられませんね。最近は非常に早くなってきていると感じています。大昔の私の調査官時代は、ずいぶん事件がたまっておりましたから、忘れた頃の判決と揶揄されましたけれど。私などはともかく処理期間を3年以内に抑えようということで、一所懸命に報告書を書いていましたけれど、最近は比較的早くなったと聞いております。

木下　判決が遅い場合、「調査官がいろいろ調べているんだろうな」と考えて差し支えないでしょうか。

泉　はい。調査官がいろいろ調査しているために時間がかかっているというのがほとんどだと思います。報告書が出てそれから審議が長引くというのは、あまりないと思います。

9　裁判官に「響く」書面を探って

吉原　また少し話題を変えて、主張書面で裁判官にきちんと訴えかける、という言ってみれば当たり前のことについて改めて考えてみたいと思います。泉先生がこれまで見てこられた訴訟の中で、印象深い主張書面というものはありましたでしょうか。

泉　憲法訴訟ではなかったのですが、上告理由書が箇条書き的に5頁ぐらいにまとめてあったのが、一番印象に残っています。箇条書き的に問題点を明確に突き付けられると、裁判所は「これは逃げられないな」という感じになります。

西　ああ、すごくいいことを聞いた！

吉原　それは上告理由書の別紙として箇条書きの記載がなされているのでしょうか。それとも理由書本体が箇条書きなのですか。

泉　箇条書きというのは喩えでして、それくらい非常に簡潔に書いてあるということですね。この事件は、これが問題、これが問題、これが問題というふうに、3つか5つにまとめてありました。そうすると問題がはっきりしていますから、その問題から逃げられないということになりますね。同じ問題でも100頁の書面になっていると、何となく主旨がわからなくなってしまって、適当に解釈されてしまいますね。

徳永　コンパクトに記載してきちんと伝える、これは絶対だね。

吉原　実務家としては、言いたいことを筆が走るままに書き並べるのではなく、きちんと整理して、なるべくコンパクトにきちんとまとめるということに、今一度注力しなければいけないというわけですね。

泉　そういうことです。それから、さきほど話題になった上告理由の補充書について、なぜ提出されるのか、私には最初よくわからなかったのですが、審理の促進を求める、上告理由を強調することを意図したものと理解しました。そういう点では、あまり効果がないかもしれませんね。それよりも大事なのは、上告理由書に力を入れることではないかと思います。

それから、箇条書き的というのはむずかしいでしょうけれど、できるだけ20頁なり30頁以内で書いて、しかもそれに要旨を付けると。要するに「こちらを向け」というような理由書の方がいいのではないか、という感じをもっています。

吉原　私がお話させていただいた、とある元最高裁判事の方も同じようなことをおっしゃっていて、長い書面を見ると自己満足にしか見えてこないときがある、と。読み手のことを考えて、要旨を付けるなら要旨を付ける。2～30頁にまとめるならまとめる。そういった工夫が代理人サイドにも必要だなと、改めて思いました。

西　そうですね。

徳永　長い書面は依頼者向けのパフォーマンスなんだよね、確かに。

木下　サマリーと本文と、2つ用意するということなんですかね。

西　サマリーなのに100頁になっているのを見たことがあります。私が書いた書面じゃないよ（笑）。サマリーになってないじゃないか、と思いましたね。

10　憲法訴訟実務における重要判例

吉原　また少しテーマを変えましょう。訴訟実務において重要なのはやはり判例です。実務において重要な判例というと、それすなわち司法試験の答案の中で言及する判例というイメージです。やや講学的な話題になりますが、ロースクールでも教鞭をとっておられる木下先生に、訴訟実務において常に意識してほしい判例、といったものがあれば教えていただきたいと思います。

木下　まず表現の自由については、よど号ハイジャック記事抹消事件（最大判昭和58年6月22日民集37巻5号793頁）だろうと思います。これはいい意味でも悪い意味でも、現在の表現の自由あるいは憲法21条1項に関する事件の基本的な判例、判断枠組みとなっていて、重要判例においてはほとんど引用されています。いわゆる堀越事件（最判平成24年12月7日刑集66巻12号1337頁）が、この判決を引用していますし、たとえば、近年では、德永先生が担当された大阪市ヘイトスピーチ条例事件も、まさにこの判決の判断枠組みに従って判断されていました。よど号ハイジャック記事抹消事件は大法廷の事件なのですが、裁判官の中には刑法の団藤重光先生、英米法あるいは憲法の伊藤正己先生、さらに裁判官出身判事の中にも学究肌の中村治朗先生がいらして、何というか、戦後の日本を代表する法律家が偶然にもたくさん入っていて、反対意見もなく全会一致で作られたテキストだったというのも何か関係しているのかもしれません。

もうひとつ重要なのが泉佐野市民会館事件（最判平成7年3月7日民集49巻3号687頁）で、これは明白かつ現在の危険の基準という判断枠組みを明確に述べていて、大阪の表現の不自由展に関する事件（本書の中谷論稿も参照）においても参照されています。泉佐野市民会館事件が提示した違憲審査基準論が判例として生きていて、そのおかげで表現の自由が守られているというところがあるので、表現の自由が問題となる訴訟事件においては重要な判例だと思います。

吉原　ありがとうございます。よく出てくる憲法条項としては14条も挙げられるかなと思うのですが、いかがでしょうか。

木下　14条については——これは同時に24条1項の事案なのですが——、やはり夫婦同氏事件（最大判平成27年12月16日民集69巻8号2586頁）が出たことは、私としては衝撃的でした。これは合憲判決ということで「なんだ、合憲か」という意見も多かったのですが、24条の独自の意義を見出したところが印象深いです。憲法24条というのは、あのシロタ・ゴードンさんが22歳のときに書いた条文で、シロタさんの想いがいろいろ詰まった条文だったわけですが、憲法学者はずっと「これはあまり意味のない条文なのではないか」と言っていたわけです。14条でちゃんと男女平等と規定しているのだから、24条は別にあってもなくてもいい条文なんだと。それが通説で、従来の憲法の教科書でも——いわゆる芦部憲法（芦部信喜（高橋和之補訂）『憲法〔第7版〕』（岩波書店・2019年））でもそうですが——24条についてはほとんど触れていませんでした。

夫婦同氏事件判決の中では、14条に違反しないような場合、つまり、男女間の形式的な平等が保たれている場合であっても、24条が示す立法上の要請・指針としては不十分であって、同条は、両性の実質的な平等が保たれるように図ることも、立法府に対して求めているという旨の言及があります。もちろん、立法府に裁量はありますが、憲法は単に形式的な男女の平等だけではなく、実質的な男女の平等も求めているということですね。この判決が出たのはシロタさんが亡くなられた後ですが、起草から約70年の月日を経て独自の意義が見出されたということで、私はかなり重要な判決だと思います。

同時に、この判決がもうひとつ衝撃を与えたのは、女性裁判官3人が反対意見をお書きになったことです。これまでずっと、ほとんどの裁判官は男性で、性差別に関する問題もずっと男性だけの裁判体で判断されてきました。アメリカなどでは、裁判官の任命にあたって、マイノリティ出身かどうか、女性か男性かという視点が、大きく注目されますが、日本ではあまり意識されてこなかった。でもこれで、誰が裁判官になるのかということ、特に裁判官の中での男女の割合なんかにも注目すべきだということが示されたということで、私はやはり重要判決だと思います。

吉原　国籍法違憲判決（最大判平成20年6月4日民集62巻6号1367頁）はいかがでしょうか。この判決は、一般的には当該身分からの脱却不可能性と、当該別異取扱いによって被る不利益の程度を具体的に判文上で指摘したうえで、平等原則に関する違憲審査の審査密度を高めた、中間か厳格かわかりませんけれど、比較的厳格な審査を判文上示している判決だと理解しているのですが。

木下　そうですね。国籍法判決は、大前提としては合理性の基準が採られていますが、個人の意思や努力では変えることができない事情によって差別的取扱いを受けている場合には、その合理性を慎重に検討しなければいけないという命題を提示したということで、確かに意義があることかなと思っております。この判決には泉先生も裁判官として関わっておられたかと思いますが、国籍法の条文自体を違憲無効にしてしまうと、そもそも国籍を与えられないという事態になる。その点で、法技術的にも興味深い判決で、憲法補充解釈とも言われるのですが、当事者の救済を第一に置いた判決であっただろうと思います。

非嫡出子相続分に関する事件（最大決平成25年9月4日民集67巻6号1320頁）も重要で、これも、憲法14条に独自の意味を示した判決ということがいえます。非嫡出子の問題については、問題となっていた法定相続分の定めは、そもそも遺言がない場合に補充的に機能するに過ぎない規定で、そこでの差別的取扱いは、大きな問題とはならないのではないかという議論もあったわけです。これに対して同判決は――おそらく学説で言われていたいわゆるスティグマ論を下敷きにしていたと思いますが――、「本件規定の存在自体がその出生時から嫡出でない子に対する差別意識を生じさせかねない」と論じました。つまり、14条の規定は差別的取扱いによる直接的な不利益だけでなく、社会の差別意識の発生を防ぐという役割を担うことになると思います。14条の方にはいろいろあるということですね。

11　訴訟において立ちはだかる憲法判例への対峙

吉原　今までは重要な判例というものをお聞きしましたが、今度は少し目線を逆にしまして、実務の中で主張のハードルになる判例、壁になる判例というものも議論できればと思っています。まずは川﨑先生、扱われている事件の中で何かハードルになる最高裁判例というものがあれば、お聞かせいただければと思います。

川﨑　はい。私は外国人の退去強制とか難民の事件とかも割と扱っていますので、やはりマクリーン事件判決が壁になりますね。憲法を学んだことがある人なら誰しも聞いたことがある判例だと思いますが、これが乗り越えられない壁ですね。泉先生もマクリーン事件判決については厳しく批判されておられると思いますし、泉先生のご論稿（泉徳治「マクリーン判決の間違い箇所」判例時報2434号（2020年）133頁以下）は、退去強制の問題を扱う弁護士にとってはバイブルのようなもので、裁判所にも提出しています。

この判決、何が間違っているかというのは――私が言うのも……と思いますが――、憲法を学んだ人だったら誰でもわかると思うんです。体系的には、憲法－法律という順で、行政はその序列に従って行政裁量の中で判断しないといけない。しかし、マクリーン判決は論理が全然逆で、在留制度の枠内で憲法と法律があるんだ、という。憲法の機能がものすごく狭められていて、行政裁量がフリーハンドになってしまっているところがあり、法務省や入管が、水戸黄門の印籠みたいにマクリーン事件判決を出してくるのですが、これがなかなか乗り越えられない。

吉原　松田先生が受験された年の司法試験の問題は、まさにマクリーン事件判決を検討してください、という問題だったと記憶しております。司法試験の話をするのが適当かどうかわかりませんが、その問題において、マクリーン事件判決との事案の違いや距離を踏まえて、どのように説得的な論証ができるかが求められていたと理解しています。松田先生にお聞きできればと思うのですが、実務でマクリーン事件判決と対峙するときに、正面から判例変更の主張をするのはなかなか実務家としてはやりにくいということで、少しでも判例の射程を区切って、「マクリーン事件判決と本件とは違うんだ」という構成をとられるのか、どのような感じでしょう。

松田　裁判でもそうですし、行政と戦うとなると、最高裁判決というのは揺るがし難いもので、正面から突破するのは難しい。それよりも、マクリーン判決はこう言っているけれど、本件は事案が違うのだという主張をせざるを得ないと思います。

吉原　泉先生にもお聞きできればと思います。たとえば今のお話というのは、事件類型が限られていますけれど、「マクリーン事件判決というものが、原告側からするとひとつの壁になる判例です」というお話でした。この壁を乗り越えようとする代理人の試みとしては、判例変更を正面から、というよりも、事案の差違を見出して判例の射程を区切る、という主張をまずは本線に据えて頑張るべき――このような捉え方でよろしいのでしょうか。

泉　昨年（2021年）の9月22日に東京高裁で、裁判を受ける権利を奪って強制送還したことが憲法違反である、という判決（東京高判令和3年9月22日裁判所ウェブサイト。確定）が出ました。これはおそらく外国人の退去強制の関係で初めて出た違憲判決ではないかと思います。この判決は、マクリーン事件判決については触れておりません。何も触れないで、裁判を受ける権利を奪ったから憲法違反である、と述べている。これがマクリーン事件判決を乗り越えるひとつのきっかけになるのではないかと思います。

私は、マクリーン事件判決について、みんなが判決文のレトリックに騙されていると感じております。そこで、目を覚ましてくださいと訴える趣旨で、川﨑先生からご紹介いただいた論稿を『判例時報』で書きました（前掲）。「マクリーン判決の間違い箇所」という品のない題名ですけれど、品のない題名を選んだのは、ともかく気付いてほしいという気持ちからです。この論稿を書く気になりました契機は、欧州人権裁判所の判例です。

マクリーン事件判決の要点を拾い出しますと、①「国際慣習法上、国家は外国人を受け入れる義務を負うものではなく、特別の条約がない限り、外国人を自国内に受け入れるかどうか、また、これを受け入れる場合にいかなる条件を付するかを、当該国家が自由に決定することができるものとされている」、②「憲法上、外国人は、わが国に入国する自由を保障されているものでないことはもちろん、所論のように在留の権利ないし引き続き在留することを要求しうる権利を保障されているものでもない」と、誰もが争えないことを大上段に振りかざして、③「したがつて、外国人に対する憲法の基本的人権の保障は、右のような外国人在留制度のわく内で与えられているにすぎないものと解するのが相当であつて、在留の許否を決する国の裁量を拘束するまでの保障、すなわち、在留期間中の憲法の基本的人権の保障を受ける行為を在留期間の更新の際に消極的な事情としてしんしやくされないことまでの保障が与えられているものと解することはできない」と続けるものですから、騙されてしまうのです。冷静に考えれば、①②から③は出てきません。「したがって」とはなりません。

欧州人権裁判所の判例（2013年4月16日、2016年12月13日等）は、①「国家は、確立された国際法の原則に基づいて、かつ条約上の義務に違反しない限りにおいて、その領土への外国人の入国と在留を管理する権限を有する」、②「欧州人権条約は、外国人が特定の国に入国しあるいは在留する権利を保障していない」、③「しかしながら、この分野における締約国の決定は、欧州人権条約の下で保護された権利を制約する限り、民主的社会における法と必要性に適合していなければならない。すなわち、重要な社会的必要性によって正当化され、とりわけ、達成せんとする適法な目的との均衡性によって正当化されなければならない」と述べています。「しかしながら」であって、「したがって」ではありません。

国連の自由権規約人権委員会の一般的意見（1986年4月11日）も、①「自由権規約は、外国人が締約国の領域に入り又はそこに居住する権利を認めていない。領域内にだれを受け入れるかは、原則として当該国家が決める事項である」、②「しかしながら、たとえば、差別の禁止、非人道的取扱いの禁止、家族生活の尊重について考慮すべき場合など、一定の状況の下においては、外国人は入国又は居住に関しても自由権規約による保護を受けることができる」と述べています。ここでも「しかしながら」です。

私は、このような欧州人権裁判所の判例等に出会って、マクリーン事件判決の誤りを確信し、「マクリーン判決の間違い箇所」を書きました。先ほど指摘した東京高裁判決はマクリーン事件判決に触れていませんけれど、この分野で初めて違憲判断を示したということで、これがマクリーン事件判決の壁を乗り越えるきっかけにならないか、と願っております。

木下　1点だけ。マクリーン事件——これは司法試験の問題もそうだったと思いますが——は意外に判例の射程を絞り込める事案ではないかなとは思っております。実際調査官解説に書いてあることでもありますが、マクリーン事件は、政治活動をしたことに対する直接の不利益がなされた事案ではありませんでした（越山安久「判解」最高裁判所判例解説民事篇昭和53年度434頁、449頁）。そのため、本件事案の射程は、あくまで在留更新の許可不許可の判断の際に何をどこまで考慮していいのかということが問題となる場面にとどまるのであって、政治活動を行ったことを直接の理由として退去強制処分がなされるというような事案には及ばないと考えられます。

あと、マクリーン事件判決がひとつ根本的に間違っていると私が思ったことがあります。日本在住のある外国人弁護士から「日本の刑事裁判はこういうところがおかしいと思っている」といった話をうかがったことがあります。そのとき、私が「そういう問題意識があるんだったら、もっと論文を書いて発信してはどうか」と言うと、「こういうマクリーン事件判決がある以上、自分が何か言って政府に睨まれたら更新のときに大変だから」と言うのです。それで、そもそも表現の自由というのは発信者だけではなくて国民の知る自由、民主主義の発展に資するためにあることに照らせば、これはどこかおかしいのではないかと思ったわけです。マクリーン事件は、政治活動の自由を外国人の単なる個人的な利益程度に貶めているところがあって、別に情報の発信者が外国人であろうが、法人であろうが、誰であろうが、情報は民主主義において重要なものです。情報の発信者が誰であろうと、情報は国民にとって重要なものです。その意味で、マクリーン事件判決は表現の自由の価値をあまり見ていないなと思うところがあります。

川﨑　今の木下先生のお話も、そうですよねと思いながら聞いていたのですが、確かにマクリーン事件は、在留期間の更新のことについて述べただけで、射程はすごく狭いはずなのですが、実務ではすごく広がってしまっていて。もう、退去強制のときはいつでも出てくるし、もちろん難民認定のときにも出てきてしまうし、ともかく入管の裁量権を広く取るために使われてしまっているんです。それをどうしたら変えられるのかなと思います。本来の射程に戻したいけど、高裁もマクリーン事件判決をばんばん引用して、判決を出してしまっているし……、というのが悩みです。

徳永　関係があるかどうかわからないのですが、少しだけ。私が今担当している事件で、国籍と人権とが絡むものがあります。元日本人で台湾人の依頼者が、日本の国籍を、法律上も条約上も剥奪されていることの問題を争っています。国籍を本人の同意なしに奪うことはできないということは、世界人権宣言に書かれていることですから、それも主張したのですが、東京地裁で一審判決の言渡しがあり、負けました。今、控訴理由書を書いています。負けはしたのですが、東京地裁が憲法問題を1つ取り上げてくれたんです。それは平等原則違反の問題です。要するに私の依頼者は、日本国憲法ができたときには日本人だったんですよね、まだ。しかし、サンフランシスコ平和条約の後、通達で元台湾人の日本国籍はない、という取扱いをしたわけです。世界人権宣言については規範性がないという指摘があるだけで、サンフランシスコ平和条約の解釈指針としての意義づけにも言及されませんでした。しかし、日本人、つまり人権の享有主体である者がその国籍を奪われるという意味で不平等な扱いをされたから憲法14条に違反するのではないか、という思いつき混じりに書いたことを、一応、憲法問題として取り上げてもらえた。東京地裁の出した結論としては、戦前の時代から内地人と外地人とでは区別されていたから、サンフランシスコ平和条約に基づく取扱いに際して別異取扱いをすることも許されるのだ、というのです。戦前の時代の不合理な差違を理由にして、差別的な取扱いが許されるとは考えられませんから、これは控訴審できちんと取り上げて反論しなければいけないと思っています。

こういう話から、人権と国籍という問題について、国籍を人権の出発点と考えるのか、それとも、人権があってその中の幸福追求権とかそういったものの中に国籍が入るのか、川崎先生のお話を聞いていて思い当たりました。そのあたりの基本的なところで、こちら側（原告側）から見たら論理が逆立ちしているようだし、行政側は、それで全然いいんだ、という。マクリーン事件判決も実はその論理の逆立ちみたいなところが問題になっているので、国籍自体がその人権の範疇の中で捉えられるべき問題なのだ、という位置づけをしぶとくやっていけば、実務の考え方ももしかしたら変わるのかもしれないな、と思います。全然変わらないかもしれないけど、少なくともそういう瀬戸際にいるということは言えるのでしょうね。そういう意味では川崎先生と同じ戦線で、私も戦っているという気持ちです。

木下　おそらく、マクリーン事件判決や先ほど出てきた国籍法違憲判決というのは、国籍の問題を正面から扱った事件であるにもかかわらず、先ほど徳永先生が言われたようなテーマについてもぼやかして判断をした判決ではないかと思っています。一方で、マクリーン事件判決のような判決があって、そこでは国籍を持っているか持っていないかで権利保障に関する結論がスイッチする。他方で、国籍法違憲判決は、国籍というのは結論をスイッチさせてしまうくらい重要なものだということが前提となっているからこそ法令の憲法適合性を慎重に判断している。このような両面的な構造になっているんだと思っています。

12　訴訟実務における憲法論の論証作法：二重の基準論と三段階審査論の距離に関する議論を皮切りに

吉原　次がもう最後のテーマになってしまうかなと思いますが、憲法論の立て方とか論証作法のようなものについて、少し議論ができればと思います。30年前となると私は生まれたばかりなのですが、ただ私が勉強するに、ここ30年の間に憲法適合性審査のあり方についてだいぶ議論が発展してきたのではないかと思っています。まず木下先生に教えていただきたいのですが、芦部先生の教科書に書いてあるような、いわゆる二重の基準論といったものは、学説上どのような立ち位置にあるのかということを、教えていただければと思います。というのも実務家からすると、芦部先生の本に書いてあるというだけでもインパクトがあって大事な議論になるわけですので、二重の基準論を自分の主張の中に取り込むからには正確に理解しておきたいと思うのです。

木下　二重の基準論は学説では通説なわけですが、もっと重要なことに、判例も二重の基準論を基本にはしているだろうと私は思っています。学説では10年くらい前に芦部流の違憲審査基準論とドイツ流の三段階審査論という対立があったわけですが、これについての私も含めた若手憲法学者の基本的な見立ては、それよりも実際にある判例をもっと見ようよという第三の流れにあるのだと思っています。日本の判例というのは、どちらの要素も取り入れているというのが、だいたい学説の理解ですね。だから、理論的に、違憲審査基準論だ、三段階審査論だというところでとどまることなく、判例は実際どうしているかをしっかり見ていこうという方向に向かっているのだと思います。

その関連で言うと、最近、まさに大阪市ヘイトスピーチ条例事件（本書収録の德永論稿参照）、要指導医薬品事件、それからあんま師の養成施設事件（最判令和4年2月7日裁時1785号1頁）、これらの判決で最高裁の考え方というのはある程度固まり出したのかなと思います。経済的自由の事案では立法裁量が肯定され、比較的緩やかな審査がなされる一方、表現の自由の事案については立法裁量に言及がなく、むしろ、必要やむを得ない限度に規制範囲が限定されているかといったいわゆるLRA基準のような検討もなされています。そういう感じになっていて非常に図式的であるわけですが、私の見方だと、表現の自由とか選挙権とか、民主主義の維持・発展との関係で不可欠になってくる人権については、LRAを検討し、利益衡量も行う、その結果としてドイツの三段階審査論に近いような判断方法が採用されています。

他方で、経済的自由についてはそのようなLRA審査や利益衡量は行わず、裁判所は抑制的な判断しかしないようにしようということになっています。以上のような判断枠組みは、これは泉先生も冒頭でおっしゃったカロリーヌ判決の脚注4で言われたような考え方とも一致していて、基本的に民主主義にとって重要な権利なのかどうかというところが基本になる、ということです。さきほど挙げた厳格な基準を用いた泉佐野市民会館事件も、まさに表現の自由についての事件です。二重の基準論自体は、学説あるいは判例において、基本的なテーゼとして定着しているのではないか、と思います。

吉原　西先生と徳永先生にお聞きしたいのですが、たとえば政教分離などのそもそも三段階審査論に馴染まないものは別として、憲法上の基本権（自由権）が問題となっている事件において憲法論を展開するときに、三段階審査論を意識したり、あるいはしなかったり、ということはあるでしょうか。

西　三段階審査論は、大阪弁護士会の憲法問題特別委員会で日常的に憲法論をやっている中で、いつの間にか若い人たちからそういう言葉が出てくるようになって、何それ？と思っていました。長いこと実務で弁護士をやっていますが、そんなのがあるの？みたいな感覚で、論証の中で三段階審査論というものを意識して書くということは、これまで私はなかったですね。

芦部先生の二重の基準論というか、制約されている権利の性質によって審査密度を変えていく、そして特に慎重な判断を要するものについては厳格審査基準が適用されて、裁判官の違憲審査の密度を高くしていく——。この発想にはものすごく感動したし、いろいろな憲法訴訟の中でも、それを意識した議論をしてきたつもりです。

ただ、私がこの本の中で取り上げた、橋下徹氏が大阪市長になったときにいわゆるアンケート調査という形で強制的に職員に対してアンケート調査——労働組合活動であるとか、政治活動に関するもので、私たちは思想調査アンケートと呼んでいましたが——をした事件について、学者の先生に意見書を2通書いてもらったのですが、「これはいわゆる三段階審査論に馴染みやすい」とおっしゃっていたのを覚えています。たとえば、保護範囲を設定するときに、個々の労働者の職員の労働基本権、プライバシー権、政治活動の自由みたいなものが画定されて、それが公権力によって、アンケート調査という形で強制力をもって制約されている。そうすると、その正当化理由は何になるのかということで、一つひとつのアンケート項目をみて、あなたは選挙のときにどこまで活動しましたかとか、誰と活動しましたかとか、勤務時間の中ですか外ですかみたいな、そういう話は、ちょっと行き過ぎだよね、と。そんな話の中で、三段階審査論に馴染みやすいという話をされていたのが非常に印象に残っています。

私らはどちらかというと、アンケート調査の目的そのものが明確に違法なのだから全部一律違法だ、と主張していたのだけれど、やはり実際に出た判決も、どんな権利が侵害され、それについての正当化理由として、どういう形で判断するかということを個別にやっていたので、裁判所もそういう判断手法なのかなと思います。ここで、木下先生あるいは泉先生にお聞きしたかったのは、こういう三段階審査論の手法、つまり最初に保護範囲を設定し、制約の有無を議論し、正当化理由を議論するという三段階の思考枠組みの中で、いわゆる審査密度というのは結局、制約されている利益の性質と、制約する側の規制のあり方との相関関係の中で決まるのだとすると、最後に行き着くところは、二重の基準論、芦部理論なのではないかと思ったりするわけです。そのあたりはどういうふうに考えたらいいのでしょうか、ずっと疑問に思っているので、そこも含めて質問させていただきたいと思います。

吉原　そこは私もお聞きしたかったので、少し補足というか、付け加えをしますと、三段階審査論といわゆる違憲審査基準論とは由来が異なります。一方はアメリカ由来で、他方はドイツ由来です。しかし三段階審査論でいうところの三段階目の審査に進めば、その正当化審査の中でやることというのは、結局のところ、違憲審査基準の中で審査しようとしていたことと、かなり似通ってくるのではないかな、という気がしています。これは木に竹を接いだような議論だと言われてしまうことなのか、あるいはありうる議論なのか。この点についてコメントをいただけるとありがたいです。

木下　三段階審査論についてはご案内のとおり、ドイツ連邦憲法裁判所の判例理論を基礎にしています。しかし、これはドイツだけではなく、また日本だけでもなく、実は一時期世界中で三段階審査論こそが普遍的な憲法判断の方法だという潮流があり、それこそアメリカでも言われていましたし、ヨーロッパ各国、あるいはさらにそれを越えて、国際的な学会やジャーナルでもいろいろな特集も組まれていたりもしました。そういう盛り上がりの中で日本でも盛り上がったんだと思います。

三段階審査論はドイツ由来ではあるのですが、機械的に、あるいは論理的に構成されているので、そこは普遍性があるというわけです。まず、問題になる憲法上の権利は何かを明らかにしなければいけないでしょう。そして、次に、そのような憲法上の権利に対する侵害があったかなかったかが問題になるでしょう。そして、侵害があったとしたら、当然侵害を正当化しなければいけなくなります。その正当化のためにはまず目的を見て、その次に手段を見るでしょう。手段を見たら、その手段が必要最小限度かどうかを見て、さらに必要最小限度であるとして、それは利益衡量としてどうなのかを見るでしょう――。このように論理的に導き出されるもので、割と普遍性がある。なので、私が授業で言うのは、判例や学説が提示する違憲審査基準がないときには、まず出発点は三段階審査論でしょうということです。これはドイツ由来だからとかではなくて、論理的にそのような検討をしなければならないからということになります。

ただ同時に、西先生がおっしゃったように、全部の事案において、必要最小限度性を見たりとか、利益衡量ができるわけではありません。たとえば、経済的自由が問題になる事案はかなり複雑な政策的判断が必要であるわけですが、そういう中で必要最小限度の手段があるのかとか、利益衡量がどうかとかについて、裁判所が判断することはなかなかできないでしょう。逆に、表現の自由の事案では、利益衡量を個別具体的に司法府に任せると、表現の自由が負けてしまう、公益の方が重視されてしまうかもしれない。そういう背景もあって、やはり違憲審査基準論的な考え方が必要だろうというのも論理的には言えることです。結局のところ、「デフォルトは三段階審査論であるが、三段階審査論のアドホックな性格がもつデメリットを違憲審査基準論で補う」というのもまた、日本の憲法学説の中で通説なのではないかと思うのです。

たとえばもう一度、表現の不自由展事件の事案を例にとりますと、本件を三段階審査論で判断するとなったときに、「ガソリン缶を持っていって燃やしますよ」みたいな脅迫状が届いた場合、それはもうすごく怖いとなるわけです。それは人の生命に関わることだから、万が一のことに備えて、とりあえず展示は止めてしまいましょう、ということになりかねないわけですね。漫然と利益衡量を行えば、そのような結論にも充分到達しうることになります。しかし、そこは頑として表現を守らなければならない、となった場合には、やはり抽象的な危険があるだけではダメで、明白かつ現在の危険が必要だ、ということになる。そういう判断基準があることで、安易な方向に流れがちな利益衡量論を回避することができる。

逆に、経済的自由の場合、たとえばドイツでは、経済問題についてかなり最高裁が介入していまして、こういう課税は違憲であるという、といった判断が出たりするわけなのですが、それはやはり行き過ぎというところはあります。そういう意味では三段階審査論が論理的にはデフォルトなのだけれど、政策的に、司法の役割というのをきっちり果たしてもらうために、やはり二重の基準論的な考え方も必要なのではないかと思います。

徳永　私らが学生の頃はあまりその三段階審査論？について言われていることはなかったですね。ただ何か新しいと思うだけで、特段何か……、という感じだよね。

西　そうなんだよね。

徳永　まず私らが違憲性を論じるとき――まあ表現の自由としましょう――、まず、表現の自由の範疇に入ることがらに対する規制であると。ヘイトスピーチの規制もそうだろうね。ヘイトスピーチの場合は、それについて罰則があるのかないのかということが、非常に大きな要素なわけだけれど、そのうえで一体どういう基準で判断すべきなのか。また、過度の広汎性ゆえに無効の法理に議論をもっていって、ヘイトスピーチ条例は何の問題もない言論についても取り締まることになってしまうのではないか、という主張も中心に組み立てているのだけれど、行政からは、いやいや取り締まるべき事案とそうでない事案は区別できます、みたいな反論がなされるわけです。結局、三段階審査論を意識していなくても、三段階審査論と同じことを思考してやっているわけですね。だから、その思考プロセスを教科書的に説明したという点では意義があるのかなと思うけど、それを新しい考え方として学ばないといけないと思ったことがないんだよね。でも、少なくとも裁判官だとか同じ弁護士の世界で、そういう考え方で憲法論を組み立てている人たちが多いんだ、ということは認識したよね。

西　うん。

徳永　裁判官にきちんと憲法に関する主張を理解してもらうためには、その論証作法を身につけなければいけないな、という気持ちはあるのよ。

木下　おっしゃるように、おそらく法律家みんなが無意識のうちに思考していた論理を図式化したという、そこが大きいでしょう。

徳永　そのこと自体はすごく大事なことだからね。それでみんながわかりやすくなるんだったら。でも結局のところ、重要な議論は違憲審査基準論の方に収斂しちゃいますよね。

西　でも私は、裁判官に審査密度を高めてくださいと説得するとき、もっと丁寧にきちっと憲法論を審査してほしいと訴えかけるときにこの議論がどの程度資するものなのかは、興味がありますね。今、下級審でも、そして最高裁でも、結構ドラスティックにバーンと判決を出すということもあるじゃないですか。もちろん非常に残念な判決もいっぱいあるけどね。そこでこの三段階審査論というのがどう起用されているのかな、と。

木下　日本だと、こういう場合は緩やかな審査、こういう場合は厳しい審査という発想があるのですが、ドイツだと憲法判断の専門機関である憲法裁判所があるので、基本的に厳しいところから入る。三段階審査論というのは、デフォルトの審査密度がかなり厳格なのです。LRA審査がデフォルトで組み込まれていると言っていいかもしれません。その意味では、日本の議論とはちょっと出発点が違うのかな、というところがあります。

13　憲法論の伝え方

木下　泉先生にちょっとお聞きしたいことがあります。やはり民主的政治過程とか、表現の自由とか、国家の根幹に関わるようなことというのは、裁判官としても、これは真剣に見なければいけないなという、そういった思考はありますか。

泉　それはあると思います。木下先生のご指摘のようなことは、最近はかなり意識されてきていると思っております。ただ日本の憲法裁判はまだまだ未熟で、違憲審査基準もはっきりとしておらず、〈国家行為による権利自由の制約の合憲性は、国家行為の目的および内容ならびに制約の態様等を総合的に衡量して、国家行為に制約を許容し得る程度の必要性および合理性が認められるか否かという観点から判断する〉という、総合的衡量による合理性判断というバイパスを残しておいて、難しい問題になるとそこに逃げ込むというところがあります。総合的衡量による合理性判断では、裁判官の考えひとつで違憲にも合憲にもなります。違憲審査基準とはいえません。そこで西先生からご指摘があったように、審査密度を高めるために、それではダメだということをわからせなければいけないと思います。それでも、日本の判例では、目的が正当かどうか、目的と手段が均衡しているかどうかを問う比例原則を採用しているものが主流になっているように思います。その代表例が、裁判官の表現の自由が問題となった裁判官分限事件の大法廷決定（寺西判事補事件：最大決平成10年12月1日民集52巻9号1761頁）で、積極的な政治活動の「禁止の目的が正当であって、その目的と禁止との間に合理的関連性があり、禁止により得られる利益と失われる利益との均衡を失するものでないなら、憲法21条1項に違反しないというべきである」と述べています。私は、三段階審査論はこの比例原則を精緻化したものと理解しております。三段階審査論は、段階的にチェックポイントを設けていますから、日本がすでに採用している比例原則をさらに精緻化するために、それらのチェックポイントを意識して主張していくことが大事ではないかと思います。

それからすでに木下先生がおっしゃったように、最後の狭義の比例性審査のところでは、合理性の基準、厳格な合理性の基準、厳格な基準という、アメリカ型の違憲審査基準の考え方が活用できるのではないかと思っておりまして、実務家としては、裁判所の判断が「もろもろの要素を考慮して合理性があるかないか」というあいまいなものにならないように、違憲審査基準を意識した主張を立てるべきであると思っています。

木下 個人的には、在外邦人選挙権事件判決（前出）や在外邦人国民審査事件判決（最大判令和4年5月25日裁判所ウェブサイト。注：座談会収録後に補記）が提示した基準が典型的な厳格な基準であり、芦部理論に一番近い判決だったのではないかなと思います。「事実上困難な場合でない限り」という審査基準、あれが大きな影響力をもっているのではないかと思っているんです。このような審査基準は、現在のところ、政治や民主主義に関係する分野、つまり選挙関連の分野に限定して使われていますが、そこから先にどこまで広がるのかという点に興味を感じます。

吉原 コーディネーターの域を越えていることは自覚しておりますが、今のお話の関連で泉先生に1点だけお聞きしたいことがあります。実務家としては、憲法論にしろ何にしろ、裁判官にわかりやすい文章というものを意識するわけでして、三段階審査論が、もし思考様式としてわかりやすいのであれば、当然実務家としては歓迎するでしょうし、三段階審査論の枠組みに乗せて主張するんだと思います。他方で、木下先生が重要判例とご指摘になったよど号ハイジャック記事抹消事件判決がよく使われているという点も、よく理解できるのです。というのも、当該事件に関する憲法適合性審査の基準について、厳格な審査基準が妥当するんだ、目的手段審査を厳格にしなければならないんだと我々が主張することによって、かえって裁判官の思考枠組みがかなり制限されて、フリーハンドを奪ってしまう側面がある気がするからです。芦部先生が違憲審査基準論というものを唱えられたのは、裁判官の論証責任を軽減させてあげよう、というところに狙いがあったはずなんだけれども、蓋を開けてみると、思考様式を縛っただけであって、裁判官は少なからず抵抗がある、という指摘を耳にしたこともあります。

私がお聞きしたいのはここからなのですが、厳格審査基準が妥当するとか審査密度が高いのだと主張するよりも、やはり利益衡量論ベースで主張書面を書く方が、裁判官としても読んでいて苦がないのでしょうか。それとも、必ずしもそうではなくて、違憲審査基準論をバリバリ導入した主張書面でも抵抗感がないのでしょうか。こういったところの肌感覚というのがとても気になります。私は憲法論を主張書面に書くときにいつも気になっていて、頭の中では「厳格審査基準だ」と言いたいのだけれど、ストレートにそのように記載することによって読み手である裁判官は何か窮屈さを覚えてはいないのか、と気にしています。

泉　最高裁の法令違憲裁判10件の調査官解説を読むと、調査官がアメリカの違憲審査基準を勉強していることがわかります。だから違憲審査基準論が馴染みにくいということは決してないと思います。ただ違憲審査基準論を真正面から持ち出すと、かなり裁判所の手足が縛られますね。それを嫌うというところがあるのかもしれません。アメリカの多数の憲法裁判から形成されてきた違憲審査基準をそのまま日本に持ち込むことについての抵抗感もあるかもしれません。だから調査官は違憲審査基準論の勉強はしているが、判決文にはその姿が直接にはあらわれないのでしょうね。しかし、違憲審査基準論の基本的な理念は日本にも当てはまるのですから、それを参考にして、「表現の自由」とか、「思想信条の自由」等の重要性を説いていくことが訴訟実務においては有効ではないかと思っております。

木下　泉先生のコメントに追加ですが、現状、憲法判例はすでに大量に蓄積があって、よど号ハイジャック記事抹消事件判決とかは相当の蓋然性の基準で、泉佐野市民会館事件判決も明白かつ現在の基準を示している。さきほどの在外邦人選挙権事件判決は厳格な基準を示しているのですが、実務家一般というか、裁判官も、判例とは違う審査基準を立てることはおそらくないだろう、ということは予測されるわけですよね。実際に、さきほど述べた在外邦人の国民審査権が問題になっている事件の場合も、一審、二審、上告審すべてで在外邦人選挙権事件判決が示した基準を使っている。また、大阪の表現の不自由展事件も、泉佐野市民会館事件判決が示した審査基準を使っている。ですので、優生保護法事件のような、先例となる判例が直ちに見いだせない事件では必要に応じて三段階審査論を使わざるを得ないのかなと思いますけれど——本当はこの座談会の終わりの方で述べようかと思ったのですが——まずは判例を読んで、判例でどのような基準が使われているのかをしっかりと見て、当該事件は、どういった判例と同じような事案かを分析することが重要です。この判例がなぜこういう基準を使ったのかという点の分析も重要ですね。裁判官は、もちろん審査基準を立てることを嫌がるかもしれないけれど、同時に裁判官はできるだけ判例に則って判断しようとするわけですので、「この判例の基準を使うべきだ」という判例に基礎がある主張を心がける。政教分離原則が問題になる事件なんてまさにそうだと思います、徳永先生が担当された孔子廟事件においても、空知太神社事件判決が示した判断基準がそのまま使われたと思いますが、そういう判例の基準を使わせるというか、使ってもらうということが重要で、裁判官としても判例でこういう基準があるのだから、それを使うというのは自然な思考の流れかな、と思っています。

14 さいごに

吉原 本当はもっとお話をしていたいところなのですが、残念ながらそろそろ時間が迫ってきております、大変有意義な座談会だったと思います。最後になりましたが、これから憲法訴訟に取り組んでいこうと意気込んでいる若手の法曹ですとか、司法修習生、それからまさに法曹の卵、今法律を学んでいる学生、法科大学院生に向けて、何かメッセージをいただければと思います。まず木下先生からお願いいたします。

木下 これは受験生というか若手弁護士さん向けかもしれないですが、やはり「受験憲法」と「判例憲法」というのは大きく違う、ということですね。司法試験のときの論証とかでは、判例を無視して、よく三段階審査論で書いてしまうんですが、まずやはり判例を精読してください――何か、私が編集代表を務めた『精読憲法判例』の宣伝みたいになりますが――。それから、当該事件においてはどの判例が先例になるのか。つまり、その判例の射程ですね。判例を精読して、判例の射程を見てくださいという。またしても弘文堂の書籍（横大道聡編『憲法判例の射程〔第2版〕』）の宣伝のようなのですが（笑）、まずそれが基本なのです。

私は訴訟で提出される意見書を書くこともあるんですが、訴訟の序盤や中盤までは、憲法論を主張していないケース、明らかに憲法問題があるのに、憲法問題に気づいていないというケースがたくさんあるわけです。実務家になってから、もう一回憲法を勉強してくださいというのも酷かもしれませんが、憲法問題というのは意外に身近なところにたくさんあるわけですので、やはり――これもいろいろな先生が言われていますけれど――一審からきちっと憲法論を組み立てて主張する、ということに尽きますね。それが大切なのではないかと思います。

泉 冒頭にも申しましたが、憲法訴訟の場合、たとえその事件では結果が敗訴になっても、それが制度改革につながっていく、問題の提起になっていく、日本の中の様々な矛盾を法廷の場に持ち出してみんなで考える、そういう効果があるので、ぜひ多くの人に取り組んでもらいたいと思っています。

吉原 ありがとうございました。本日の座談会は以上としたいと思います。改めて、ありがとうございました。

一同 ありがとうございました。

（2022年3月17日収録）

編者・執筆者プロフィール

吉原　秀（よしはら・まさる）＊編者

【所属】TMI総合法律事務所大阪オフィス
【略歴】2014年大阪大学法学部卒業、2016年東京大学法科大学院修了、2017年弁護士登録（70期・大阪弁護士会）。旧優生保護法訴訟（大阪）に訴訟代理人として関与。
【主著】近畿弁護士連合会人権擁護委員会『あいちトリエンナーレから考える表現の自由の現在（いま）』（2020年11月27日）〔第1章第1節第1款・第4款〕、「同性婚に関する憲法上の諸問題」同委員会『婚姻制度における平等の実現に向けて―「同性婚」を考える』（2021年11月19日）2頁以下、「岡口裁判官の罷免は本当に許されるの？－憲法上の法原則としての比例原則を考える」月刊大阪弁護士会2022年2月号77頁以下、野村剛司編『法人破産申立て実践マニュアル〔第2版〕』（分担執筆、青林書院・2020年）、『債権法改正を踏まえた契約書法務』（共著、大阪弁護士協同組合・2020年）ほか多数。

泉　徳治（いずみ・とくじ）＊ゲスト

【所属】TMI総合法律事務所（顧問弁護士）、元最高裁判所判事
【略歴】1961年京都大学法学部卒業、1963年東京地方裁判所判事補、1970年ハーバード・ロースクール卒業(LL.M)、1982年東京地方裁判所部総括判事、1983年最高裁判所調査官、2000年東京高等裁判所長官などを経て、2002年最高裁判所判事（2009年退官）。2009年弁護士登録（東京弁護士会）ののち現職。

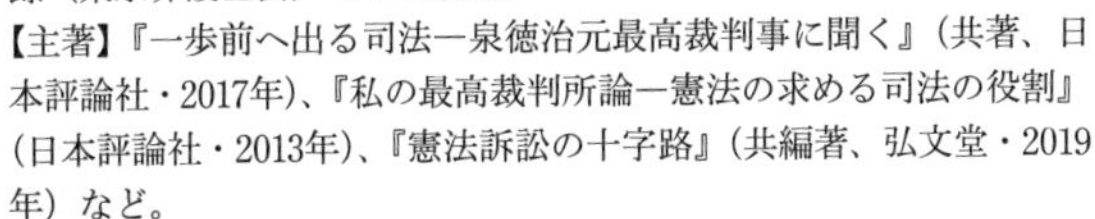

【主著】『一歩前へ出る司法―泉徳治元最高裁判事に聞く』（共著、日本評論社・2017年）、『私の最高裁判所論―憲法の求める司法の役割』（日本評論社・2013年）、『憲法訴訟の十字路』（共編著、弘文堂・2019年）など。

木下昌彦（きのした・まさひこ）＊ゲスト

【所属】神戸大学大学院法学研究科（教授）
【略歴】2007年東京大学法科大学院修了、同年司法試験合格。2007年東京大学大学院法学政治学研究科助教、2010年同講師、2011年神戸大学大学院法学研究科准教授等を経て現職。
【主著】『精読憲法判例［人権編］』（編集代表、弘文堂・2018年）、『精読憲法判例［統治編］』（編集代表、弘文堂・2021年）、横大道聡編『憲法判例の射程〔第2版〕』（分担執筆、弘文堂・2020年）、『知的財産法制と憲法的価値』（共編著、有斐閣・2022年）など。

中谷雄二（なかたに・ゆうじ）

【所属】名古屋共同法律事務所

【略歴】1982年立命館大学法学部卒業、1984年弁護士登録（36期・三重県弁護士会）、1988年愛知県弁護士会へ登録変更。中部電力思想差別事件、湾岸戦争市民平和訴訟、自衛隊PKOカンボジア派遣違憲訴訟、イラク自衛隊派遣違憲訴訟、仙台自衛隊市民監視事件、自衛隊PKO南スーダン派遣違憲訴訟、名古屋三菱朝鮮女子勤労挺身隊訴訟、障害者ホームサービス廃止違憲訴訟、中津川市議代読訴訟、一宮身体拘束事件、安保法制違憲訴訟、DNAデータ抹消裁判、大垣警察市民監視事件等に訴訟代理人として関与。

【主著】障害者問題人権弁護団編『障害児をたたくな』（分担執筆、明石書店・1998年）、池田直樹ほか編『障害のある人の人権状況と権利擁護』（分担執筆、明石書店・2003年）、『晃平くん「いのちの差別」裁判―重度障害者の“生命の価値”を認めて』（共編、風媒社・2016年）、川崎和代=井上英夫編『代読裁判―声をなくした議員の闘い』（分担執筆、法律文化社・2014年）、内藤功『憲法９条裁判闘争史』（聞き手、かもがわ出版・2012年）、『これでわかる！「秘密保全法」ほんとうのヒミツ』（共著、風媒社・2012年）、飯島滋明ほか編『自衛隊の変貌と平和憲法―脱専守防衛化の実態』（分担執筆、現代人文社・2019年）、『リコール署名不正と表現の不自由―民主主義社会の危機を問う』（共編、あけび書房・2021年）ほか論文など多数。

西　晃（にし・あきら）

【所属】西晃法律事務所

【略歴】1984年関西大学法学部卒業、1988年弁護士登録（40期・奈良弁護士会）、1992年大阪弁護士会へ登録変更。本書収録の２件のほか、米軍楚辺通信所（象のオリ）用地等暫定使用違憲訴訟、空襲被災者救済立法不備の違憲性を訴えた大阪空襲訴訟などに訴訟代理人として関与。

【主著】自由法曹団編『自由法曹団物語（人間の尊厳をかけてたたかう30話）』共同執筆（分担執筆、日本評論社・2021年）、大阪弁護士会憲法問題特別委員会編『憲法９条改正問題と平和主義（争点の整理と検討）』（分担執筆、信山社・2010年）など。

徳永信一（とくなが・しんいち）

【所属】徳永総合法律事務所
【略歴】1985年京都大学法学部卒業、1988年弁護士登録（40期・大阪弁護士会）。大阪ＨＩＶ（薬害エイズ）訴訟、靖国神社首相参拝違憲訴訟（補助参加）、沖縄集団自決冤罪訴訟、「バンドラの箱を開けるとき」訴訟などに訴訟代理人として関与。
【主著】大阪HIV訴訟弁護団監修『薬害エイズ国際会議』（編著、彩流社・1998年）、「『靖国訴訟』の実相」神社本庁編『靖国神社』（PHP研究所・2012年）所収など。

田中　俊（たなか・しゅん）

【所属】エヴィス法律会計事務所
【略歴】1981年大阪市立大学法学部卒業、1998年弁護士登録（50期・大阪弁護士会）。生保に対する政治献金返還請求訴訟、自衛隊イラク派兵違憲差止訴訟、朝鮮学校無償化適用除外処分取消訴訟、法廷内の手錠・腰縄使用国賠請求訴訟（本書に所収）などに訴訟代理人として関与。
【主著】「メルボルン事件・報告―自由権規約個人通報No.1154/2003 2006年11月15日決定」国際人権19号（2008年）所収、メルボルン事件弁護団編『メルボルン事件　個人通報の記録―国際自由権規約第一選択議定書に基づく申立』（分担執筆、現代人文社・2012年）、大阪弁護士会選択議定書批准推進協議会・近畿弁護士連合会人権擁護委員会国際人権部会編『国際人権条約と個人通報制度』（分担執筆、日本評論社・2012年）、「最新刑事判例を読む⑨『法廷内での手錠・腰縄国賠訴訟事件』」季刊刑事弁護101号116頁（共著、2020年）など。

川﨑真陽（かわさき・まや）

【所属】星田かささぎ法律事務所
【略歴】2003年同志社大学大学院法学研究科博士課程（前期）修了（法学（国際公法）修士）、2006年同志社大学法科大学院修了。2007年弁護士登録（60期・大阪弁護士会）。入管での後ろ手錠国賠請求訴訟事件、障害のあるひとり親児童扶養手当併給調整違憲訴訟事件、法廷内手錠腰縄強制国賠訴訟などに訴訟代理人として関与。
【主著】大阪弁護士会選択議定書批准推進協議会・近畿弁護士連合会人権擁護委員会国際人権部会編『国際人権条約と個人通報制度』（分担執筆、日本評論社・2012年）、第33回近畿弁護士会連合会大会シンポジウム第1分科会「ストップ！法廷内の手錠・腰縄」報告書（分担執筆、近畿弁護士会連合会人権擁護委員会、2017年）、日本弁護士会連合会第62回人権擁護大会シンポジウム第2分科会実行委員会編『国際水準の人権保障システムを日本に　個人通報制度と国内人権機関の実現を目指して』（分担執筆、明石書店・2020年）など。

三輪晃義（みわ・あきよし）

【所属】ソフィオ法律事務所

【略歴】2005年神戸大学法学部卒業、2008年関西大学法科大学院修了、2012年弁護士登録（64期・大阪弁護士会）。性同一性障害特例法と嫡出推定に関する「GID・法律上も父になりたい裁判」、君が代不起立処分撤回弁護団などに訴訟代理人として関与。

【主著】大阪弁護士会人権擁護委員会性的指向と性自認に関するプロジェクトチーム編『LGBTsの法律問題Q＆A』（分担執筆、LABO・2016年）、LGBT支援法律家ネットワーク出版プロジェクト編『セクシュアル・マイノリティQ＆A』（弘文堂・2016年）、「同性カップルの直面する法的問題」自由と正義2016年8月号所収、同性婚人権救済弁護団編『同性婚－だれもが自由に結婚する権利』（分担執筆、明石書店・2016年）、二宮周平編『性のあり方の多様性――人ひとりのセクシュアリティが大切にされる社会を目指して』（分担執筆、日本評論社・2017年）、「同性婚と人権保障」法学セミナー2017年10月号所収、山田創平編『未来のアートと倫理のために』（分担執筆、左右社・2021年）など。

松田真紀（まつだ・まき）

【所属】うるわ総合法律事務所

【略歴】1997年大阪市立大学卒業、2016年大阪市立大学法科大学院修了、2019年弁護士登録（71期・大阪弁護士会）。性同一性障害特例法における「未成年の子なし」要件の違憲性をめぐる審判事件、トランスジェンダー女性の子の認知を求める戸籍法違憲訴訟、当番弁護士派遣要請不適切対応に対する違憲訴訟などに訴訟代理人として関与。

代理人たちの憲法訴訟――憲法価値の実現にむけた営為とその記録

2022（令和4）年9月15日　初版1刷発行

編著者　吉原　秀

発行者　鯉渕 友南

発行所　株式会社　弘文堂　101-0062　東京都千代田区神田駿河台1の7
TEL 03(3294)4801　振替 00120-6-53909
https://www.koubundou.co.jp

装　丁　宇佐美純子
組　版　堀江制作
印　刷　三陽社
製　本　井上製本所

ISBN 978-4-335-35918-7